北大财富课

钱志伟◎著

台海出版社

图书在版编目（CIP）数据

北大财富课／钱志伟著. —北京：台海出版社，
2018.6
ISBN 978-7-5168-1913-5

Ⅰ.①北… Ⅱ.①钱… Ⅲ.①商业经营—通俗读物
Ⅳ.①F715—49

中国版本图书馆 CIP 数据核字（2018）第 111957 号

北大财富课

著　　者：钱志伟

责任编辑：武　波　　　　　责任印制：蔡　旭

出版发行：台海出版社

地　　址：北京市东城区景山东街 20 号　邮政编码：100009

电　　话：010－64041652（发行，邮购）

传　　真：010－84045799（总编室）

网　　址：www. taimeng. org. cn/thcbs/default. htm

E - mail：thcbs@126. com

经　　销：全国各地新华书店

印　　刷：香河利华文化发展有限公司

本书如有破损、缺页、装订错误，请与本社联系调换

开　　本：710mm×1000mm　　1/16

字　　数：272 千字　　　　　印　　张：20

版　　次：2018 年 8 月第 1 版　印　　次：2018 年 8 月第 1 次印刷

书　　号：ISBN 978-7-5168-1913-5

定　　价：49.80 元

作为国内近代第一所国立大学，北京大学最初是以中国最高学府身份创立的，在当时是中国最高的教育行政机关，相当于当今的教育部。在历史长河中，北大沿承了中国数千年来国家最高学府——太学（国子学、国子监）的传统，建立之初身兼传统太学制度与现代大学建置的双重身份，既继承了中国古代最高学府正统，又开创了中国近代高等教育先河。如今的北京大学，依然"上承太学正统，下立大学祖庭"，在中国高等教育史上起着承上启下的楷模作用。身为近代以来中国高等教育的奠基者，北大的发展转变始终影响着国家和民族的命运，与中国近百年来的历史进程紧密相连，现今经过实践检验，沉淀积累下来的教义精髓和人文精华，无时无刻不在影响着新生代的莘莘学子及与时俱进的华夏儿女。

俗话说："知识创造财富。"当今对这句话最鲜明的印证非中国的大学莫属，而最佳印证这句话的当首推北大。根据相关的资料显示，北京大学在中国众多造富大学排行榜中数年来一直稳居榜首。继"院士摇篮""社会科学家摇篮"之后，北大也成为"造富摇篮"。

据统计，近十多年来，北大校友中共诞生了数十位亿万富豪，其中不乏登上大陆地区首富榜、个人财富达到百亿美元的百度 CEO 李彦宏；中国互联网产业十位最有影响力企业领袖之首、因创建中国第一大门户网络而被称作"中国网络之王"的新浪网创始人王志东；以及"体操王子"、李宁体育用品有限公司董事长李宁等等。前北大校长许智宏院士曾经说道，社会责任的高低是评价企业家是否优秀的最终标准。北大背景的企业家群体在事业取得成功的同时，以实际行动宣扬一种生活方式，倡导一种精神文化。这些北大走出去的企业家们，除了自身丰富的学识和对人生的感悟外，最重要的就是向人们展示了北大人共同的理想信念和独有的精神魅力。

俗话说："人为财死，鸟为食亡。"财富一词一直是一个经久不衰的话题。常言道："君子爱财，取之有道。"这里的"道"更多的是一种心态和经验的体现。正所谓仁者见仁，智者见智，每个人对财富的理解都不一样，有的人认为丰衣足食就是财富，有的人认为别墅豪车就是财富，还有的人认为拥有奢侈品、移居国外就是财富……对于这些人，并不否认你是财富拥有者，但你也许并不是一个真正的富有者，因为只有精神财富才是世代传扬，无法用物质来衡量的财富。

雷锋在短暂的一生中助人无数，雷锋精神激励着一代又一代人；中国首位太空英雄杨利伟敢于奉献的精神令国人振奋……而本书要传递给世人的，就是一种无形的财富精神，一种实际的聚财理念。这种精神不会让你被人扣上"暴发户"的帽子，它会指引你如何正确地创造财富，实现人生价值的同时又将这笔无形、无价的财富宝典传承于后人，福佑子孙后代。本书吸纳了北大人对财富的独到见解，挖掘、撷取了很多北大先哲、当代北大人和各界精英的哲思妙语，并根据写作需要加入了相应的经典案例，试图站在巨人的肩膀上，感染更多的读者，让北大的精髓在每一个读者心中得到延续和发扬。

目录
CONTENTS

第1章　思维定财课

1. 给自己的财富大厦打个"地基" /2
2. 消极愚钝的心态是富有的绊脚石 /3
3. 像富翁一样去思考 /5
4. 脑袋决定口袋 /7
5. 言辞是潜意识的导向 /9
6. 从现在开始停止抱怨 /11
7. 危机的极限就是机遇 /12
8. 要有破釜沉舟式的欲望 /14
9. 梦想需要激情的催促 /15
10. "运气差"只是一个借口 /16
11. 坚定的信念是无价的财富 /18
12. 想象力是造富的基础 /19
13. 行动是提现大脑财富的金卡 /20
14. 财富计划要做到有备无患 /22
15. 坚持不懈的毅力是最好的向导 /24
16. 用意志力纠正错误的思维 /25
17. 认清潜意识的作用 /26
18. 控制自己的潜意识 /27
19. 没必要在金钱面前装清高 /28
20. 克服对金钱的恐惧 /29
21. 升华自己对金钱的欲望 /31
22. 发掘并提升自己的财商 /33

第2章　智者知理课

1. 明"理"者才,懂"理"者"财" /36
2. 会挣钱更要会理财 /38

3. 给自己列个理财规划书 /39

4. 理财其实并不难 /41

5. 没财不代表可以忽视理财 /43

6. 树立正确的理财观 /44

7. 选择适合自己的理财投资 /46

8. 理财知识是财富宝藏的线路图 /47

9. 投资理财要找对方法 /48

10. 投资理财目标要符合实际 /50

11. 工薪族的最佳理财方法 /51

12. "钱生钱"的理财秘诀 /53

13. 少量积蓄的理财之道 /55

14. 理财三项原则和五大定律 /56

15. 个人理财规划五部曲 /58

16. 成功理财的基本步骤 /59

第3章 学识拓财课

1. 书中自有黄金屋 /62

2. 知识是稳定升值的财富 /63

3. 智慧将知识转为财富 /64

4. 打理财富，赶早不赶晚 /65

5. 给自己的财务状况把把脉 /67

6. 用信息铺就财富之路 /68

7. 用智慧发掘商机 /70

8. 正确认识"自由财富" /72

9. 由"男怕入错行"说开去 /73

10. 合理分配自己的工资是理财的第一步 /75

11. 利用培训给自己的"摇钱树"修枝剪叶 /77

12. 大胆地向老板争取自己的"财富" /79

13. 业余时间创富并非不切实际 /81

第4章 借机取财课

1. 财富机遇面前要当机立断 /84

2. 有胆有识能发财 /85

3. 别犹豫，动作抢先能赚钱 /86

4. 看准时机，孤注一掷 /88

5. 将自己的好想法付诸行动 /90

6. 握紧成功的机遇 /92

7. 雌雄虾衍生出来的财富 /94

8. 抓住机会达到目标 /95

9. 一英镑的婚礼盛典 /97

10. 危机带来的机遇 /98

11. 让泥土运动起来 /100

12. 把空气做成罐头 /101

13. 金装女郎的礼服 /103

14. "借鸡下蛋"的沈家兄弟 /104

15. 霍英东的集资妙招 /106

16. "狐假虎威",借势上位 /108

17. 投资也可以这样做 /110

18. 巧借资金办奥运 /112

19. 一个传奇的聚财故事 /115

20. 犹太人"借"的学问 /117

21. 让总统替自己"卖书" /119

22. "借"境造势 /120

23. 让总统给产品代言 /121

24. 独到的创意是最大的财力 /123

第 5 章　开源节流课

1. 用好每一分钱 /126

2. 懂节流,不要让财富水库里的水流干 /128

3. 业余兼职就是开源的一种 /130

4. 节流就应该懂得节税 /132

5. 不要做"穷忙族" /133

6. 网络时代的省钱妙招 /135

7. 做个时尚的拼客一族 /137

8. 讨价还价有诀窍 /138

9. 钱要花在刀刃上 /141

10. 理智消费是重中之重 /142

11. 会花钱就是会省钱 /144

12. 如何避免"月光"心理 /146

13. 守好自己的不动产 /148

14. 会玩"存钱游戏"的人是财富的终结者 /149

15. 截住从指缝间溜掉的钱 /152

16. 如此旅游更省钱 /154

第6章　逆势造富课

1. 造富前的扪心四问 /158
2. 作足创业前的准备 /159
3. 进入能发挥自己优势的行业 /161
4. 从小钱开始，攫取第一桶金 /163
5. 创业需要的能力和素质 /164
6. 通晓创业的基本流程 /166
7. 识别属于自己的创业模式 /169
8. 培养挖掘商机的能力 /172
9. 要如此抓住商机 /174
10. 急于求成是创业的大忌 /175
11. 创业资金的筹集 /177
12. 盲目跟风是创业的大忌 /179
13. 创业的"三大护法" /181
14. 选择创业项目有窍门 /183
15. 利人利己巧致富 /185
16. 网店赚钱模式朝这看 /186

第7章　储蓄存富课

1. 合理储蓄，积累创业的原始资本 /190
2. 认识储蓄，重视储蓄 /191
3. 给自己建立合理的储蓄规划 /193
4. 留住财富的种子 /195
5. 由兔子不吃窝边草说开去 /197
6. 最笨的储蓄方法 /198
7. 财富成长的伊始都是储蓄 /199
8. 今天的存款是为了明天更好地投资 /201
9. 储蓄体现出来的价值 /204
10. 通过储蓄完美理财的方法 /206
11. 储蓄意义知多少 /207
12. 上班族一定要先储蓄后消费 /208
13. 看懂利息，清清楚楚存钱 /210
14. 日常储蓄利息的计算方法 /212
15. 阶梯式储蓄方法 /213
16. 让每一笔闲钱都生息的储蓄方法 /214
17. 找到最适合自己的储蓄方法 /216

18. 精通储蓄理财中的"5W"原则 /218

19. 将信用卡变成理财的工具 /220

20. 熟识因特网上的虚拟银行柜台 /222

21. 看牢自己的网上"存折" /224

22. 你不得不防的储蓄五大隐患 /225

23. 合理选择子女的教育储蓄 /228

24. 投资教育储蓄有哪些技巧 /229

25. 储蓄理财中的注意事项 /231

第8章 基金债券课

1. 新时代、新时尚的理财方式——基金 /234

2. 形形色色看基金 /236

3. 基金家族中的特别兄弟 /238

4. 基金转换及其转换条件 /240

5. 基金交易有费用吗 /241

6. 基金交易要交税吗 /243

7. 基金是怎样盈利的 /244

8. 基金分红及其需要注意的问题 /246

9. 基金的巨额赎回是怎么回事 /248

10. 投资基金的四大渠道 /249

11. 投资基金需要考虑的五大时机 /251

12. 理性认识基金投资中存在的风险 /253

13. 申购／认购基金时需要注意的问题 /255

14. 基金转托管时需要注意的几个方面 /257

15. 中国主要基金公司 /259

16. 购买债券——成就你的债主地位 /261

17. 债券的分类 /263

18. 债券的性质和特征 /265

19. 投资债券有哪些优势 /266

20. 了解债券投资的原则 /268

21. 正确看待债券投机 /269

第9章 智慧投保课

1. 认识保险，携手最愿意帮助你的朋友 /272

2. 保险是最稳健的理财助手 /273

3. 保险是保值增值的最佳方式 /275

4. 资产保全的最佳选择 /276

5. 什么是保险费率 /278

6. 保险费率厘定五大原则 /279

7. 利益要看轻，保障要看重 /280

8. 正确选择保险公司 /282

9. 家庭保险投资建议 /283

第 10 章　收藏蓄富课

1. 走近收藏，了解收藏 /286

2. 收藏新手必备的基本功 /287

3. 收对心态，藏对定位 /289

4. 巧动脑，妙获利 /290

5. 不是谁都能成收藏家 /292

6. 藏品不是年代越久越值钱 /293

7. 收藏古玩时的"三戒" /294

8. 古玩收藏的"五有" /296

9. 收藏瓷器要留神 /297

10. 现代艺术瓷的选择和注意事项 /299

11. 人民币收藏的注意事项 /301

12. 流通纪念币收藏的注意事项 /302

13. 日日生金的国粹——古董家具 /304

14. 年画收藏有"钱景" /306

第 1 章

思维定财课

　　天下最难的有两件事：一是把别人口袋里的钱放到自己的口袋里，二是把自己的观点和想法放到别人脑袋里！我们缺金钱，实际上缺的是与时俱进的观念。思维观念的固执、僵化、墨守成规，是贫穷的根源。观念的改变并未改变事物本身，改变的只是对事物的认识，但观念可以改变人，人可以改变现实。任何真理都是变化的，任何优势都是暂时的。我们身边并不缺少财富，而是缺少发现财富的眼光！

1. 给自己的财富大厦打个"地基"

我国有三分之二的人口在农村，而它的消费水平却远远低于城市的消费水平。从具体指标看，例如一些消费品等，农村还有相当大的消费空间。使穷人收入增加的速度高于富人收入增加的速度，这样才能缩小贫富差距，解决各种社会问题，实现共同富裕。我国当前贫富差距的主要矛盾不在于富人太富，而在于穷人太穷。因为城里也出现了穷人，才有了收入分配不公。不应该有仇富心理。

——北大财富课引用名言

北大财富理念认为，通向财富的第一步是欲望。美国著名作家索尔·贝娄说："金钱是唯一的阳光，它照到哪，哪就发亮。"人们可以否定这种近乎拜金主义的思想，但有一点我们必须明白，那就是：不管金钱是不是阳光，没有它的照耀，谁的人生也不会亮到哪儿去。

致富没有什么不好，有钱，不仅是成功的标志，也是人们获得高质量生活的保证。但问题的关键在于，怎么才能致富？为什么富人总占少数？

说出答案你可能会吓一跳：很多人根本没想过致富。俗话说"心想事成"，想都没有想过，怎么可能成功？给自己一个致富的思维，告诉自己我是财富的拥有者，财富才有可能倾向于你，为自己编织一个财富的梦想，才会留住财富，并让它生根发芽，开花结果。

一个风雨交加的日子，有一个穷人到一个富人家乞讨。

"滚开！"仆人说，"不要来打搅我们。"

穷人请求道："只要让我进去，在你们的火炉上烤干衣服就行了。"

仆人以为这不需要花费什么，于是便让他进去了。穷人进去后，请求厨娘给他一个小锅，以便他"煮点石头汤喝"。

厨娘一听很是纳闷儿："石头汤？我想看看你怎样能用石头做成汤。"于是她给了穷人一个小锅。穷人到路上捡了块石头，洗净后放在锅里煮。

"可是，你总得放点盐吧。"她给他一些盐。

后来又给了他豌豆、薄荷、香菜。最后，又把能够收拾到的碎肉末都放在他的汤里。当然，你能猜到，这个可怜的穷人后来把石头捞出来扔回路上，美美地喝了一锅肉汤。

这个故事里的穷人便具有创造性思维，假如他直接对富人说："行行好吧！请给我一碗肉汤喝！"这肯定是不行的。然而他却换了一种思路，逐步用石头汤引来了肉汤，轻易地解决了自己的难题。这个穷人摆脱逆境的方法其实就是一种创新。

想要获得财富不仅要有财富思维，而且有时还要转变一下思考方式，身处逆境时，我们不能把所有的困难都往坏处想，换一种思路，也许更容易走出困境。穷人讨饭的故事就是最好的例证。而且这个故事也从侧面说明，敏锐的头脑、杰出的创意往往能够取得事半功倍的效果，使人能用小的代价换取巨大的财富。只有动脑，才能获取更多的财富。

2. 消极愚钝的心态是富有的绊脚石

今天有些人骂富人，好像是给穷人出气，其实他们是害了穷人。

——北大财富课引用名言

北大财富理念认为，一个人之所以贫穷，主要原因就是自己没有"智慧"，人只有有了智慧才能完善自己。没有智慧就始终不懂定位，没有方向，没有目标。没有梦想的人，就不敢到社会上去，更难以和别人正常地交流，处处怕吃亏，结果就穷到底了。所以说，财富的人生非常需要智慧。

犹太人格拉曼出身于贫困之家，他从 4 岁就开始"工作"，8 岁时已经会赶骡子。不过这一点儿也不稀奇，因为在当时，几乎所有出身贫穷家庭的孩子都是从很小的时候就参加劳动。长期的贫穷生活，也让他们习惯了贫穷，对贫穷非常认命。

好在格拉曼有个不认命的母亲，她始终相信穷人一样能过上富有的生活。她经常和儿子谈自己的理想，告诉他："我们不应该这么穷，不要说贫穷是上帝的旨意，我们很穷，但不能怨天尤人，那只是因为你爸爸从未有过改变贫穷的欲望，你的几个哥哥姐姐也胸无大志。"

这些话从小就扎根在了格拉曼的心中，并且改变了他的一生。他一心想跻身富人之列，并且认准了自己的致富道路——向每家每户推销牙膏，一干就是 10 年。10 年后，他得知供货的公司即将以 8 万美元的底价被拍卖，便找到公司负责人谈判，用自己仅有的 1.5 万美元付了订金，向对方保证在 5 天之内筹足余下的 6.5 万美元，并且约定一旦逾期未补足余款，他的订金将被没收。

但是直到第五天晚上，格拉曼却只筹到了 4.5 万美元，而且他已经找遍了所有能借钱的人。"当时我已经想尽了所有的办法。"多年以后他回忆道，"我跪下来祈祷，请求上帝指引我找到一个能够在时限内借给我 2 万美元的人。祈祷之后，我鼓起勇气走出房间，告诉自己到街上去找——只要看到一家亮着灯光的商铺，就进去请求协助。"

幸好，我看到一位承包商的办公室里还亮着灯，便鼓起勇气走进去，直截了当地问他："您想不想赚 2 万美元？"

"想，当然想。"

"那么请您借我 2 万美元，我会连本带利外加 2 万美元的红利还给你。"格拉曼简明扼要地向对方说明了自己的计划，见有利可图，而且风险可以控制，那位承包商并没考虑太多就答应了他！

格拉曼揣着2万美元的支票踏出了承包商的办公室,也踏上了自己的成功之路。之后,他陆续收购了另外7家公司。当谈及自己成功的秘诀时,他用多年前母亲的话回答说:"我们很穷,但不能怨天尤人,那是因为爸爸从未有过改变贫穷的欲望,家中每一个人都胸无大志。虽然我不能成为富人的后代,但我可以成为富人的祖先。"

在穷人眼里,一向认为改变受穷命运的办法就是让孩子考大学。考上大学,就等于上了天堂,既能改变家庭的命运,也能改变孩子的命运。考不上大学,就没有了希望,开始重复穷人的命运。然而这些不正是我们的悲哀吗?我们的悲哀不仅仅是因为那些可怜的孩子为了读书而借贷无门,而是因为他们陷入到了一个穷人的生活模式。有些事情可为,有些事情不可为,人一生下来就受穷,不是我们的错,但我们一直穷下去,就不可原谅了。成为一个有用的人,成为一个富人,不只有高考"跃龙门"这一条路,更重要的是我们首先要从实际出发,不要寄希望于他人,而应依靠自己,让自己变得富有起来。

3. 像富翁一样去思考

学历是铜牌,能力是银牌,人脉是金牌,思维是王牌。

——北大金句

当比尔·盖茨、巴菲特、索罗斯等大亨出现的时候,女人看到的是魅力,男人露出的是向往。人人都渴望成为百万富翁,但不是人人都能成为百万富翁。财富已经成为这个时代的最强音符,我们的人生与价值很大程度上取决于我们获取财富的多少。财富的意义已经远远超越了财富本身,已经不仅仅是美酒佳肴、香车别墅和美人相伴,而是财富带来的权力和秩序、安全和自由、羡慕和尊敬。

北大财富理念认为，年轻人就应该勇敢地追求财富，财富会给大家带来许多快乐与自由。我们要感谢财富，因为财富，我们可以从一位不名一文的穷小子，成为富甲全球的亿万富翁。你可以随便出入白宫，让每一位总统都是你的好友；你可以随时飞临世界各地，每一处圣地都留下你的身影。我们应该从心中感谢财富女神：富有真好！

曾经有许多人问巴菲特致富的秘密，这是一个很难回答的问题。许多人终其一生，一无所有，而一少部分人却始终站在财富的金字塔尖，富有一生。要说到巴菲特成功的秘诀是什么？他曾坦诚地告诉大家，那就是像富翁一样思考、行动！如果你能做得与富翁一样，你一定会成为富翁的，其实致富的哲学就这么简单。

冬天的一个早上，一个乞丐蜷缩在街头的角落里，可以看得出，昨夜他经过了多么寒冷的夜，他曾无数次地在睡梦中醒来。此时此刻，太阳开始广照大地，给大地带来温暖。突然，一束光照在了乞丐的身上，顿时他觉得全身温暖，他慢慢睁开眼，看着发出光的太阳，他突然想到：太阳带给每一个人的温暖都是一样的，谁也不会多，谁也不会少，但是为什么世界上有些人那么富有，可以过上无忧无虑的天堂般生活，而又为什么有些人那么贫穷，像我这样，流落街头？既然太阳带给每一个人的温暖都是一样的，别人可以那么富有，那么，我也可以。

想到这里，他全身都充满了力量。在之后的奋斗中，他遇到了无数次的困难，无数次地被打倒，但是他从未退缩过，从未放弃过自己的理想。因为他一直坚持这样一个信念：太阳给予每个人的温暖都是一样的，财富、快乐、幸福面前人人平等。十年之后，他成功了，他成了千万富翁。

人人都有致富的机会，这是因为财富的供给是无穷无尽的，这个因素很重要。

没有人会因为财富的短缺而受穷，自然界拥有的资源足可以支撑地球上每一个人。就人类目前的智力水平而言，我们能看得见的供应就相当富足，我们还没有发现的供给更是取之不尽，用之不竭。对于人类来说，宇宙能源的供给是无穷的，每个人拥有的财富更是无限的。

4. 脑袋决定口袋

比尔·盖茨曾说过："贫穷是教出来的，脑袋决定口袋，拿走我所有的财富，把我丢在沙漠，哪怕只有一个商队经过，我都会再次成为世界首富。"

——北大财富课理念

为什么有的人辛苦劳碌一辈子，到头来脑袋空空、口袋空空？答案是：脑袋决定出路，出路决定贫富。你今天的生活是由你的智慧决定的，钱喜欢往有头脑的人口袋里钻，这句话大概没有多少人会持反对意见。

人们常说："看人家那脑子，就是有门道，就是有赚钱的本事。"你看看那些取得了一些成绩，获得一些财富的人，都是很有头脑的人。

牛根生说："财富不在口袋里，而在脑袋里，脑袋决定口袋。口袋的松紧，决定你一生的幸福，也决定你脸上的笑容。"

赚钱是需要智慧的，智慧也就是想法，世界上没有做不到，只有想不到，"心有多大，钱包就有多鼓"。不会思考的人是白痴，不愿思考的人是懒汉，不敢思考的人是奴才，要发财，你必须敢干、勤恳和智慧，唯其如此，你才能出类拔萃，改变命运，拥抱财富。

就财富的创造而言，脑袋决定口袋，这是永恒不变的真理。有的人一辈子都在想怎样发财致富，但是却从来没有想过如何采取行动，因此，他想了一辈子也穷了一辈子。而有的人想完了，马上就行动，一点一滴地去靠近财富的梦，最终，成为拥抱财富的人。缺少观念的人是可悲的，有了观念却不行动的人更可悲。

财路无处不在，当今世界，靠脑袋致富是大趋势所在，所谓亿万财富买不到一个好的想法、好的观念，一个好的想法、好的观念却可以赚亿万财富。可以说，聪明的脑袋，先进而高远的思想观念，可以决定人的一生。创业者只要转变观念，掌握趋势，大胆而勇敢地跨出创业的第一步，相信你就是下一个百万富翁、千万富豪。

事实证明，只要头脑够灵活，有创新的信念和智慧，就一定能够为企业开辟新的市场，这个观点在海尔集团首席执行官张瑞敏身上得到了验证。

1997年，张瑞敏到四川西南农村去考察，发现农民用的洗衣机，排水管的地方经常有污泥堵着。张瑞敏就问："你这个洗衣机的排水管为什么有这么多污泥堵着？"

农民说："我这个洗衣机不但用来洗衣服，还用它来洗地瓜。"

回来后，张瑞敏就对科研人员说，农民用我们的洗衣机洗地瓜，把排水管都堵住了，你们能不能想想办法。科研所一位小伙子大学本科毕业刚一年，他对张瑞敏说，洗衣机是用来洗衣服的，怎么能用来洗地瓜呢？张瑞敏说，农民给我们提供了一个很重要的信息，这个信息是用金钱无法买到的，你们要研制一种能洗地瓜的洗衣机。科研人员接到这个课题以后，在一个月的时间里把这个"地瓜洗衣机"给搞出来了。实际它里面也没有高深的学问，只不过是搞了两个排水管，一个粗一点儿，一个细一点儿，洗地瓜时用粗的，洗衣服时用细的。"地瓜洗衣机"推向市场后受到了广大农民的喜爱，取得了很好的经济效益。

"地瓜洗衣机"的诞生也向大家证明了：一些看似荒诞或不可能的事情并非真的难以突破，只要肯开动脑筋，只要抓住每一个可以利用的信息，对其进行加工，就能够找到创新的契机，就能够创造出越来越多的"洗衣机也可以洗地瓜"的市场神话。

随着时代的进步，市场的发展，如何去应对今后的挑战，怎样从危机中解脱出来？这需要每个人保持清醒的头脑，一个智慧的人，应有主动性和创新精神，智慧的价值是无穷的，创新意识与创新能力对我们来说就是最宝贵的财富。因此，我们要切实立足事业的长远发展，开拓思维，开动脑子，放下顾虑，用自己聪明的智慧和创意引领事业的发展，让自己成为奔跑在时代前沿的人，成为最先告别贫穷，最先用财富装满口袋的人。

5. 言辞是潜意识的导向

讲话的声音跟胸怀有关系，胸怀跟财富命运有关系。

——北大财富课引用名言

很多人与财富擦肩而过的原因就是太钟情于自我的否定。"不可能""不现实"这类词汇不可以老是挂在嘴边，如果我们老是把消极的词汇挂在嘴边，经常把别人消极的言语装进心里，那么财富只会与你越来越远。

语言是人类特有的高级心理活动。语言暗示对人的心理乃至行为都有着奇妙的作用。当不良情绪要爆发或压抑的时候，可以通过语言的暗示作用，来调整和放松心理上的紧张状态，使不良情绪得到缓解。当你发怒的时候，可以用语言来暗示自己：千万不要发怒，发怒既伤自己，又伤别人，还解决不了问题，发怒是无能的表现，这样就会使不良情绪得到缓和。

在商界有一个经典案例：有一个卖早点的小店，每次服务员询问客人对茶叶蛋的需求时，总是习惯性地问一句："先生，你需要茶叶蛋吗？"有人需要，也有人拒绝了。后来有人出了一招，服务员再征询客人的需求时，换一种问法："先生，你是需要一个茶叶蛋还是两个茶叶蛋？"结果大部分客人都选择了一个或两个茶叶蛋，茶叶蛋的销量大增。

看似简单的一句话，其中大有文章。第二种问法实际上是给客人一种肯定要接受这种服务或商品的暗示，只不过是在不同的服务方式或商品数量之间选择而已。"潜意识"是潜在的，往往是人的"显意识"意识不到的。但是，潜意识又不是绝对潜藏的，它有各种显现的途径和方式。它外化为各种"面貌"，它有特殊"语言"及"语言方式"。

语言的强大力量在生活中是显而易见的，任何存在的事物都有相应的词汇。据报道，美国的土著语言中就没有"撒谎"一说。人们因此认定，说这些语言的人们完全不理解"撒谎"一词的含义，事实也证明，在这些土著人的行为和思维根本没有撒谎的现象和概念。所以说，生活中要改变自己使用语言的习惯，改变了语言习惯才能改变我们的经历。在此列举8条生活中积极的心理暗示法，以供大家参考：

1. 当你对某件事情抱着百分之百的相信，它最后就会变成事实。

2. 当我们对某件事情怀着非常强烈期望的时候，我们所期望的事物就会出现。

3. 人都是情绪化的动物。再理性的人，思考问题时也受到感性的牵制。"理性思考"本身就是一种情绪状态。所以人百分之百是情绪化的动物，而且任何时候的决定都是情绪化的决定。

4. 任何事情的发生，都有其必然的原因。有因才有果。换句话说，当你看到任何现象的时候，你不用觉得不可理解或者奇怪，因为任何事情的发生都有其原因。你今天的结果是你过去种下的因导致的。

5. 当你的思想专注在某一领域的时候，跟这个领域相关的人、事、物就会被你吸引而来。

6. 任何的行为和思维，只要你不断重复就会得到不断加强。在你的潜意识当中，只要你能够不断地重复一些人、事、物，它们都会在潜意识里变成事实。

7. 很多年轻人都曾梦想做一番大事业，其实天下并没有什么大事可做，有的只是小事。一件一件小事累积起来就成了大事。任何大成就或者大灾难都是累积的结果。

8. 当你做一件事情的时候，影响的并不只是这件事情本身，它还会辐射到相关的其他领域。任何事情都有辐射作用。

6. 从现在开始停止抱怨

每个人都面临着挫折和失败的可能，这是我们每个人人生经历的一部分。人生是不公平的，习惯去接受它，永远都不要抱怨。

——北大财富课理念

戴尔·卡内基的《30 条沟通人际关系原则》中，第一条就是：不批评、不责备、不抱怨。抱怨会让我们陷入一种负面的生活、工作态度中，常常在他人身上找缺点，包括最亲密的人。不抱怨的人一定是最快乐的人，没有抱怨的世界一定最令人向往。抱怨是最消耗能量的无益举动。有时候，我们不仅会针对人、也会针对不同的生活情境表示不满；如果找不到人倾听我们的抱怨，我们还会在脑海里抱怨给自己听。摒弃抱怨，是获得成功的先决条件。天下只有三种事：我的事，他的事，老天的事。抱怨自己的人，应该试着学习接纳自己；抱怨他人的人，应该试着把抱怨转成请求；抱怨老天的人，请试着用祈祷的方式来诉求你的愿望。这样一来，你的生活会有想象不到的大转变，你的人生也会更加的美好、圆满。

根据国内某权威科研单位调查显示，社会上每 8 个人中至少有 2 个人认为自己比身边的人穷。而这些人心生抱怨的原因多数都是认为社会大环境下的压力，社会风气的影响和制度的限制等等所谓的客观因素；却从来不会从个人方面去思考问题，更不用说将贫穷的原因归咎于自己的身上了。

心存这种心态就是典型的怨天尤人，其实，世界上任何一个国家，任何的社会体制，都要适应优胜劣汰、适者生存的丛林法则。一个人如果经常检讨自己，消除抱怨，那么把他放在哪里都能发光；反之，在生活面前逃避现实，心存一种自我挖苦、消极怠慢心态的人，就算把他送到天堂，也是一种无谓的放逐。

香港一位经济学教授曾说过："穷人缺什么：表面缺资金，本质缺野心，脑子缺观念，机会缺了解，骨子缺勇气，改变缺行动，事业缺毅力。"俗话说"人无久富，家无常贫"，穷人之所以会穷，就是输在了理念上。他们对"赚钱"一词抱有极其消极的逃避心态，他们总是怀着一种病态的眼光来看待富有者，有种吃不到葡萄就说葡萄酸的心理。他们乐于把宝贵的时间花在毫无意义的抱怨上，把批判、诅咒富人作为自己的一种心理安慰，由此恶性循环，贫苦终生。每个富人在成功之前都有想致富的心态，他们首先就富在了正确的理念上。现在开始，就要从自身出发，停止没有意义的抱怨，从根本上找出自己的利弊因素，多汲取成功人士的致富经验，终有一日你也会步入富人的行列。切记，不要做一个思想穷人。

7. 危机的极限就是机遇

风险就是危险和机会的总和。

——北大财富课引用名言

商人在商业活动中有时会遇到"坏事"。所谓"坏事"，对企业而言就是事故，就是危机。可以这样说，任何企业都不可避免地会发生各种事故和危机。但是一旦事故和危机发生了，就应该努力"善用坏事"，"化危为机"，将每一次事故和危机都创造成为企业发展的一次新机会。默多克说，当企业面临危机，就说明它已经出现了问题，这个时候需要我们抓住这个机会，进行调整。任何危机都是"机"而不是"危"，知道这一点，你的公司才能做长、做久。

2009 年，中央电视台著名记者白岩松就当前的经济形势和新闻集团所面临的处境等一些问题对默多克进行了采访。

白岩松问默多克："2008 年的金融危机可能是对传媒的一次洗牌，这对您的集团来说将面临怎样的考验？"

默多克回答说："我想你可能会发现有些报纸有了新的买家，你会发现一些报纸消失了，但主要在于内部管理不善和它们所在地经济的衰退。就像由于密歇根的汽车工业危机，底特律的报纸就会衰落，大报从每周发行 7 天缩至 2 天，但是我认为不会是一种普遍趋势。对新闻集团来说，与其说这次金融危机带来的是考验，倒不如说它是给企业包括我们新闻集团的一次发展的机会。在这样大的经济危机影响下，我相信会淘汰一大批不符合市场的企业，而生存下来的，经过这一时期的磨炼，它抵御风险的能力会大大提高，为此，我们会紧紧抓住这个难得的机会，去完善新闻集团某些不足的地方。"

正如默多克所言，危机并不足以扼杀一个企业，凡事都有正反两面，只要我们在危机中及时地调整方向，完善某些不足的地方，危机就是我们应该把握的大好机会。时刻让自己保持危机感，是让自己生存下去的鞭策，只有这样，我们才能进步、壮大自己。

一匹青鬃马总是为自己跑得慢而担忧。它用了种种方法来提高自己的速度，可是效果都不理想。"作为马，跑得慢是耻辱，实在没脸见人。"青鬃马这样想，于是离开了马群独自在草原上游荡。一天，青鬃马正在吃草，突然背后响起惊雷般的一声吼叫。青鬃马扭头一看，一头雄狮旋风般向它扑来。青鬃马大吃一惊，撒开四蹄，拼命地狂奔起来。

晚上，青鬃马气喘吁吁地停下来，它突然发现，今天竟然跑了千里。无意中，它成为了一匹千里马。如果没有那头狮子，可能青鬃马一辈子都是一匹跑得慢的"劣马"。

为了生存而进行的努力无意中竟造就它成为千里马。人生也是如此，危机到了一定程度就是一种机遇。

8. 要有破釜沉舟式的欲望

每个人的潜能都是来自于自我的强迫，你不强迫自己工作，你永远不知道自己有多能干。

——北大财富课引用名言

一个人成功与否与其意志力的强弱有直接的关系。具有坚强意志力的人，遇到任何艰难曲折，都能克服困难，消除障碍；意志薄弱的人，一遇到挫折，就畏缩不前，最终归于失败。实际生活中有许多人，他们很希望上进，但是意志薄弱，没有坚强的决心，不抱着破釜沉舟的信念，一经挫折，立即后退，所以终遭失败。

犹豫和疑虑是前进道路上最大的障碍。我们做一件事情，要么不做，做了就要竭尽全力，即使遭遇重重困难，也不能退缩。如果抱着不达目的绝不罢休的决心，就会勇往直前，不怕牺牲，排除万难，去争取胜利。把犹豫、胆怯等"妖魔"全部赶走，在坚定的决心下，获得成功指日可待。

一个人只有具备了成功的决心和信心，方能克服种种艰难，去获得胜利，这样才能得到人们的敬仰。所以，有决心的人必定是最终的胜利者。只有有决心，才能增强信心，才能充分发挥才智，从而取得最终的成功。

对一些人尤其是对一些渴望成功的青年来说，犹豫不决的痼疾已经深植于大脑中，这些人无论做什么事，总是留着一条退路，绝无破釜沉舟的勇气。他们不明白把自己的全部理想贯注于目标是可以生出一种坚强和自信的，这种坚强自信能够破除犹豫不决的恶习，把因循守旧、停滞不前、苟且偷生等成功之敌，统统捆缚起来。

年轻人喜欢把重要问题搁在一边，留待以后解决，这其实是个恶习。如果你有这样的习惯，你应该尽快将其抛弃。你要训练自己学会敏捷果断地作出决定。无论当前问题多么严重，你也应该把问题的各方面都顾及到，加以慎重地权衡考虑，但千万不要陷于优柔寡断。你倘若有着慢慢考虑或重新考虑的念头，等待你的只有失败。即便你有一千次错误的决策，也不要养成优柔寡断的习惯。

公元前 1 世纪，罗马的恺撒大帝统领他的军队进攻英格兰。恺撒虽然充满了必胜的信心，但他也要号召自己的将士与自己共同浴血奋战。他该怎么办呢？在所有将士抵达英格兰后，他让人将运送他们的所有船只聚拢在一起，然后在大家惊愕的目光中，把船只烧毁了。在漫天的火光中，恺撒登上一处高地，大声说："现在所有的船只都已被烧掉了，也就是说，除非我们能够打败敌人，否则绝无退路。"将士们都明白失败就意味着死亡，所以奋勇作战，最后，终于获得了胜利。

破釜沉舟的军队，才能够树立以死相拼的决心，取得最终的胜利。同样，不给自己留退路，才能鼓足勇气全力去实现自己的目标。

9. 梦想需要激情的催促

做事，必先主动，这是我创业最大的心得。不管做什么事都需要激情，因为只有激情才会让人变得积极主动。一个积极主动的人总是很认真地去做每一件事情。这样，这个人成功的概率就会很大。

——北大财富课引用名言

一个人对某件事情、对一项工作、对自己从事的事业、对生活，如果充满激情，则他对工作、事业、生活就会充满强烈渴望、满腔热情和主动性，就会积极努力，全身心投入；他会体会到工作的乐趣，快乐地工作，快乐地生活，在工作当中感受成功的喜悦。相反，如果一个人缺乏激情，那他就缺乏主动性、创造性，就没有动力，消极等待，对前途丧失信心。这样的情绪不但不会带来成功，而且会成为成功的绊脚石。

长此以往，就会使自己偏离主流，迷失方向，带来生活上事业上的失败。充满激情，首先要有梦想，或者说要有明确的追求目标。不同的阶段，要有不同的目标，并且要把个人目标的实现同集体同社会的大目标紧密地有机地结合起来。其次，要充满自信，积极进取，乐观向上，大度从容。所谓态度决定一切，可见精神力量之巨大。再次，充满激情，还要对任何新鲜事物保持高度的敏感和兴奋，善于学习，敏于思考，在变化中捕捉机会。充满激情的人，永远不会在满腹牢骚中浪费时光，不会在对别人的说三道四中虚度光阴。激情是一种力量，它可以激励一个人前进，也可以感染其他人，向他人传播阳光和力量。因此，一个人要想成功，首先要充满激情。

工作当中，我们的目标可能就是每天都高质量完成生产任务，时间久了，失去了新鲜感，或不甘"平庸"，或难耐寂寞，则不能保持持久的热情。很多情况下，成功是需要时间积累的，有一个从量变到质变的过程，厚积而薄发。因此，在顺利时，要乘势而进；在挫折中，更需持之以恒。

10. "运气差"只是一个借口

摒除消极思想：消极思想是一种有害的精神污染。不在意的消极思想的句子：谢天谢地，终于熬到周末了！勉勉强强，过得去吧！绝对不行！这些我都听腻了！这件事已经结束了！我已经尽力了！

——北大财富课引用名言

经常听到这样的抱怨：×××怎么运气那么好？工作好、体面、薪水高，周围贵人也多，做什么事情都有人帮。自己呢，总是碰上糟糕的老板，每天忙得要死薪水还是那么低，怎么就没一个好去处……

事实上，没有所谓实际意义上的"坏运气"，生活中很多人没有发展目标、没有发展规划、也无积极心态的人，在发展中容易陷入负面循环，局面会越来越局促并难以突破；而那些从一开始有目标、有计划且心态积极、有闯劲的人，即使遇到一些困难，也能通过不断努力排除障碍，破茧成蝶，往越来越好的方向发展。

社会学家和经济学家们常用"马太效应"来形容社会两极分化严重，富的更富，穷的更穷这一现象。马太效应对个人发展最严重的影响就是它所产生的连锁反应，当个人处于人生低谷的时候，其所接触到的资源、平台和人脉也越来越贫乏，在外部环境、条件和资源都越来越欠缺的状况下，个人发展是很难有所突破的。

为了避免马太效应对自身的负面影响，要明白激流勇进，不进则退的道理。有些人错误地以为，不咸不淡地待着就能自保饭碗。其实他们不知，弱者是很难参与分配优质资源的，没有好资源就难发展，而终将难逃被淘汰的命运。因此，最后淘汰你的不是某个企业或组织，而是快速发展着的大职场——社会。

以下列出三点关于远离"马太效应"，令自己良性循环发展的建议：

1. 明确职业定位，树立清晰目标

方向比努力更重要，明确方向是关键的一步，只有明确前进的方向，明确你的目的地，才能确保自己在"前进"，而不是在错误的路上瞎折腾；有了方向，在遇到困难时也知道如何化解对自己最有利。如果一切都是稀里糊涂的，别说步入职业发展轨道，甚至连"开始"都谈不上。

2. 通过自身努力和优化，获得好资源、好平台

环境、薪资、文化等外生涯指标是职业生涯发展的重要因素，但不是决定因素。决定因素在于你自身内生涯的成长和修炼，努力提高自身的核心竞争力和综合素养，这才是你和命运谈判的资本，也是你争取好

资源和好平台的筹码。

3. 好心态是好运气的"吸金石"

心态，也可以说是心理资本，它是内生涯中与技能、知识同等重要的职业成功要素。好运气通常都围绕在乐观、积极、坚韧的人身边，总是怨天尤人的人，得不到好运的垂青。

做好以上三点，便能产生良性的连锁反应，让发展进入良性循环。特别提醒，要获得良性发展并不是运气问题，停止抱怨的同时，应即刻着手制定职业规划方案，在有目标、有方案、有行动的状态下，抱着一颗坚强、不怕失败的心，义无反顾地前进，你定能收获属于你的成就。

11. 坚定的信念是无价的财富

信念是人们心中的希望，它能唤起人们对美好事物的向往，激励人们百折不挠地追求。人生需要信念，只有坚定信念的人，才能拥有玫瑰的芬芳，夺取胜利的桂冠，创造生命的奇迹。

——北大财富课理念

很多人渴望获得财富，但他们总是经受不住考验，以至于成功之神与他们擦肩而过。茫茫人海，成功的人也有不少。他们的事迹往往令人非常感动，看他们的成长经历会使我们发现一股无所畏惧的力量，他们正是凭着这股力量去勇敢拼搏，无畏进取，冲破重重阻碍，最终迈进富有的行列。这股力量的源泉就是——坚定的信念。

古往今来，获得成功的伟人都有一个共同的特点，有着坚定的信念。他们的辉煌人生、丰功伟绩都不能缺少信念这个重要条件。

居里夫人是世人敬仰的科学家，在科学事业上取得成功绝非易事，居里夫人当时的生活条件是艰苦朴素的，在生活中除了做实验，她还得照顾年迈的公公、婆婆和小孩，还要做饭、洗衣。所以，她的手像工人的手一样粗糙；夏天，炎热的仓库弥漫着浓烟，眼睛喉咙常被烟熏得刺痛，她仍坚持不懈地用大锅提炼矿石；寒冬时，窗户必须洞开，以免因气体无法排出而中毒，因此，她的手常常冻得连笔都握不住。

这就是居里夫人的工作条件，这是一般人能承受的工作条件吗？是什么力量支撑着她？是信念，是坚定的信念！让她有勇气承担一切困难和挫折，还有常人难以想象的恶劣的工作条件。是坚定的信念转化成无穷的能量，让她实现了自己的理想，获得了成功。

马云说过："今天很残酷，明天更残酷，后天很美好，但是绝大多数人死在明天晚上，见不着后天的太阳。"所谓的困难临界点就是马云所说的"明天晚上"，能扛过去，就是成功，过不了这个坎，就是失败。虽然经历困难的临界点过程有时很艰难，但坚持下去，奇迹就会出现。

12. 想象力是造富的基础

年轻人要有一点理想，甚至有一点幻想都不怕，不要太现实了，一个青年太现实了，没出息。小到一个人，大到一个国家，都要有远大理想。没有远大理想的青年没有发展前途；没有远大理想的民族，难以屹立于世界民族之林。

——任继愈（北大教授）

想象力是指在知觉材料的基础上，经过新的配合创造出新形象的能力。它是一种能促使人类预想不存在事物的独特能力，是所有发明和创新的源泉；从想象力或许是最具改革性和启示作用的能力这点讲，它更是一种能使我们同没有分享过他们经历的人产生共鸣的力量。

想象力是知识的一种创意。创意是个人化思考演进的过程，是将个人独特的天赋、才能及看法转换成新奇而有效用的想法，是一种能面对日常生活的问题或挑战，而衍生出创新主张或办法的能力。创意具有四个特点：思考和行为具有想象力；想象活动有明确的目的；过程具有独创性；结果产生目标性的价值。因此，创意是想象力的活动并能产生独创的价值。

想象力是知识的一种创新。想象力同观察力、记忆力等共同奠定了人生的发展基石。一个社会的进步，依赖于人们的创新与创造，而想象力永远都是创新与创造的原动力，想象力绝对不会让现有的知识停滞不前，它是最活跃的、启发性的，是知识最有效的运动，能使知识不断得到更新、进化。在学习知识的过程中，要善于创新思维方式，打破陈规，冲破束缚，扩展思维空间，通过思考善于去想别人所未想、求别人所未求、做别人所未做的事情，最终不断推动创新发展。

"想象力比知识更重要"，并不是说知识不重要，它是在强调知识重要的前提下，要求人们更加注重获取和运用知识的方式、方法、途径和手段。想象力最突出的特点是能将预期的目标现实地展现出来，使目标由不可能变成可能，使目标从无到有、从小到大、从大变强；想象力最有效的机能就在于它能突破封锁，扫清障碍，跨越时空，使知识不断得到扩充、拓展、延伸、进化、更新和增值；想象力是长了眼的，会说话的、活的知识；它是潜在的、能动的生产力。想象力和知识密不可分，知识是想象力的载体，想象力是知识的翅膀，想象力是知识的知识。想象力是人类无穷无尽的、无边无际的、最为富有的财富。

13. 行动是提现大脑财富的金卡

许多不成功不是因为没有行动前的计划，而是缺少计划前的行动。

——北大财富课引用名言

大脑拥有财富的人是富有的，但是想把这笔财富提现，行动才是唯一的金卡。许多人都认为著名商业帝国都是由那些满脑子构想的创造性人才推动发展的。然而，再完美的构想没有实际行动的推进也不过是纸上谈兵。生活中常会见到这种情况，那些满脑子"完美构想"的人经常会半路翻船，就是因为没有建造一座灵感与现实之间的桥梁。成功学大师拿破仑·希尔曾经说过："每一个在实际中获得巨额财富的故事都始于构想的创造者和构想的销售者相遇并且能和谐地一起共事的日子。"

多数人做事都有这样一种习惯，非等算计到"万无一失"才开始行动。其实，这还是"惰性"在作祟，计划周密只不过是一个自己不想行动的借口。因为无论什么目标，都算不上是生死攸关的，对正常人说来，即使贸然行动，也不会对事情的整体进展产生太大的影响。换个角度来说，目标是对未来的设计，所以在实施过程中就免不了有许多把握不准的因素，所定目标对自己的适合程度，目标的可行性有多少，也只有行动才是最好的检验。俗话说："实践是检验真理的唯一标准"，"穿上鞋子才知道哪里夹脚"。没有行动，就没有积极的心态，目标也不可能清晰。

马云曾说过："晚上想想千条路，早上起来走原路。"想法是人人都有的，而且多数人的想法都是非常不错的，但是，由于思想顾虑、外界干扰等多方面的因素，这些想法最终也只活在我们的头脑中，死在实施的半路上。不管你承认不承认，好多人已经淡忘了无数这样的想法，更因此常常悔恨为何当初牵强的行动。作为财富思想的富有者，牢记以下 6 点，才能将这些想法付诸行动。

1. 使自己的想法与现有的计划结合起来。假如你的想法能够和某个现有的计划或行动结合起来，并且被当作一种完美的补充的话，自己的内心就不会有那么多的顾虑，容易被自己所认同，易于自己去实施。

2. 让自己的想法融入到他人的计划中。这种做法看似毫无利己，其实别人在实施计划的同时，对自己是一种无形的认可和补充，自己也会更坦然地去采纳这个想法。

3. 化整为零，逐个击破。把你的想法分成很多小的部分，分阶段地执行。风险越小的想法越容易实行。

4. 吾日三省吾身。当你听到一个否定的声音时，先要反省自己如何才能打破僵局。"什么条件下可以进行？什么时间有利于进行？哪些人对进行有利？"运用这种方法不仅能避免僵局并且可能会收到意料之外的创意。

5. 给自己的问题一个答案。很多时候，想法难以实现的原因就是我们在自己阻碍自己："缺少足够的资源""这样会抓不住重点""我需要一个现有的例子"等等，这些都是很典型的借口。面对这些问题，自己要马上予以解答。

6. 赢得他人的支持。有人支持你的想法，是提升自己行动力最高效的办法。

14. 财富计划要做到有备无患

成功就是一个计划没有成果，就用第二个计划，第二个计划没有成果，就用第三个计划，直到计划产生效果为止。

——北大财富课理念

你要时刻关注你的财富目标，但永远也不能害怕改变自己的计划。拿破仑·希尔曾忠告企业家们说："不要太轻易就谈论我们的意图，否则其他人也许会在这个目标上打败你。"在当今的全球性经济社会，一个人的思想是不能封闭自守的，不想自己的目标失败，就要让自己的目标随机应变，使别人抓不住自己的目标。

19世纪80年代，威廉·瑞格理从美国费城来到了芝加哥。年仅29岁的他揣着仅有的32美元开始了创业的勃勃野心。威廉的父亲是一名香皂制造商，他孩提时就学会挽着小篮子在费城沿街兜售"瑞格理"牌去垢香皂了，并由此初谙销售之道。威廉在芝加哥的创业历程，就是从经销"瑞格理"牌香皂开始的。他给商家派送苏打粉之类的赠品作为额外的促销手段。很快地，苏打粉比起香皂来更加好卖，他就当机立断地做起了苏打粉买卖。1892 年开始，威廉每卖一罐苏打粉给商家附赠两条口香糖。这个赠品计划获得了极大成功，再一次的因缘际会使得作为赠品的口香糖比起主销产品来显得更具潜力。

威廉转战口香糖行业可以说是不占任何优势，比起箭牌产品当时的寂寂无闻，其他公司的产品已经初具声名。面对强大的对手威廉仍然继续沿用他的营销利器——用赠品鼓励商家进货。他知道客户如果能免费获得一些"小甜头"，他们就会更乐于销售箭牌口香糖。

威廉在倾力推广白箭口香糖时，广告效应问题有了试金石。他相信白箭口香糖是优质产品，无奈由于名气不彰而销售滞缓，于是，1906 年威廉决定在水牛城、罗切斯特和锡拉丘兹等美国东部三座城市进行适度的广告宣传，成效果然不俗。

翌年，恰逢市道低迷，几乎所有公司都在削减包括广告经费在内的开支。威廉逆势而为，他预感到当他人纷纷减弱营销攻势之时，正是他加强白箭口香糖广告力度的良机。他踌躇满志地再次把目光投向了久攻不下的纽约市场。

1910 年，威廉已经成功地使白箭口香糖一跃而为美国人钟爱的品牌。黄箭和 1914 年推出的绿箭也随着日受欢迎，很快崛起为广受青睐的主导品牌。

有组织的计划是通向财富的关键步骤，在真正实施自己财富计划的过程中，有备无患固然能解决许多意外情况，但随意应变的计划才是最完美无瑕的。

15. 坚持不懈的毅力是最好的向导

只有有耐心圆满完成简单工作的人，才能够轻而易举地完成困难的事。

——北大财富课理念

很多人都说过这样的话："我试了几百次了，可就是不能成功，没办法，只好放弃。"你相信这句话吗？别说几百次，甚至于有没有十次都令人怀疑。也可能有人曾试过七八次，但由于不见成效，结果就放弃了再试的念头。然而，想要做成一件事，不抱着永不放弃的执着态度和坚持不懈的努力是绝对不行的。世界上没有任何一样东西能够取代坚忍不拔的毅力。学无所用、学历不行的人遍地都是；怀才不遇、才智不行者比比皆是，一事无成的天才也很常见。只有坚韧、执着的毅力才能无往而不胜，成功的秘密在于知道什么是对你最重要的事物，然后拿出实际行动，不达目的誓不罢休。

狼有一种坚持不懈的精神，捕捉猎物时，坚定不移地追赶，它能将自己的全部力量集中在锁定的猎物上，即使成功的机会非常小，它们也绝不会轻言放弃，结果它们成功了。对于人来说，坚持不懈的毅力就是指引你走向成功的方向标，一往无前地坚持下去，肯定能到达财富的终点。

松下电器公司的总裁松下幸之助是日本著名的企业家，享誉全球，被称为日本的"经营之神"。松下幸之助年轻的时候，家庭十分贫困，一家人全靠他来养活。

有一次，瘦弱矮小的松下到一家电器厂去谋职。他走进这家工厂的人事部，向一位负责人说明了来意，并请求给安排一个工作，哪怕是最底层的工作也可以。这位负责人看到松下衣服肮脏，人又瘦又小，觉得很不理想，但又不能直接说，于是就找了一个理由："我们暂时不缺人手，你一个月以后再来看看吧。"

这原本是一个托词，然而没想到一个月之后松下真的来了，那位负责人又推托说过几天再说吧。几天之后，松下又来了，这样反复了多次，这位负责人干脆说出了真正的理由："你这样脏兮兮的是进不了我们工厂的。"然后，松下回去借了一些钱，买了一身整齐的衣服穿上再次来到电器厂。

这个人一看实在没有办法，便告诉松下说："关于电器方面的知识你知道得太少了，我们不能要你。"两个月后，松下再次来到这家企业，说："我已经学了不少有关电器方面的知识，你看我哪方面还有差距，我一项项来弥补。"

这位负责人盯着他看了半天说："我干这一行几十年了，还是第一次遇到像你这样来找工作的，我真佩服你的耐心和韧性。"最终那位主管答应让他进工厂工作。

从古到今，圣者贤人们的创业足迹，印证了一个毫无争议的事实：有探索就有成功，有拼搏就有胜利。就算是在失败中也不放弃自己所追求的理想，这就战胜了自我，超越了自我。如果一个人具有这种信念的话，他肯定不会是永远的失败者。因为，他懂得去争取，懂得去拼搏，懂得重新站起来，直至成功。

16. 用意志力纠正错误的思维

大脑是你在这一世界上取得成功的唯一源泉。在你的大脑中，储藏着取之不尽的财富。通过提高意志力，你可以获得人生的富贵，拥有生活中的各种成就。

——北大财富课理念

意志力是人格中的重要组成因素，对人的一生有着重大影响。人们要获得成功必须要有意志力作保证。早在春秋战国时期，孟子就曾说过："天将降大任于斯人也，必先苦其心志，劳其筋骨，饿其体肤，空乏其身，行拂乱其所为，所以动心忍性，增益其所不能。"一个人要想实现自己的理想，达到自己的目的，必须具有火热的感情、坚强的意志、勇敢顽强的精神。

俗话说："意志创造人。"大脑是你在这一世界上取得成功的唯一源泉。在你的大脑中，储藏着取之不尽的财富。通过提高意志力，你可以获得人生的富贵，拥有生活中的各种成就。这种意志之力，默默地潜藏在我们每个人的身体之内。在这个世界上，真正创造人生奇迹者乃人的意志之力。意志是人的最高领袖，意志是各种命令的发布者，当这些命令被完全执行时，意志的指导作用对世上每个人的价值将无法估量。

主动的意志力能让你克服惰性，把注意力集中于未来。在遇到阻力时，想象自己在克服它之后的快乐，积极投身于实现自己目标的具体实践中，你就能坚持到底。

17. 认清潜意识的作用

思维世界影响物质世界，想要有好的结果首先要相信自己。

——北大财富课理念

人的行为受信念支配，你想要做出什么样的成绩，关键在于你的信念。所谓信，就是人言，人说的话；所谓念，就是今天的心。信念两个字合起来就是，今天我在心里对自己说的话。

若一个人在心里老是不停埋怨自己，我不行！很难想象，他会在今后的人生中做出怎样的成绩；相反，若一个人在心底深处总是不停地鼓励自己，我能行！那他在人生中获得成功的机会就大。人只有相信自己，才能成功。

运用潜意识的第一个方法，就是不断地想象，改变自我内在的一个影像和图片；第二个影响潜意识的方法，就是要不断地自我暗示，或是所谓的自我确认。每当我们想要实现一个目标的时候，就不断地重复地念着它。

通过不断地反复练习，反复地输入，当我们潜意识可以接受这样一个指令的时候，所有的思想和行为都会配合这样一个想法，朝着我们的目标前进，直到达到目标为止。潜意识是没有好坏之分的，不可能因为潜意识引导的方向是坏的就停止引导，所以必须坚定自己好的思想。相信一切都会朝好的方向发展，排除杂念。

很多人试了这个方法，没有效果，原因是因为他们重复的次数不够多。影响一个人潜意识的关键，就是要不断地重复，不断地重复，再一次地重复，大量地重复，有时间随时随地不断地确认你的目标，不断地想着你的目标，这样的话，你的目标终究会实现。

18. 控制自己的潜意识

控制了自己的潜意识，你就控制了自己的生活；控制了自己的生活，你就控制了属于自己的财富。

——北大财富课理念

信念的力量有多大？这是一个无法估量的结果。

在美国，有个名叫亨利的青年，他已经 30 多岁了，却依然一事无成，整天只会坐在家里唉声叹气。有一天，他的一位好友兴高采烈地找到他："亨利，我看到一份杂志，上面有一篇文章讲的是拿破仑的一个私生子流落到美国，而他私生子的特征几乎和你一样：个子很矮，讲的是一口带有法国口音的英语……"亨利半信半疑，但是他愿意相信这是事实。在他拿起那份杂志琢磨半天之后，他终于相信自己就是拿破仑的私生子。之后，他对自己的看法竟完全改变了。以前，他自卑自己个子矮小，而现在他欣赏自己的正是这一点："个子矮有什么关系！当年拿破仑就是以这个形象指挥千军万马的。"过去，他总认为自己英语讲不好，而今他以讲一口带有法国口音的英语而自豪。每当遇到困难时，他总是这样对自己说："在拿破仑的字典里没有'难'这个字！"就这样，凭着自己是拿破仑私生子的信念，他克服了一个又一个困难，仅仅 3 年，他便成为一家大公司的总裁。后来，他派人调查自己的身世，却得到了相反的结论，然而他说："现在，我是不是拿破仑的私生子已经不重要了，重要的是，我懂得了一个成功的秘诀，那就是：当我相信时，它就会发生！"

或许从亨利成功后的话语里，可以领略一点："当我相信时，它就会发生！"我们经常会从电视、报纸等媒体的传播中得知人类曾创造了很多生命奇迹的真实故事。譬如，人在沙漠中遇险，在不可能的情况下幸免于难；在遇到地震后，于饥饿、干渴中挑战生命的极限……

这些故事都有一个共同点：处在绝境中的主人翁，有一个信念在支撑着，他们才得以活下来。心理学家表明：人的行为受信念支配，你想要做出什么样的成绩，关键在于你的信念。

19. 没必要在金钱面前装清高

"你不理财，财不理你。"在金钱面前装清高的人，就是对自己驾驭金钱能力的怀疑。

——北大财富课理念

从现实的角度来看，那些为钱去拼命工作的人并没有什么错，因为与各种不稳定的关系相比，钱反而是更为牢靠、更能带给人安全感的东西。在没偷、没抢、没骗，也没去出卖自己的肉体与灵魂的情况下，自己的任何合理收入都应该受到尊重。

生活是离不开钱的，如果你连维持基本的生活都成问题，清高的价值又在哪里呢？在金钱面前"摆清高"只会让你一次又一次地失去拥有金钱的机会，让自己的生活陷入极其窘迫的状态之中，最终换来无尽的懊悔与痛苦。

实际上，爱在金钱面前"装清高"的人，他们并非真的享受清贫而拮据的生活，也未必真的不渴望过上富足的日子，因为他们也知道没有了钱自己的生活就失去了保障，没有保障的生活也就没有了质量，没有了质量生活也就失去了丰富多彩的意义。他们嘴里对钱不屑一顾，实际上这只是他们得不到金钱而欺骗自己的借口罢了！他们不知道，这样的做法十分缺乏理性，除了自欺欺人之外，也很容易将人的思想带入误区之中。

如果一个人总在金钱面前"装清高"，久而久之他就会真的误以为自己对钱产生了"抗体"与"免疫力"，认为真的可以清高到不食人间烟火了。然而，现实生活迟早会让他体会到这种思想所带来的懊悔与痛苦。那些真正能够理直气壮地在钱面前装清高的人，反而都是那些不缺钱的人。因此，"君子爱财"本身是没有错误的，现代人都可以选择去做一个"富有者"。

20. 克服对金钱的恐惧

越早处理掉关于金钱问题的恐惧，就能越早地创造出更多的金钱。

——北大财富课理念

当今生活中的人们对于生活的担心似乎来自各方各面，实际上，人们所有的担心，归根结底大都是对金钱的恐惧。在现实生活中，多数人都或多或少地会对金钱产生恐惧，尽管在与好朋友聊天的时候不会谈及，但是这种恐惧与担忧却是实实在在存在的，而且也实实在在影响着人们的生活，阻止人们对金钱的自由支配。

与此同时，这种金钱恐惧症对人的心理也会造成巨大影响。比如这个月你没有足够的钱去支付网费、电费、天然气费、电话费等这些生活账单的时候，你就会担忧。如果不及时地消除这种担忧和恐慌，它就会像野草一样在心中肆无忌惮地生长，直至会使你认为自己是个一无所有、百无一用的人，这种想法会使你丧失信心，会让你自暴自弃，甚至真的会让你最终成为一个一无所有、百无一用的人。鉴于此，我们必须要从源头上去正视这种恐惧与担忧，并用新的、更为积极的理念来代替它。

心理学家指出，克服恐惧与担忧的最佳方法就是坦然地将它说出来。当你把自己的恐惧说出来后，你就会发现你的身后并没有魔鬼，接下来就可以坦然地面对那些恐惧的事情了。所以，当你为没有足够的钱去支付生活账单而产生恐惧的时候，你可以将这种恐惧说出来，告诉自己，这个月的账单可能要晚一些去支付了，让自己放松下来。

此外，对付金钱恐惧与担忧的方法，就是找出恐惧与担忧的根源。很多人在担忧与恐惧的时候可能都没有意识到，自己对金钱的恐惧与担忧都是源于自己童年时代对金钱的记忆，这种记忆本身会在不知不觉中对我们造成巨大的影响。

你要为自己树立信心，相信自己能够在将来掌握更多的金钱，相信自己能够用手中的金钱去换取更多的金钱，这样做你就能够以积极的理念来替换你心中的恐惧与担忧了。

从现在开始，试着用新的观念来代替使你产生恐惧的思维习惯，强迫你的头脑接受这种积极的信息，并强迫自己按照积极的理念去行动，在这个过程里，你一定要发自内心地相信它。同时，在执行你的新理念时，也要遵守以下 3 条规则：

第一，发挥自己的聪明才智，尽可能地以最简短的语言将你的新理念写出来。

第二，用现在时态写下你的信念，从现在开始就转变你对金钱的态度。

第三，将想法变成一种信念，打开接受金钱的新思路。

21. 升华自己对金钱的欲望

想要拥有财富，首先就要升华你对财富的欲望，因为它是你通往财富之路的发动机。

——北大财富课理念

想要拥有财富，首先就要升华你对财富的欲望，因为它是你通往财富之路的发动机。如果你对金钱有足够的欲望，财富就离你不远了。

有一次，有人问苏格拉底："我如何才能获得财富呢？"

智慧的苏格拉底没有直接回答他的问题，而是将他领到了一条小河边，然后将他的头直接地按进了水中。那个人出于本能开始不断地挣扎，但苏格拉底一直不放手。那个人拼命地挣扎，用了自己最大的力气才挣脱出来。

这个时候，苏格拉底微笑着问他："你刚才最需要的是什么呢？"

那个人还未从刚才的慌乱中平静下来，喘着粗气说："我最……最需要空气。"

在这个时候，苏格拉底因势利导地对这个人说："如果你能像刚才需要空气那样需要获得财富，那你一定能获得财富。"

苏格拉底用最智慧的方法告诉我们：要拥有财富，首先要有获取财富的强烈欲望。仔细分析苏格拉底的那句话，你会发现这种欲望其实是指"我要，我一定要"的勇气与坚定，是一种志在必得、专心一致的心态。只有拥有这种坚定的勇气与强烈的心态，你才能克服一切困难，最终获得财富。

也许会有人说，这是一个超现实的理由，欲望真的有如此神奇的力量吗？是的，这种神奇的精神力量可以使身份卑微的人爬上财富的顶峰，可以使重病的人起死回生，也可以使人们在失败了几百次之后东山再起。

在现实生活中，大多数人都想成为富人，想拥有很多的金钱，只是他们都认为这个梦想离自己简直太遥远了，于是就开始安于现状，不再去考虑改变自己现有的生存状态，最终让富人梦成为泡影。如果你也像这些人一样，对于财富与金钱只是想想而已，没有真正地从内心将这种愿望升华为强烈的欲望，那么你在获取财富的道路上就不会有强大的精神力量，最终也很难实现理想。

你还没成为富人之前，都要时不时地告诫自己"我是一个爱财之人"，这样你就顺利完成了走向财富人生的第一步。接下来，你要做的就是把这种欲望按计划变成财富。那么，如何才能将欲望变成财富呢？以下6个明确而又切实的步骤可以帮你实现财富梦想，实现你的欲求目标。

第一步，你要在心里确定你真正所欲求的财富目标。

第二步，为了达到你的财富目标，你一定要明确自己要付出什么样的代价。因为在这个世界上，没有什么事情是可以不劳而获的，获取财富更是如此。

第三步，给自己的财富目标定一个明确的期限，就是你决心何时实现你的财富目标。

第四步，拟定一个实现财富欲望的明确计划，这个计划越详细越好，甚至可以明确到"你每天要获得多少钱"。

第五步，将你欲求所得的财富数量，实现目标的期限，为实现目标要付出的代价以及实现目标的明确计划等，都明确地写出来，并写一份督促自己的类似誓言的声明。

第六步，坚持每天都将这份声明大声地读上两遍，一遍是在你早上起床以后，一遍是在晚上入睡之前，同时，在读这份声明的时候，一定要想自己已经拥有了这笔财富。

22. 发掘并提升自己的财商

生活中看起来细小但无处不在的智慧就是智者开启财富之门的钥匙，这些智慧就是人的财商。

——北大财富课理念

"财商"顾名思义就是一个人在财富方面的智商，英文表达为 Financial Quotient，简称 FQ，它与智商 IQ、情商 EQ 并驾齐驱，被称为现代社会三大不可或缺的素质。FQ 是一种理财的智慧，表现为一个人认识金钱和驾驭金钱的能力，这种能力又包括两个方面：一是正确认识金钱及其规律的能力；二是正确运用金钱及其规律的能力。它反映了人作为经济个体在经济社会中的生存能力，所以在人类生存和发展中是不可或缺的。

财商是一种强大的创富力量，它可以让你的财富从无到有、从小到大、从大到强，大部分富有的人都是高财商的人，即便他们的学历很低，出身贫寒。

"二战"时期，在奥斯维辛集中营里，一个犹太人对他的儿子说："现在我们唯一的财富就是智慧，当别人说一加一等于二的时候，你应该想到大于二。"纳粹在奥斯维辛毒死了几十万人，父子俩却活了下来。

1946 年父子俩来到美国休斯敦做铜器生意。一天，父亲问儿子一磅铜的价格是多少？儿子答 35 美分。父亲说："对，整个得克萨斯州都知道每磅铜的价格是 35 美分，但作为犹太人的儿子，应该说 35 美元，你试着把一磅铜做成门把手看能卖多少钱。"20 年后，父亲死了，儿子独自经营铜器店。儿子始终牢记着父亲的话，他做过铜鼓，做过瑞士钟表上的弹簧片，做过奥运会的奖牌。他甚至把一磅铜卖到 3500 美元，这时他已是麦考尔公司的董事长了。

人们要想创富，就要努力去发掘和提高自身的财商。有些人可能会说：我没发现我有什么财商，我如何去挖掘或提升我的财商呢？如果你认为你的财商不够高，不妨从以下四个方面开始入手：

一、掌握财务知识。你也许对数字不陌生，但是可能会不太敏感，但是，你一定要让自己敏感起来，因为你的财富就是用一个一个的数字来计算的。

二、熟悉投资战略。"用钱生钱"说白了就是一种投资的科学战略，如何让自身少量的财产繁殖衍生出更多的财富，就需要依靠有效的投资来实现。

三、了解供求关系。这不仅仅是针对做生意而言，理财同样需要你用市场的眼光去审时度势。只有你足够了解市场的供求关系，才能让自己的投资方向更加明确，比如你的股票和基金应该投入哪个领域。

四、遵守法律法规。"君子爱财，取之有道。"尤其是"新手上路"，只有乖乖地遵守"交通规则"才能让前方的道路畅通无阻。

第 2 章

智者知理课

"业精于勤，荒于嬉；行成于思，毁于随。"理财不仅是一门学问，更像是一门艺术，理财不能靠三分钟热度，不能听天由命，更不能投机取巧。想要精通理财，增加财富，就要脚踏实地、认认真真地钻研理财这门学问，通晓理财常识，领会理财精义，以此不断充实自己的大脑、培养自己敏锐的眼光，把理财知识巧妙运用到实践生活中，善于理财、勤于理财。

1. 明"理"者才，懂"理"者"财"

任何一个大的目标都可以分成许多小的目标来实现，即使你不能一下子达到最高目标，你只要一步一步向前走，最终就能实现。因为每一个目标的实现都是为你下一个更大的目标作准备的。

——俞敏洪

"凡事预则立，不预则废。"很多人之所以没能实现自己的富人梦想，就是因为他没有将自己的梦想转化为财富目标。他可能只有财富梦想：一个温馨的小窝、一辆豪华的座驾、一趟欧洲之行，多数情况下只是去想想而已，并没有一个具体的实施方案和时间表，对于如何来实现这个目标更是一头雾水。因为没有具体的行动目标，当然也就谈不上如何去实现，自然也就实现不了。

如果想将梦想变成真，首先一定要制订一个理财的目标与规划，而且越早制订具体的实施规划，梦想才能越早变成现实。制订财富目标是实施个人理财计划的第一步，这一步如果能开个好头，后面的路自然也就好走了。至于具体的操作程序就是要确立有效的财富目标，现在我们就来看看什么样的财富目标才是最有效的。

第一，列出你的财富梦想。

将你想要通过财富实现的所有梦想全部写出来，然后根据自身的情况进行具体的分析，筛选出那些对你个人来说切实可行、操作性强的财富愿望，同时将那些异想天开、不切实际的愿望剔除掉。因为只有找出自己的财富梦想并且将之放在实际生活中具体化才有实施的可能性。

第二，目标一定要有可度量性。

只有量得出的才具有可实施性，因此你的财富目标一定不能是含糊不清的，最好能用数字来衡量。因为将概念性的东西用足够清晰、具体、详细的量化标准来执行，实现起来才能更加明确和顺利。

第三，为你的目标制订比较合理的时间计划表。

聚财的目标一定是要有具体执行的时间表，清晰地将自己在一定时间内要实现的财富计划与财富目标都列出来，这样才能督促自己去实现。同时，提醒自己不要将今天的目标拖到明天去实现，因为明天还有明天的具体安排，况且明天会发生什么变故谁都不知道。

第四，目标制定要有顺序与层次。

在不同的阶段人们对物质与精神财富的需求是不同的，所以，在不同阶段理财的目标也是可大可小的。做事情要分清轻重缓急，理财也是同样的道理，人的一生就像是一个空瓶子，需要用诸如石块、石子、沙粒这样的东西来填充，而放进这些东西的先后是要讲究顺序的，它应该是：石块——石子——沙粒，也就是说先放进去的一定要是最大最重的东西。如果先放了沙粒或者是石子，石块就不可能再放进去了。理财也是这样的道理。

第五，制定具体的理财行动计划。

学会将你的财富目标分解和细化，将其变成可以具体操作与掌握的东西，比如每个月的具体存款数额、日常的消费支出、每年的投资收益、银行的借贷与还款额度等等，将那些不能一次实现的目标分解成若干具体的小目标，然后再逐个击破的话，你的财富积累就会变得容易得多。你如果将一年、十年、一辈子的理财目标细化到每一天，那么，你就会知道你每一天努力的方向是什么，也不会像一只无头的苍蝇一样四处乱窜了。

的确，聚财是需要目标的，有了目标也就有了方向，有了方向才会有完成的动力。只有尽快地将自己的理财计划提上日程，才能让自己尽快地行动起来，只有让自己切实地行动起来才不会让自己的财富梦想变成一个个肥皂泡泡。

2. 会挣钱更要会理财

目标合理化和树立目标同样重要。

——北大财富课引用名言

在当代社会，有很多人有这样的想法：我的收入高，只要能挣钱就行了，干吗费这么大的劲儿去理财呢！当然，如果你收入很高，而且你的花销不是很大的话，那么你确实不用担心没钱买房、结婚、买车，因为你有足够的钱来解决这些问题。但是仅仅这样你就真的高枕无忧了吗？要知道理财能力跟挣钱能力往往是相辅相成的，一个有着高收入的人应该有更好的理财方法来打理自己的财产，为的是留住自己的财产，让它升值，从而进一步提高自己的生活水平，为下一个"挑战目标"积蓄力量。

李女士在一家私企工作，经过几年的拼搏，总算攒了些钱，也想过要买车买房，但又懒得理财。看着身边的人都在用自己空余的时间开始理财投资，李女士却觉得：会理财不如会挣钱，那也舍不得吃，这也舍不得穿的日子过得真没意思。可是随着时间的推移，她的同事都有车有房了，但她却还是什么也没有。

孙先生在一家装修公司搞设计，平均月收入 5000 元。和多数人精打细算花钱不同，孙先生挣钱不少，花钱更多，有钱时就好像自己是大款，什么都敢玩儿，什么都敢买。没钱时便一贫如洗，借债度日——拿着丰厚的薪水，却打起贫穷的旗号。在别人眼里，孙先生他们可能是一些低收入者或攒钱一族们羡慕的对象，可实际上，他们的日子由于缺乏计划，实际过得并不怎么"潇洒"。他们"不敢"生病，害怕每月还款的来临，更不敢与大家一起谈论自己的"家庭资产"，遇到购房、结婚等需要花大钱的时候，他们往往会急得如热锅上的蚂蚁，到处乱转，不知所措，不知道自己的钱都花到哪儿去了。

从上面两个例子可以看出，生活中有些人，挣的钱也不少，可一谈起自己的家庭资产，却发现自己挣的钱都不知去向了。可见，会挣钱不如会理财，一个人再能挣钱，如果他不会理财，那他挣的钱，就只能是别人的，因为他总是挣多少，花多少，那钱总是流向别人的口袋，永远不会有属于自己的钱。

其实在生活中，如果你并不打算有更具挑战性的生活，那么你确实可以"养尊处优"了。但是假如你在工作到一定的时候想要开一家属于自己的公司，或者想做一些别的投资，那么就需要理财，因为你想要进行创业、投资，这些经济行为意味着你面临的经济风险又加大了，你必须通过合理的理财手段增强自己的风险抵御能力，在达成目标的同时，又保证了自己的经济安全。

3. 给自己列个理财规划书

没有比漫无目的的徘徊更令人无法忍受的了。

——北大财富课引用名言

有些人由于刚步入社会不久，收入也不多，再加上平时理财意识淡薄，几乎没有什么钱财。但是，这个时期却是个人资产原始积累的重要阶段，如果再没有什么财富规划，可能一直都要处于窘迫的生活状态之中了。如果不想一直处于紧巴巴的生活状态之中，你就应该尽快地行动起来，及早地为自己的后半生做一个合理的财富规划。这时有些人可能会问："钱都不够用了，还谈什么理财呢？"

你应该知道"有'理'不在财多，没财更需理财"的道理。正因为没财才要去理财，理财与有钱和没钱是无关的，它是协助你完成财富目标的一种手段。即使你手中现在一点闲钱都没有，也可以通过一定的规划去完成你的财富目标。那么，具体怎么去规划呢？

第一步，要明确自己当前的收支状况与资产状况。

根据调查，当前大部分单身男女的收支状况与资产状况都在这样一个范围内：

税后收入 2000～6000 元，月基本支出（主要指租房、吃饭以及维持日常生活的基本支出）1000～3000 元，几乎没什么储蓄与投资项目等。

第二步，要根据现实状况，列出自己的理财目标。具体理财目标主要为：

（1）投资为零，没有负债，如何能让自己手中有限的资本通过合适的投资达到增值的目的？

（2）怎样为父母的养老问题做好充分的准备？

（3）除去基本生活开支以外其他剩余的钱应该按怎样的比例去储蓄或者去投资？

（4）如何去准备一笔未来的创业资金？

（5）有购房、购车计划，要通过何种方式实现自己的这些计划？

第三步，如何将你有限的收入通过合理的投资分配，去实现你的理财目标。

对于处在资本的原始积累阶段的人来说，培养正确的理财观念和运用恰当的理财工具是很重要的，有助于更快地积累资本，更早地实现人生目标。下面介绍投资理财五部曲以供参考。

1. 设定目标

大的目标：买车，买房，结婚……具体的目标：1 年可以拿到多少的年收益，通过 1 年的时间可以积累到多少资本。

2. 开源

再教育：留有一部分资金作银行定存，用于随时再教育投资。工作之后的再教育更有针对性，能够提高专业技能，为自己的背景镀金，更上一层楼，可以达到很好的开源目的。

3. 节流

明确收支，适当节流。自制一个月度收支表，把每个月的支出和收入都一一记账。支出项如：通讯费、交通费、餐费、日常用品消费等。收入项如：工资、奖金、分红、投资收益、其他收入。这样可以很清楚地看到哪部分支出占的比重比较大，可以适当地考虑支出较大项目的金额限制，以达到节流的目的。

4. 保障

除了单位给上的五险一金之外，现在也可以为自己准备一些保险如大病、养老，做一下补充。社会保险以及公司上的保险只能做到吃饱穿暖。如果想要吃好穿好还要靠自己。因为年轻，上一些商业保险，同样保额的情况下保费是比较便宜的。保险公司会因为年龄过大或者有重大疾病记录而拒保。

5. 投资

要考虑到自己的实际情况、风险承受能力以及投资期限，量力而行。如果有投资的风险可能会使本金损失，但是能获得高的收益，这种产品是否可以接受。是否可以进行 1 年以内的投资还是可以接受 1 年以上的投资。资金要做资产配置，长期与短期兼顾。高风险、中等风险和低风险均要配置。可以根据个人的风险偏好来调整比例。

理财规划是一个长期的过程，也是一个动态的过程。根据市场的情况和收入、年龄及风险承受能力的变化要进行及时调整。

4. 理财其实并不难

理财并不如你想的那么可怕与困难，它不过是要你对自己的财产做一个合理的安排。

——北大财富课理念

在各种国际金融局势不是很明朗的状况下，究竟如何去打理自己的

41

财产是一件让人犯难的事情，再加上自己又不太了解理财的具体操作步骤，对于这个陌生领域的烦琐数字我们确实没有什么好感，心里排斥也是无可厚非的。但是，你必须尽快地将这种懒惰的想法从你的脑子里清除掉。你的财产终究是要靠你自己打理的，如果你轻易地将它交到了他人手中，最后能属于你的还会有多少，恐怕连你自己都没底。

想要梳理自己的财富，可根据自身的情况作参考。但是，对于理财的具体操作步骤，还是要结合合理的步骤规划。

第一，清点你的家私。首先要搞清楚自身现有的财产状况以及未来的收入预期，只有先弄明白自己到底有多少财可以理，理财之路才不会毫无头绪，这也是人们理财的大前提。

第二，为自己的财富发展定个方向。要理财一定要弄清楚自己未来的财富目标是什么，这样才能让自己从时间、数额与完成步骤上制订出具体的计划和合理的安排，这样才不会盲目行事。

第三，找到适合自己的理财类型。在理财之前要清楚自身承受风险的能力、对各个理财类型的驾驭能力以及你所承担的家庭责任，在你能最大限度地降低自身与家庭财务风险的情况下选择适合自身的理财类型，这样才能够更好地操纵自己的财富。

第四，对你的资产进行充分的战略性分析。合理地安排自己现有的资产，哪些钱是用来做什么的，一定要事先规划好。如果拿去投资的话一定要用自己手中的"闲钱"，要保证自身的生活不受影响。对于职场人士来说，那些"拆东墙补西墙"的事情还是不要做为好。

如果你觉得这些方法太过简略与概括，操作性不太强的话，没有关系，后面的内容中我们还会有更为详尽的分析。这里就是要告诉你，理财真的不难，每个人都有能力成为理财高手，只要你勇于去尝试。

5. 没财不代表可以忽视理财

理财绝对不是有"财"人的专利，理财是每个人都必须要做的事情。其原因很简单，不管是挣钱还是花钱，我们几乎每天都要与钱打交道，只要与钱打交道，我们就有责任对它做好最基本的管理。

——北大财富课理念

大多数人认为自己没财就不必去理财了。其实不然，没财更需要去理财。理财绝对不是有"财"人的专利，理财是每个人都必须要做的事情。其原因很简单，不管是挣钱还是花钱，我们几乎每天都要与钱打交道，只要与钱打交道，我们就有责任对它做好最基本的管理。否则的话，将会给你带来相当严重的后果，"月光族"与"欠债族"的泛滥就是最好的证明。

没有理财意识的人就算现在还没有到节衣缩食的地步，也不会让自己手中的"余粮"成为财富增长的基金的。当你看到身边的同龄人买房、买黄金、买股票、买基金、买保险，没财可理的你难道不应该去好好地反省一下，为什么唯独自己什么都"买不起"？真的是因为你的收入比别人少吗？其实不然，你"买不起"是因为你对理财不够重视，你的收入在你的手中留不住，这都根源于你对理财存在着许多思想上的误区。

误区一：将自己的短期收入看成是自己一辈子的高收入，认为自己一辈子都会保持这种状态。这是极其错误的看法。你现在的"月光"生活过得是十分潇洒，但是你有没有想过，这样潇洒的日子能够持续几年？你现在还十分年轻，正处于人生财富的增长期，还没有什么社会负担，但是当你步入中年、老年以后，你不一定还有这样的收入，还是没有任何负担。现在不去理财，等到真正没有收入、没有积蓄的时候，那可能就真的是无财可理了。

误区二：好高骛远，只是一味地幻想自己以后的收入会有多高、能赚多少，而对眼下相对微薄的收入视而不见，胡乱消费，好像非要等到以后赚到更多的钱才要去关心它的去向一样。这些人常说的话就是："等我有了钱……"还是别那么幼稚了，钱不是"等"来的，是一点一滴地"理"出来的。

误区三：理财只是有钱人的事情。这是十分典型的理财误区。这一点我们已经说过，相对于那些有钱人，"没钱"的我们在教育、医疗、住房、养老等各个方面都面临着更大的压力，更需要通过正确的理财手段使自己手中的一点点财富不断增值。

每个人在人生的不同阶段都有着不同的追求与需求，而这众多的追求与需要不可能一下子全部都实现。这就需要我们有一个统一的规划与部署，根据轻重缓急分段逐个击破。毫无疑问，理财就是这种规划和部署。聪明的你，更需要通过这一手段将自己的追求与需要变成现实，记住一句话："没财更需要理财！"

6. 树立正确的理财观

投资理财没什么技巧，最重要的是观念，观念正确就会赢。每一个理财致富的人，只不过养成了一般人不喜欢，且无法做到的习惯而已。

——北大财富课理念

一生能积累多少钱，不是取决于你赚了多少钱，而是你如何理财。在存款利率低于通胀水平的经济环境下，如果你想依靠储蓄致富，根本就是参加一场永远打不赢的仗。

在市场经济初期，为了避免通货膨胀，一切实物都成为投资者追捧的对象，这就涉及到了投资理财。对于投资人来说，只要能保证他的资金每天不会缩水，这样的投资就算是一种有效的投资。在经济全球化的当今社会，随着商品价格普遍上涨到历史高位，那些有十几倍回报的投资计划已经很难找到。在这样的理财阶段，只有懂得以下几条合理的投资习惯和正确的理财观，才能在瞬息万变的市场中抓住触手可及的财富。

兴趣。兴趣是成功的基础，持久的兴趣才是成功的阶梯。不要刻意坚持或者等待，很多时候是"有心栽花花不开，无心插柳柳成荫"的。不要勉强自己做一些自己不喜欢做的事。在这个世界里，谋事在人，成事在天。如果投资是你愿意投入心血，愿意追随一生，能给你带来极大兴趣的事情，那我相信你迟早会遇到时来运转的一天。如果你一心只想着发达，只想着赚钱，那你便会在投资的过程中面临很大的心理压力，经常患得患失，最终摆脱不了被市场牵制的命运。

耐心。理财与其他行业一样，需要有毅力，需要坚持。一些著名的投资专家，譬如巴菲特，他强调长线投资，他在 40 年内，赚到 140 亿美元的资产。这个数字看起来好像很惊人，因为他的回报真的太高了，但事实上平均每年也就是增长 25%。如果每年你能放下自己不切实际的"凌云壮志"，努力为你自己的财产增长 25% 的收益，那么 40 年后你就是第二个巴菲特。关键是你能不能持之以恒，不是一年，而是年年 25% 的收益，而且要坚持 40 年。

独立思考，理性自律。投资理财切忌"以耳代目"，投资往往要经历了解群众、追随群众、远离群众的三步曲，因为在真正的岔路口上往往大多数人选择的方向是错误的。市场强势行情总是在人们充满恐慌与低迷状态中兴起，进而又在人们对其半信半疑状态中发展而步入高潮，最后却在人们开始满怀希望状态时走向毁灭与结束！所以，要想在投资中有所建树，找出适合自己的套路，制定适合自己的投资策略，而不是道听途说、盲目跟随。

7. 选择适合自己的理财投资

一个人最重要的能力是判断力。面对快速变化的外部环境和快速发展的产业，如果能及时准确地把握产业机会，就可能回避风险并快速取得成功，这一切都取决于一个人的判断力。

——李彦宏

不同年龄阶段，不同消费水平的人群对于理财有着不一样的诉求。

年轻一族：重在培养"节流"习惯。

"不同的人，不同的生活质量，不同的性格等因素，选择的理财产品当然也是不一样。"北京某银行一位首席理财师说，"适合自己的才是最好的，理财最忌讳的就是盲目追风跟从。"

年轻一族刚工作，收入不高，闲置资金很少，尤其是面对购房等大宗消费，他们往往把赚钱摆在第一位。因此，年轻人最重要的还是节流，可以暂时将开源排在第二位。注意平衡消费与收入间的差额，严格控制每月支出，尤其是区分必要支出和非必要支出。

中年一族：重点在资本市场。

相对于年轻一族，已成家且有一定经济基础和资金积蓄的中年人群，可减少银行存款、国债等理财产品，而应考虑将更多的资金投入到资本市场。

中年人应减少银行存款，增加在资本市场的投资，如股票基金。建议控制好资产仓位，投入的资金一般在40％～50％之间。债券类以及银行理财产品，则可以控制在30％～40％之间，剩余的部分资金，则留作流动资金，用投资货币市场基金等理财产品的形式获取一定的收益。此外还应选择一些流动性好或者短期的理财产品。

老年一族：理财安全是关键。

"针对老年人群，资金的安全是理财最最关键的。""毕竟对于他们而言，养老第一。"在确保安全的前提下，依然可适当做一些灵活配置。但除了银行存款和国债，老年人群应合理配置资金，也可以把一小部分钱做比较"激进"的投资，比如股票和基金，增加老年人的收益。最重要的是控制好投入的资金比例，不能过多，老年人群绝对不能把股票等高风险的投资方式作为自己的主要盈利手段，这样不利于身体健康。

此外，老年人群根据自身的情况，也可以适当选择银行推出的信托产品，这些从目前来看还是比较安全的。此外，老年人群可以做一个类似"到期定投"的投资方式。简而言之，就是现在先投入一笔钱，用来投资基金等收益不错的产品，定期赎回。

8. 理财知识是财富宝藏的线路图

决定一个人理财成功与否重要的不是理财的技术和手段，而是理财的知识。

——北大财富课理念

在当今社会，理财已经是一门现代人必须掌握的学问，不管怎么样，你都必须将其学好、用好，它将关乎到你最终能否在社会上立足。一个人不仅要会赚钱，还必须会管钱。如果一个人光会赚钱不会管理钱，那么这些钱可能并不真正属于他，只是经过他手而已，很快就会弃他而去。

前世界著名拳王泰森，在他当年风光的时候，曾经双拳横扫天下英雄，吸引了万千世人的眼球，成为商家的宠儿。当时他不仅拳打得好，而且还是赚钱的一把好手，曾靠打拳聚敛了巨额财富。可惜的是，他是个典型的只会赚钱不会管钱的人，因为不懂理财，结果那些财富很快就弃他而去，他迅速沦落为穷人，最后只能靠到处走穴表演为生。

一代拳王泰森的事例，很好地警醒了世人：光会赚钱还不行，必须学会理财，把自己手中的钱管理好，让它保值、增值，不然可能会连生存都困难。因此，掌握必备的理财技能并做好自己的理财计划，已经是现代人必须掌握的生存技能。

越来越多的人发现，积累财富不能只靠工资，而要靠投资，这早已是一种全社会的共识，并为更多的普通人所接受。对普通人来讲，靠工资永远富不起来，只有通过有效的投资，让自己的钱流动起来，才能较快地积累起可观的财富。一些专业人士对创造财富的两种主要途径进行了分析，发现了一个普遍的结果：靠打工致富，财富目标大约可达到年薪百万元这样的级别，能达到上千万，甚至是上亿元的寥寥无几。如果靠投资致富，财富目标则比打工的要高得多。

投资的最大障碍来自于人们对投资的认识，富人和穷人最大的差距也是对投资知识的了解和认识。其实，投资不看你钱多钱少，关键是你要有投资的意识，要愿意投资，会投资。对于普通工薪阶层的人来说，投资就是从小钱开始的。所谓不积跬步，无以至千里；不积小流，无以成江海。无论是成功还是失败，理财都是一种"人找钱"的人生体验。正如巴菲特所说："钱找钱胜于人找钱。"只要合理地对资产进行积极的投资，每个人都能打开财富之门，收获属于自己的财富人生。

9. 投资理财要找对方法

中国人大多不喜欢冒险式的投资理财方法，更多的时候他们愿意储蓄，没有个七分把握是不会轻易进行投资理财的，所以"要么赚得盆满钵满，要么输得一穷二白"的激进式冒险投资不适合中国的投资理财者。

——北大财富课理念

"稳健投资，熟悉市场，积累经验，适当的时候一鸣惊人"，这是国内投资理财者应遵循的硬道理。世界著名的投资家巴菲特就经常用这种理念进行筛选适合投资的项目，几乎全部都取得了令人惊讶的成果。下面就结合巴菲特所注重的理财要素来说说在投资理财中要注意哪些方面：

一、切忌盲目跟风。

2008 年的金融危机肆虐全球。在所有人都贮藏粮食准备过冬的时候，巴菲特却逆其道而行之，大手笔进行了一系列投资，而且均收获颇丰。当时巴菲特以 18 亿港元投资中国的比亚迪股份，期间股价虽并不稳定，但其收益仍超过 200%。而巴菲特为此仅付出了 1% 的份额。正如他自己所说："当别人贪婪时我恐惧，当别人恐惧时我贪婪"，其"独立思考，不做跟风"的投资理念不断地印证了其价值的存在。

二、选定把股东利益始终放在首位的企业。

选择经营状态良好，诚信度高的企业可以最大限度地避免股价波动影响投资者的核心利益。而应将那些通过配股和增发等恶劣途径榨取投资者的血汗钱的企业拒于门外。

三、资源垄断行业是绩优股。

在巴菲特的投资比例中，电力、公路、煤炭、桥梁等资源垄断型企业占有相当大的份额，由于这类企业大都是外资并购的首选，所以这种独特的行业优势能够确保效益的制衡。

四、对市场前景好，容易了解的企业投资。

巴菲特在投资时很注重板块、概念、市场盈率的不同投资方式，在投资股票前都要做到对企业了如指掌，所选定的企业必须要有较好的行业发展前景。对自己不了解，前途莫测的企业是毫不动心的。

五、投资不投机。

巴菲特曾经说过："投资是基于对股价走势的判断，投机者关心的是对股价的波动进行预测并从中渔利。投资者的主要利益在于，以适当的价格买入并持有适当的证券。作为一个投资者，你研究的是资产如何在我们的业务中正常运作。如果你是一个投机者，你主要研究的是独立于商业活动之外的价格会怎样运行。"

巴菲特说："赌博的嗜好总是由一笔大额奖金对一笔小的投资而刺激起来的，不管这种概率看起来是多么微小。这也是拉斯维加斯的赌场把他们设的巨奖广而告之，州奖券以大字标题标出他们的大奖的原因所在。"

10. 投资理财目标要符合实际

想要实现自己更多的财富目标，就必须从自己的实际情况出发，把建立一个切实可行的目标作为行动的开始。

——北大财富课理念

在关于理财的童话《小狗钱钱》中有这样一句话："大多数人并不清楚自己想要的是什么，他们只知道，自己想要得到更多的东西。"确实如此，生活中很多人对于自己的愿望大多只是停留在"想想"的层面，想要拥有更多的财富，想要过上更好的生活，然而对于具体的目标是什么，在什么时间实现这个目标，如何来实现这个目标，他们并没有具体的计划。

很多人寄望于有一天自己的财富忽然达到了自己理想的目标，然而大部分时候人们会发现，日复一日，年复一年，这样的好运似乎并没有降临到自己的头上。要想避免这样的情况同样地发生在你的身上，不妨从给自己制定一些理财目标做起。从某种意义上说，一个明确的理财目标就相当于梦想相簿，它可以把你的梦想变得"可视化"，让你充满了实现梦想的动力。

"现实性"是制定理财目标时需要具备的第一要素。无论什么样的目标，都要从自己现有的财务基础和能力出发，理财目标不宜制定得过高，脱离现实的目标根本没有实现的可能，目标也就不能发挥出它应有的作用。比如你刚刚大学毕业，月收入不足 5000 元，要想在一年之内实现拥有一套价值几千万元的别墅的目标显然是心有余而力不足的。可是对于一位拥有百万家产，年入几十万的人来说，这样的目标就可能成为自己努力的动力。与之相反，过于保守的理财目标虽然容易实现，但是也让你失去了奋斗的方向，不经意之间你可能丧失了原本可以达到的更高水平。

其实，设定理财目标的初衷在于保证人们在生命的各个阶段都可以过上有品质的生活，有长远的目标固然是对的，但是因此而牺牲了现在的生活就不可取了。这就好比运动员在进行长跑比赛时需要绕着运动场跑上很多圈，教练员不仅会告诉运动员，最终需要达到什么样的成绩水平，还会为运动员制定出不同进程中的途中跑成绩目标。理财有时候类似于长跑，在长期目标中加入一些短期的理财目标，可以让你的生活更加富有幸福感，也减少了实现长期目标中的枯燥。

11. 工薪族的最佳理财方法

很多人都片面地认为理财就是生财，就是投资增值，只有那些腰缠万贯家殷实既无远虑又无近忧的人才需要理财。其实这是一种狭隘的理财观念，生财并不是理财的最终目的。理财的目的在于学会使用钱财，使个人的财务处于最佳的运行状态。

——北大财富课理念

对于许多刚刚参加工作的年轻人来说，可能理财这个概念比较陌生。很多新人每个月都是"三光政策"甚至月月超支，在他们眼里，理财根本就是不可能的。事实上，低收入就不能理财了吗？我们认为，只要有财，都是可以理的，低收入者更应该理财，让生活过得更有质量。所以，针对低收入者，应该考虑几点：

一、保守理财，记账开始。

低收入者可以借鉴他人的一些理财经验，先做好预算，对自己的生活进行规划，在生活费能省就省的前提下确定最低的保障限额，然后预留一点预算外资金，其他的钱则可以通过定期存储、购买基金股票等理财方式来打理。

其实，很多年轻的打工族收入低，并不是说不够生活开支，相反，每个月下来，他们花出去的钱占收入的比例并不小，所以，通过记账的方式，让自己明白钱哪里去了，是不是可以省下来。这样他们就会明白，其实自己并不是无财可理，而是自己不会理财而已。

二、努力省钱，量力而支。

打工族新手都免不了有赶时髦、追潮流的习惯和喜好，见新款衣服要买，见新款手机想换，无聊打个电话给同学朋友聊聊天，能做饭的时候懒，饿的时候贪方便下馆子，晚上还要喝两杯，交朋结友。很多钱都是这样消耗掉了，如果要理财，必须充分认识到换季时节，铺天盖地都会有打折的消息，多留意这些资讯，在打折的时候购入必需之物，也是一个不错的省钱良招，男士的衬衫、西裤等在此时购买能省不少。另外，电器等大件设备的购买一定要考虑实用，无论搬多少次家，一定要留存发票，有发票的话，购买电器后两三年内可以享受免费的售后服务。

三、逼上梁山理财法。

上面两种方法都要求理财者有一定的自制能力，如果做不到，不如采用这种方法，先把自己逼到尽头，增加生存压力，这样你会发现原来你的收入再少也能理财。比如借钱、贷款购买住房，一方面省下房租供房，另一方面，由于每个月都要交月供，逼迫自己想方设法省钱。虽然做房奴并不是我们想要的，但是，有时候，做做房奴，若干年后，你会发现，做房奴也是一种理财的方法，如果不逼迫自己，若干年后，连房奴都做不起。当然，这里并不是说一定通过购买房产进行理财，而是量力而行，给自己一定的压力。

四、业余创收。

把自己的生活费用压到最低以后，可以迫使自己不断地想办法来增加收入，改善生活。那就想办法利用业余时间创收，比如，可以利用网络，在网络上注册商店，做网上生意；或者开一家小型网站，动一动脑筋，每天花一些时间打理，只要有好点子，花不了多少钱，就可以打理得很棒，一旦拥有高访问量，那么，就可以趁机卖个好价钱。

12. "钱生钱"的理财秘诀

有很多人有理财意识但没有理财经验或者理财知识，单纯依靠省吃俭用积累财富不是明智的做法，既没有生活质量又漫漫无期。

——北大财富课理念

想让自己的荷包在短时间内就鼓起来，就要明白钱生钱的理财秘诀：

第一步要做的是了解自己的风险等级。

第二步就是理清自己的资产，哪些可以拿出来投资，哪些是作为保本型的，哪些是万万不能动的。以前听说巴菲特有这么一个习惯，他喜欢把自己的资产分为三部分，第一部分投资收益高风险高的行业，第二部分投资那些能够稳定收益的项目，第三部分叫紧急备用金，这部分的钱是万万不能拿出去投资的。在此给大家的建议是：

1. 先理清自己所有的资产，让你一次把钱拿出来，你能拿出来多少；

2. 后设置3～6个月的消费金额，作为日常消费使用，消耗的部分从每月工资里及时补充；

3. 为自己和家人购置一份保险；

4. 分类投资，因为个人承受风险能力不一样，稳健性的人主要投资银行理财、基金、货币基金、定存。

分类投资的详细阐述：

银行理财方面。银行理财一般分为保本固定收益、保本浮动收益、非保本浮动收益三种，不能简单从字面去理解这款产品的收益情况及风险，需要结合产品本身的风险等级、银行投资方向来判断，风险等级越高，风险及收益越大，银行投资的方向则更加说明了这一点。如果投资股票等高风险项目，那么非保本的可能性就增大。所以在购买理财产品的时候，多看看产品说明书。

基金方面。尽量选择定投基金，一方面平均购买的价格，另一方面也很方便，直接银行代扣。投资基金主要看长期收益。要等到3～5年，整个收益才会展现，不过选择一支好的基金和好的赎回时机很重要。

货币基金方面。具有高于一年期定存利率和流动性好的特点。另外要注意周六日及节假日都算收益，所以，要赎回的话，请注意在节后赎回。因为银行划账和基金公司工作效率等问题，很少有基金公司能做到当天买，第二天就开始算收益的，所以要申购货币基金的话，请不要放在周五，因为基金公司周六日不上班，这三天的收益是不会有的。

定存方面。总体思路是，第一年，每月定存5单，分别是1、2、3、4、5年期的，等到第二年，每月会有一笔1年期的到账，定额加钱存5年期；等到第三年，每月会有一笔2年期的到账，定额加钱存5年期；以此类推，从第5年开始，每月都有一笔5.5％收益的存款到账，这种方法可以尽可能地得到定存最高收益。

13. 少量积蓄的理财之道

对手中资金不宽裕的理财者而言，一要选对投资产品，二要方法正确。重点在于尽量减少现金持有量，提高资金管理能力，使利用率达到最大化。

——北大财富课理念

如果你对理财有了一定的认识，身上也有少量的存款或积蓄，你打算如何去理财呢？比如你现在有 1 万元，怎样理财呢？建议不管是多少，都要做出适当的投资安排。既然有了一些积蓄，就不能让它这样闲置着，否则太浪费了，下面我们就对手中的 1 万元来做一份投资建议，把 1 万元分成 5 份，每份都是 2 千元，分别做出如下的投资安排。这样，家庭不会出现用钱危机，并可以获得最大的收益回报。

1. 用 2 千元去购买国债，这是回报率较高而又保险的一种投资。

2. 用 2 千元去购买保险。以往人们的保险意识很淡薄，实际上购买保险也是一种较好的投资方式，而且保险金不在利息税征收之中，当然现在国家已经取消了银行利息税，但是不排除以后又征收的可能。目前各保险公司都推出的两全型险种，增加了有关权益转换的条款，即一旦银行利率上升，客户可以在保险公司出售的险种中进行转换，并获得保险公司给予的一定的价格折扣、免予核保等优惠政策。

3. 用 2 千元去购买一只股票，股票投资风险非常大，当然风险与收益是并存的，风险越高，投资回报率也会高，只要选择得当，会带来理想的投资回报。除股票外，期货、债券等都属于这一类。不过，参与这类投资，要求有相应的专业知识和较强的风险意识。在后面的章节中我们会详细地介绍。

4. 用 2 千元存定期存款，这是一种几乎没有风险的投资方式，也是对未来家庭生活的一种保障。

5. 用 2 千元存活期存款，这是为了应急之用，如家里临时急需用钱，有一定数额的活期存款可解燃眉之急，而且存取又很方便。

以上方法很多人经过多年尝试后总结出一套成功的理财经验，当然，个人根据实际情况，可以灵活运用。另外还可以办理一张信用卡，一般有 50 天左右的免息期，你可以把定期存款每三个月再重新存一次，活期不变，等信用卡快还款时，直接银行支付即可，而且消费的积分以后可以换礼品，同时也赚了利息，可谓一举两得。

14. 理财三项原则和五大定律

理财是一种思想，如果你想得到更多的财富，就必须改变你的思路。

——北大财富课理念

其实，要想理财很简单，掌握住三个原则、五个定律，就有了正确的方向。

三个原则是：

一、分散风险的原则

二、收益最大化原则

三、强制原则

前两个原则似乎很好理解，谁都知道"不要把鸡蛋放在一个篮子里"的道理，谁都想"收益最大化"，但这两点在理财实践中都有问题。第一原则的问题在于认为把钱全都放进银行不属于此，只看到银行可以生息，看不到银行的负利率。第二原则的问题在于不知道通过何种渠道去实现。收益最大化虽然不可能在理财实践中笔笔得到实现，但作为一条原则，它帮我们指出了一个规律和途径：要想收益最大化，必须重视中长期的投资！短期投资无论如何是得不到最大收益的，这点用不着太多的解释，在一定的时间空间范围内，收益是时间的正函数，银行存款 5 年期的年息永远比 1 年期、3 年期的高，就是这个道理。中长期的投资一定比短期投资的回报高，而且时间越长回报越高，甚至可以达到成百上千倍，这是毋庸置疑的。关键在于你要找到这种投资渠道去实现这一原则。

我们常说的家庭理财定律主要有五大定律：即 4321 定律、72 定律、80 定律、家庭保险双 10 定律、房贷三一定律。

一、4321 定律

家庭资产合理配置的比例是，家庭收入的 40％用于供房及其他方面投资；30％用于家庭生活开支；20％用于银行存款以备应急之需；10％用于保险。

二、72 定律

不拿回利息利滚利式的投资理财，本金增值一倍所需要的时间等于 72 除以年收益率。如在银行存款 10 万元，年利率是 2％，那么经过多少年才能增值为 20 万元？只要用 72 除以 2 得 36，就可推算出投资银行存款需 36 年才能翻番。

三、80 定律

股票占总资产的合理比重等于 80 减去年龄的得数添上一个百分号（％）。比如，30 岁时股票可占总资产的 50％，就是说在 30 岁时可以 50％的资产投资股票，其风险在这个年龄段是可以接受的，而在 50 岁时则投资股票占 30％为宜。

四、家庭保险双 10 定律

家庭保险设定的适宜额度应为家庭年收入的 10 倍，保费支出的适当比重应为家庭年收入的 10％。

五、房贷三一定律

每月归还房贷的金额以不超过家庭当月总收入的三分之一为宜。

15. 个人理财规划五部曲

在理财时，当期的收入超过支出时会有储蓄产生，而每期累积下来的储蓄就是资产，也就是可以帮你钱滚钱，产生投资收益的本金。个人理财规划的真谛其实就是要通过合理的规划、管理财富来达到人生目标。

——北大财富课理念

一般人的理财规划包括个人生命周期各个阶段的资产、负债分析，现金流量预算和管理，个人风险管理与保险规划，投资目标确立与实现，职业生涯规划，子女养育及教育规划，居住规划，个人税务筹划及遗产规划等各个方面，归根到底可以用一句话总结："理财规划最核心的理念是对资产和负债进行动态匹配。"这个匹配的过程一般分为五个步骤。

第一步，盘点自己的资产状况。包括存量资产和未来收入的预期。"知道有多少财可以理，这是最基本的前提。"

第二步，设定理财目标。需要从具体的时间、金额和对目标的描述等来定性和定量地理清理财目标。理财目标可能会有多个，例如买房、购车、育儿、养老等。在多个理财目标之间进行合理的资源分配，有利于理财目标的顺利达成。"一般来说，对于养老等长期目标，如果优先配置现有资产，将取得最佳的复利增值效果；如果预期将来收入有较好的提升，也可以将现有资产配置在中短期目标上，长期目标以将来提升的收入来增加投资实现。"

第三步，构建风险防范体系。不要有超过偿还能力的债务，保留好家庭应急预备金。购买人身及家庭财产保险，是保障家庭财务平稳运行的可采取措施。这就犹如一艘在大海上航行的船，安全航运是最基本的要求，优先考虑的不是它能多快到达目的地，而是如何保障船能平稳航运不至于翻船。

第四步，进行战略性资产配置。即把现在的资产及将来的收入投资在不同的实物资产或金融工具上，以及同种实物资产或金融工具的不同个别产品上，以实现特定风险基础上设定的收益水平，或在特定的收益水平上尽量降低风险。"没有最好的理财方案和理财产品，只有适合的理财方案和理财产品。"

第五步，理财方案跟踪与调整。"任何制订好的理财方案都不可能一劳永逸，在遇到诸如成家、生子、失业、遗产继承等家庭重大变更事项或者经济进入新一轮的运行周期时，需要对原定的理财方案进行相应的调整。"但需要注意的是，理财规划不应在短期内随意改变方案或放弃原来制定的目标或方案，频频变动原定方案也会适得其反。

16. 成功理财的基本步骤

在投资理财的时候，一定要清楚理财的步骤是怎样的，遵照这个步骤来行动，这样才能在理财的道路中获利。

——北大财富课理念

理财开始的第一步就是设定理财目标，知道目标行动就成功一半。所以理财成功的关键之一就是建立一个周密细致的目标。那么怎么设置自己的理财目标呢？

开始前，我们需区别目标与愿望的差别。日常生活中，我们有许多这样的愿望：我想退休后过舒适的生活、我想孩子到国外去读书、我想换一所大房子……这些只是生活的愿望，不是理财目标。理财目标必须有两个具体特征：一是目标结果可以用货币精确计算；二是有实现目标的最后期限。简单来说就是，理财目标需具有可度量性和时间性。如下例就是具体的理财目标：我想 20 年后成为百万富翁、我想 5 年后购置一套 100 万的大房子、我想每月给孩子存 500 元的学费。这些具体例子都是清晰的理财目标，具有现金度量和实现时间两个特征。在了解愿望与目标的差别后，我们可以开始目标的设置了。

首先，列举所有愿望与目标。穷举目标的最好方法是使用"大脑风暴"。所谓大脑风暴就是把你能想到的所有愿望和目标全部写出来，包括短期目标和长期目标。穷举目标需包括家庭所有成员，大家坐下来，把心中所愿写下来，这也是一个非常好的家庭交流融洽的机会。

其次，筛选并确立基本理财目标。审查每一项愿望，并将其转化为理财目标。其中有些愿望是不太可能实现的，就需筛选排除，例如：我想 5 年后达到比尔·盖茨的财富级别，这对许多人来说都是遥不可及的，所以也就不是实际可行的理财目标。把筛选下来的理财目标转化为一定时间实现的、具体数量的资金量，并按时间长短、优先级别进行排序，确立基本理财目标。所谓基本理财目标，就是生活中比较重大的、时间较长的目标。如养老、购房、买车、子女教育等。

再次，目标分解和细化，使其具有实现的方向性。制定理财行动计划，即达到目标需要的详细计划，如每月需存入多少钱、每年需达到多少投资收益等。有些目标不可能一步实现，需要分解成若干个次级目标。设定次级目标后，你就知道每天努力的方向了。所以，目标必须具有方向性，这可算是理财目标的第三个特征。当然理财目标的设定还需与家庭的经济状况、风险承受能力等要素相适应，才能确保目标的可行性。

第 3 章

学识拓财课

大凡有成功事业的人，其知识都是丰富的。但是我们所说的知识不是高学历，而是一个人大脑中储存的思想。社会上，高学历的人给低学历的人打工很普遍。有人会问为什么？是高学历的知识不够吗？他们知道的东西可能要比自己的老板知道得多，可是还是要在比自己知道得不多的老板手下打工。这是因为在实际中，老板所掌握的经商知识要比他们多。他们懂得如何运作，懂得全盘操控，懂得如何营造人际关系，比许多专业精英更懂得该行业的行情。这些就能让他们利用自己的知识创造财富。

1. 书中自有黄金屋

读一本好书就是灵魂对话。谨记,"小富靠智,大富靠德"。

——北大财富课理念

三院(中国工程院、中国科学院、社会科学院)院士王选曾经说过:"先满脑袋,再满口袋。脑袋满了,口袋自然也就满了。如果脑袋不满,满的口袋也会漏空。"

现代人经常把两个理由作为自己不读书的借口:"一是工作忙,没时间读书;二是认为读书没有什么用处。"其实,这两条理由都是站不住脚的。是否有时间读书,从本质上取决于你是否重视了这件事情。鲁迅说"时间是挤出来的",如果你认为不重要,一定会找出借口不去做。喜欢打扑克、搓麻将的人,再忙也会找时间摸上几把。

很多人错误地认为,读书根本没什么用,更有某些小有成就的企业家带头站出来说:"我不读书不是一样赚钱吗?读书反而会迂腐,会缺乏灵活性……"这些错误的理念直接影响了许多年轻人正常的思维模式,经济社会面前急功近利者大有人在,他们打着"能力决定一切"的旗号懵懵懂懂地就开始了财富探索之路,但最终好多人却迷失在了人生的三岔口上,撞得头破血流。

谁都懂得能力的重要性,但你有没有想过,你的能力是从何而来?答案只有一个——从知识中来。无数的事实证明,人们精神的发育最重要的载体就是阅读。人类最伟大的智慧、最伟大的思想不是从父母身上遗传、拷贝过来的,而是深藏在那些最伟大的书籍之中。德国诗人歌德说:"读一本好书,就是和许多高尚的人谈话。"通过阅读能与大师交流、与崇高对话;没有阅读就没有个人心灵的健康成长,就没有精神的良好发育。

良好的学习、阅读习惯对财富的获得和积累有着重要的意义。

阅读可以净化一个人的心灵，提高一个人的涵养。"小富靠智，大富靠德。"一个人的道德修养与财富的拥有度有着直接的关系。在众多提高道德涵养的方法中，读书是最简单而且最实用的一个。书读得多了，眼光远了，胸怀宽了，道德修养提高了，人生境界也就提升了。书籍往往以一种无形的力量潜移默化地影响人们的思想，陶冶人们的情操。英国哲学家弗朗西斯·培根曾经说过："读史使人明智，读诗使人灵透，数学使人精细，物理使人深沉，伦理使人庄重，逻辑修辞使人善辩。"因此，如果我们的企业家能够与书本为伴、与大师为伍，就能让自己不为狭隘私心所扰，不为浮华名利所累，不为低俗物欲所惑。这才是小富通往大富之路。

2. 知识是稳定升值的财富

世界上没有人是贫穷的，除非他没有知识。知识是人类最重要的财产，知识胜过钱财，它会让人受用一生。

——北大财富课理念

联合国定义新世纪的文盲："不能识别现代社会符号的人，不能使用计算机进行学习、交流和管理的人，被认为是功能型的文盲。"知识可以丰富我们的精神生活，使我们变得充实。知识也是财富，有了知识，就可以拥有财富。世界首富比尔·盖茨之所以富有，是靠他的天赋和知识才华创造财富。知识就是力量，美国的海伦幼时因病丧失了视觉和听觉，但她并没有向命运屈服，最后，知识使她坚强地活下去。

众所周知，犹太人四处漂泊，没有家园，散居在世界各地，没有生存和发展的权利保障。他们所到之处，只有依靠自己头脑中的知识，用知识去创造财富，从而用财富来为自己争得一条生路、一方生存发展的空间。物质财富随时都可能被偷走，但知识却会永远留在自己身边，有了知识，财富也会随之而来。这正是犹太人流浪数千年依然生生不息的原因所在。

犹太人在世界上之所以能够引领风骚，最主要的是他们具有很高的文化素养。其根基是尊重知识，渴望学习，重视教育，崇尚求知。

一个拥有知识的人也会拥有智慧，有了智慧就能应付各种各样的情况。无论打工还是创业，只要他能在社会上如鱼得水，大量的财富也会随之而来。

3. 智慧将知识转为财富

不是知识就是力量，而是使用知识才是力量。

——北大财富课引用名言

如今社会很多大学生、研究生、各种高级知识分子没有好工作，没有好待遇，就是因为没有把知识转化为智慧。拿着死知识想去转化为巨大的财富，这不是社会的不公平，因为你和大部分人一样，社会只需要稀缺型智慧人才，而不是能熟练背出四书五经的人。

知识可以转化为财富，但需要有将知识转化为财富的能力。当然，知识本身就是一笔财富，但犹太人看重的是将知识如何化为实实在在的物质财富，他们看重的知识即人的知性，也就是人的智慧。因为智慧是打开幸福和财富的金钥匙。

在学习知识的同时，老师还会教学生怎样去开发自己的知识，也就是培养知性。这个过程是很多老师甚至教育系统所忽略的地方。

有这样一个故事：一位母亲问孩子们一个谜题："假如有一天，你的房子被烧毁，财产被抢光，你将会带着什么东西逃跑？"大多数孩子回答是"钱"或者"钻石"。母亲进一步问："有一种没有形状，没有颜色，没有气味的东西，你知道是什么吗？"孩子们回答不出来，母亲就说："孩子们，你们带走的东西，不是钱，也不是钻石，而是知性。因为知性是任何人抢不走的。只要你还活着，知性就永远跟随你，无论逃到什么地方都不会失去它。"

由此可知这位母亲对知性的重视程度。并不是说这位母亲强过别人，但是她有很多值得我们学习的方面。她那样教导孩子们，让孩子从小就懂得知性的重要。

学致以用，用致以精，知识是为磨炼智慧而存在的。假如只是收集很多知识而不消化，就等于徒然堆积许多书本而不用，同样是一种浪费。

4. 打理财富，赶早不赶晚

"打理财富，赶早不赶晚"，并非是一句空洞的口号，而应该立即将它付诸实际的行动。

——北大财富课理念

有一位非常富有的财主有两个儿子。他临死之前想把自己的财产分给他的两个儿子。他出了两个分配方案让儿子选择：一是一次性地给1000两白银，二是他每天只给1两，但是以后每天给的会是前一天的倍数，如此累加一个月。

财主刚说完，他的大儿子就毫不犹豫地选择了前一种分配方式，二儿子只能选择后者。财主的大儿子一次就拿到了1000两白银，十分高兴，认为自己的财产要远远多于弟弟了。但是半个月后，他却发现弟弟的银两已经积攒到了近万两了，家中的田地以及牛羊等财产几乎都要归弟弟所有了，这时他才拿起算盘来计算父亲当初提出的第二套分配方案，却发现那不起眼的 1 两银子经过一个月的滚利后竟然是个"天文数字"！

结合上面这个故事来说，绝大多数人都会选择一次性得到 1000 两白银的那种分配方式。因为 1 两的吸引力对你来说实在太小了，小到你根本不愿意再费心去计算一个月后它会变为多少，而且想必大家已经从主观上断定它肯定是"没多少"的了。然而事实却非如此：经过一个月的累加，这 1 两白银在第 30 天已经超过了万两。

对此，你感到惊讶吗？是的，那个不起眼的 1 两白银按那种方式"复利"。一个月后，变成了如此庞大的数字了。"复利效应"的力量就是这么强大，如果不相信的话，你可以亲自拿起笔来算一下。

尽管"复利效应"没有将投资的风险与各种复杂的客观因素的影响计算在里面，但是这种持之以恒的"以钱生钱"的理财策略为你带来的财富，必定会远远地超过你所估量的范围。

那些认为自己还十分年轻，就认为理财尚早的工"薪"族们，可能就是忽略了"复利效应"对我们生活产生的巨大影响吧？对于任何人来说，"钱"对自己有多重要只有自己心里最清楚，因此，你应该趁着年轻就开始你的财富经营之路，不管你现在有钱还是没钱。早一天理财就能早一天让自己获得更加稳固的生活基础，你才会拥有享受幸福生活的可能。

"打理财富，赶早不赶晚"，并非是一句空洞的口号，而应该立即将它付诸实际的行动。也许你现在对自己的"月光"生活感觉很惬意，也许你认为自己以后还有大把的青春和时间可以储备足够"过冬的食粮"，也许你现在有一个让你取之不尽的"富爸爸"做后盾，但什么也不如你本身已经拥有超凡的挣钱能力，那才是你取之不尽，用之不竭的财富。

5. 给自己的财务状况把把脉

财务状况不明就没有办法对自己的收入与支出做出相应的合理有效的分配，也就是说，如果财务不明确就算你的薪水再高，收入再多，都有可能会出现个人财务危机。

——北大财富课理念

在如今贫富差距悬殊的社会里，大多数人的日子还是不好过的，许多人都在"等待支援"的阵营里大呼"入不敷出"。大家不好过的原因都是什么呢？各有各的说法，但是其中一点必然与自己的吃穿用度没有盘算好或者是不懂节制有关。

如果真的是这样，那么你该对自己或家庭的财务现状进行分析了，这是理财过程中一个十分重要的环节。财务状况不明就没有办法对自己的收入与支出做出相应的合理有效的分配，也就是说如果财务不明确就算你的薪水再高，收入再多，都有可能会出现个人财务危机。

资产负债表、现金流量表、损益表，这是企业不可或缺的三张财务报表。虽然个人行为要比企业行为看起来简单许多，但是如果将"吃穿住用行"全部打理得井井有条也不比企业简单多少。所以，我们不妨向企业取取经，尽快地建立起属于你自己的财务报表，它能够帮助你有效地梳理个人或者家庭的收入、支出与负债情况，可以更为清晰地反映你当前的财务状况是否存在着危机。

至于具体的做法，理财专家给出了以下 5 个财务指标供大家参考。

第一，负债比率。负债比率是指你的负债总额与个人总资产的比值，是衡量个人财务状况是否良好的重要的指标，这时你可以盘算一下：负债总额/总资产。如若得出的结果大于或等于 0.5，那么就表明你的财务状况出现了危机，就有可能由于你的流动资金不足而出现财务问题。

第二，个人偿付比率。偿付比率是净资产与总资产的比值，它主要反映的是你的财务结构合理与否。现在，你可以按照下面的公式计算一下：净资产/总资产。通常情况下，偿付比率的数值变化应该在 0～1 之间，以 0.5 最为适宜。

第三，负债收入比率。负债收入比率是指到期需要支付的债务本息与自身同期收入的比值，它主要衡量了一定时期内你的财务状况是否良好。

第四，流动性比率。流动性的资产主要由你当前的现金、银行存款、现金等价物及货币市场基金构成，是在未发生价值损失条件下可以立刻变现的资产，流动性比率反映了你支出能力的强弱，你现在可以计算一下你的流动性比率：流动性资产/每月支出。对于每个人而言，流动性资产应该能够满足自身 3～6 个月的日常开支。

第五，投资与净资产比率。它是个人投资资产与净资产的比值，反映了你通过自身投资提高净资产的能力，其计算方法为：投资资产/净资产。

6. 用信息铺就财富之路

信息是无形资源，却可变为有形的财富。在进入"信息时代"的今天，信息是获得财富的源泉。拥有了好的信息，经营生意时就能做到"你无我有，你有我变；你变我新，你新我强"，从而提升自己的竞争能力。这使得财源滚滚而来，永立不败之地。

——北大财富课理念

商界有句俗话："要想生意活，必须信息博。"信息是经营的命脉和无形的财富。及时获取和开发有用的信息，是生意兴隆的根本保证。一条信息能使一个穷人变成富翁，一条信息能救活一家企业……哪怕你身无分文，只要拥有信息，照样可以获得财富。尤其是在商海中打拼的人，对此更是深有体会：能否及时准确地把握住信息、利用信息，往往成为商战成败的决定因素。

我们每天都被各种信息所包围，新闻、杂志、报纸、广播扑面而来，在互联网普及的电子信息化时代，公交、地铁、铁路、航空等各种传媒更是层出不穷，各种铺天盖地的信息将人们包围得严严实实，有时难免会令人感觉头昏脑涨。但如果你能用心将这些信息整理、思考一下，就可以找出对自己的增富目标有价值的东西来。

马先生经营着一家家具厂，他特别重视对信息的整合利用，经常在茶余饭后从谈天、阅览中收集市场信息。有一次，他在一本欧美杂志上看到一幅广告照片。照片上是椭圆形的编织篮里凌乱地放着一些棉垫薄被。马先生通过这本杂志了解到，西方国家很流行养宠物，多数家庭都会养一只猫和一只狗，甚者还会养两只狗。但这些名贵宠物的主人们，却常被如何在豪华的居室安置这些宠物而困扰。马先生很快意识到，这是一条很有价值的信息，因为能够发挥自己生产迷你家具的优势，生产外国人需要的狗床猫窝，既让猫狗睡得舒服，又不影响居室的美观与整洁。经过详细计划后，他的工厂很快就设计生产出了样品，经过当地相关部门的介绍，引来英国西部一家宠物用品公司的理事长。面对各种各样漂亮且精致的狗床猫窝，这个英国人高兴得赞不绝口。因此，中国人生产的狗床猫窝远渡至太平洋彼岸，马先生的家具厂当年就赢利了 30 多万美元。

谁掌握了信息谁就掌握了财富，这就是当今时代的特点。在经济全球化的今天，信息就是成功的基础。所以，那些有意或者正在商海中打拼的人们，更要善于去捕捉各种信息，及时地了解市场的变化，特别是一旦获得有价值的信息，应当马上进行决策，及时抓住机遇，一举取得胜利。

7. 用智慧发掘商机

在现代社会中，商机主要是指商业活动中一种极好的机会，是一种有利于个人发展的机会或者是偶然事件，是有利于个人发展的大好时光与有利条件，是个人在生活中一系列的偶然性与可行性，或者说是还没有实现的必然条件。

——北大财富课理念

商机，也就是商业机遇。商机是现代社会不可或缺的内容，对于机遇的解释，在中国则随处可见。《辞海》注释"机会"为"行事的际遇机会"，即机遇。换言之，抓住机遇，就是抓住遇到的机会。许多谚语、成语、警语都与机遇有关，最常见的比如："机不可失，时不再来""识时务者为俊杰""失之东隅，收之桑榆""过了这个村，就没有这个店""运至时来，铁树开花""此一时，彼一时"等等，都说的是机遇。在现代社会中，商机主要是指商业活动中一种极好的机会，是一种有利于企业发展的机会或者是偶然事件，是有利于企业发展的大好时光与有利条件，是企业在市场竞争中一系列的偶然性与可行性，或者说是还没有实现的必然条件。

在空间上，商机指的是一个特殊点；在时间上，商机指的是一种特别的时刻；在发展趋势上，商机指的是一种转折点。在商战上，商机则多表现为竞争对手出现的时间差、空间差，可供我利用或竞争对手与我双方都可以利用的偶然出现的有利因素。

综上所述，相信尽管不是经商的人也能对商机有了一个大概的了解，简单来说，商机就是商业活动中一种特殊的机遇。在获取财富的道路上，商机是十分重要的，但它又是难辨的，它出现时，往往是戴着面具的，同时它身后也带着巨大的财富。聪明人如若能够运用智慧的头脑辨明真伪，捕得商机，那它的"附属品"——财富，也就"鱼贯而入"你的"私囊"了。

但是要想挖掘和抓住商机首先要了解商机的特性。社会学家通过对现实生活中大量商机案例的考察和理论分析发现，商机的特征主要表现在以下几个方面：

客观性：商机是客观现实的存在，而不是人的主观臆想。

偶然性：商机具有一定的偶然性，它是一种偶然的机遇，常突然发生，使人缺乏思想准备。当然这种偶然性是必然性的表现，只不过是一般人难以预测把握罢了。

时效性：俗话说"机不可失，时不再来"，说明机会与时间是紧密相连的。商机有时候会如电光转瞬即逝，抓住了也就抓住了，要是错过，只有追悔莫及，枉自痛惜。

公开性：任何商机都是客观存在的，因此对于每个人来说它都是公开的，也就是社会中的每个企业、每个人都有可能发现它。

效用性：商机是不可或缺的，它就好像是一根有力的杠杆，谁要是抓住了它，就可以比较容易地担起事业的负荷，一旦失去了它，就会在事业面前显得束手无策。

未知性与不确定性：商机的结果不会一目了然，它具有很强的不确定性，会受到事物发展的各种影响。

难得性：商机不是随处可见的，通常是很难碰到的，特别是一些大的商机。

8. 正确认识"自由财富"

自由职业之路，是一条有待开发的新路，也是一条更个性化和多元化的理想之路。

——北大财富课理念

对于想从事自由职业的人来说，拓展并不总是自己最优先考虑的事情，但是它能够帮助你打破获得薪水的限制。如果你有足够的动力与愿望，这可能就是十分不错的选择。但在憧憬"自由财富"之前，一定要先问问自己是否有成为自由职业者安身立命的本领，比如写作、设计、创意……在选择做自由职业之前，应当慎重地考虑自己的性情是否适合，因为自由职业者是需要有较强自制力的。而且，当前的自由职业者多是从事创意性强、以智力劳动为主的工作，对性情喜静的人来说，只要有某一方面的专长，都可能胜任；但对于那些喜欢热闹，乐于忙忙碌碌，总是要有人合作才觉得工作舒心的人来说，做自由职业者则不见得是个很好的选择。所以，是否去"开采"那座富矿，需要三思而后行。面对诸多的疑问，我们还是先来了解一下什么是"自由职业者"。

自由职业者指的是摆脱了企业与公司的管制，自己管理自己，以个体劳动为主体的一种职业，譬如律师、自由撰稿人、独立的演员歌手等。不过，自由职业者也不是那么好做的，这需要有超强的自制力。多数人最关心的问题是，自由职业者是不是都要有特殊的才能？其实也未必。如果你不希望被别人管着，想在家中待着也能够"捞"到财富，通过一些途径也是可以实现的。这些途径主要包括：

一、销售信息类产品

这是一个信息化的时代，信息可以给人带来财富，一个良好的信息产品具有难以置信的价值与盈利能力。许多信息产品的获利颇丰，其利润可以达到自由职业者初始收入的总和。如果能通过这种专业的知识进行沟通，那么，信息产品的收入将会是提高收入最完美的方法。

二、创建一个被动收入

被动收入在网络世界是非常令人羡慕的，如果能投入极少的精力，甚至不投入，就能够获得丰厚的收入，那么你就可以不用继续工作了，你就可以到沙滩养老了。

当然了，创造一个被动收入比多数人了解的更难，大多数类型被动收入通常会需要做很多难以想象的工作，比如你是某方向的专家，很多人都要找你来看病，那么你得到的收入将会是常人难以想象的，因为你有不可替代性。但要成为专家十分不容易，要付出比常人多得多的努力与精力。

三、追求卓越

在每个领域，都有一部分人，收入比其他人要高许多，就是因为他们有比常人更为卓越的能力。所以，对于那些想在家赚钱的人来说，你要努力成为某一领域中的精英，成为某个领域中的专业人才，就必须通过自身的努力突破自己的极限，不断提升自己，这样才能获得更多的财富。

9. 由"男怕入错行"说开去

随着年龄的增长，职业分为保值和贬值两种。有些职业天生就是越来越值钱：比如与咨询有关的工作（保健师、营养师、心理辅导师等），再比如医生和会计，他们的名声和信誉哪一个不需要长期积累？他们脸上的皱纹在别人眼中简直就是经验和阅历的保证。而有些职业则纯粹属于过时不候的"青春饭"！

——北大财富课理念

工作也会有升值和贬值一说吗？答案是肯定的。

丽莎是一家著名旅游公司的首席导游师，年轻的时候她凭着靓丽的外表与踏实肯干的精神，给自己积累了一笔不小的财富。但是，随着年龄的增长，渐失的容颜与不支的体力使她对工作力不从心，薪资也在逐渐减少，最后不得不换一份工作，但是又不知道自己除了这份工作还能干什么。

丽莎的这份工作就属于贬值性的工作，纯粹是属于那种过期不候的"青春饭"，从事这种工作的女性，一般到了35岁就开始走下坡路了，她们的薪资也会随着个人价值的不断贬值而逐渐减少。

这种贬值的工作，除了导游外，还有文秘、公关等，许多企业在招聘这些职位的时候都会写明要聘28岁以下的人。这种工作一般都较简单，没有多少知识含量，而且专业性也不强，薪酬水平也不太高。所以，做这些行业的基本上都是刚从大学毕业的新人。

如果你一开始就进入了那些能够保值甚至升值的行业中，那就再好不过了，但是，并非每个人都有这么好的运气，在这个时候，考虑转行是最明智的选择。无论你从事什么工作都要从长远来看，这不仅有利于你个人的职业发展，也十分有利于你个人的财富积累。在一个升值的行业中做，越老会越有权威，获得的财富也会越多，你还会担心后来者的竞争吗？

因此，趁自己还未到30岁的时候，将自己转行到一个保值甚至升值的行业之中，即便在这个行业中你只是一个不起眼的角色，但是有了一定的阅历与积累后，你一定会有极大的发展空间，能够获得极好的机会。现在越老越古董的职业，大多都属于经验型行业，要想成为此行业的古董级人物，你必须有足够的工作年限与工作经验。这是没有任何捷径可走的，如果你不想在35岁以后还在为职业奔波，那么你就可以结合自己的实际情况，适当地从事以下行业中的一个，将自己修炼成职业古董，从而挖掘出更多的财富。

一、医生。医生一直是被许多人羡慕的高收入职业，因为他们大多从事的是高科技与高风险的工作。这一行业的专业都是经过多年的临床经验熬出来的，自然是越老越值钱。职业医生如果能够掌握一些保健养生的知识，收入将会更高，因为现代人越来越注重自我保健了。

二、律师。律师的工作性质与医生是相类似的，属于经验型的行业。当你经过一段时期的磨炼后，你就会从一个不知名的实习律师转正为执业律师，你的收入也会随着工作年限的增长而迅速增加，但是其前提是你必须要有能力，需要在本行业内有一定的知名度。

三、教师。在许多的大中城市，教师的收入已经超过了一般的白领，当然我们主要说的大学教师。因为教师除了正常的工资外，有很大一部分都来自他们八小时以外的补课收入。特别是在各个考研班，还有英语四六级考试，各种司法考试、会计师考试等资格培训班中授课的高校教师，他们的这些课外收入大多都达到了很高水平。当然了，担任此类课程的教师都必须具有独特的授课风格，或者是哪个领域中的专家。

10. 合理分配自己的工资是理财的第一步

想要在原有的工作中既能享受生活，又能实现财富的梦想，最简单的办法是用钱生钱。学会依靠投资理财来增加财富。

——北大财富课理念

当今社会上多数人还是工薪阶层，过去，工薪阶层仅限于在国有企业或集体企业里工作的人员。伴随着市场经济的发展，工薪阶层的范围也逐渐扩大，在国家事业单位的工作人员、私营企业里的务工人员、低层职业经理，都属于工薪阶层。工薪阶层最大的优势就是收入稳定。除去日常消费和子女的教育投资外，收入有一定的剩余。如何把这些剩余的资金通过投资理财，产生最大的效益，实现滚雪球似的利润，这是工薪族理财的关键。对于工薪族来说，合理分配自己的工资是理财的第一步，也是最基本的一步。如果收入分配不好，那么理财就只能是一句空谈。你要储蓄、要创业、要投资等等，这些钱最根本上来说都来源于你的工资。所以，要理财还是得先把自己的工资收入分配好。

做任何事，良好的生活习惯和生活规律都是首要因素。合理地分配自己的工资，首先要将自己的薪资好好地规划一下。根据自己的实际情况列出一份日常的消费清单，缩减或消除不必要的支出，并强制自己做一些储蓄。一般情况下，人们的薪水分配项目通常都包括以下几个方面：

一、存款。这是你必须要做的，不管你当前的收入如何，你都必须强制自己拿出一部分存入银行中，这样可以在遇到棘手的事情时以备不时之需。

二、温饱。"身体是革命的本钱。"吃饭问题是必须要解决的，但是，在分配这一部分开销的时候，必须要明确自己在吃饭问题上的花销究竟是多少，包括日常的水果零食，要全部计算清楚。

三、日常支出。主要包括平时的交通费、水电费、燃气费、手机费、宽带费等等，只要是琐碎的开支你必须要详细地计算出来，因为这部分支出相对是十分零散的，而且数额一般都较小，所以就容易忽略。这也极容易让你的开支超出你的预算，一不小心又将预留的生活费都花光了，如果不想再次超支，还是把它们算进你的支出里好。

四、房租或房贷。对于租房或供房的人们来说，这是日常开销的一大项。不管你是按季度还是按年交付，你都必须从当月的支出中预留出来，否则就会影响到你以后需要交租或者还贷时那个月的理财规划，整个理财规划都要打乱或者泡汤。

五、应酬所需。扩大朋友圈是可以为自己产生价值的。平时与朋友、同事在一起吃饭、唱歌、泡吧、买礼物、凑结婚份子……样样都需要钱，因此在准备这笔开销的时候，要先看看这个月有多少人要请、有几个人要过生日、有哪些人要结婚等等，先将这些钱预留出来，否则难免会出现"月初花得很开心，月末四处补亏空"的景象。

六、用来投资。以上的各种分配之后还能有剩余的话，那么恭喜你，你完全可以自由自在、毫无顾忌地将剩的这一部分拿出来做投资了。这些钱是你财富升值的保障，最好拿来投资你自己比较熟悉和十分有信心的领域，而且这些投资所带来的收益最好不要归入你的收入之中再进行下次的分配。因为那样的话，很有可能会打乱你所有的理财计划，让你以为自己可以有更多的现金进行支配，放松对自己的要求。这一部分收益你最好可以将它拿来继续做投资之用，这样既可以为你带来更多的收益，又不至于让你的收益影响你对自身理财的整体规划。

11. 利用培训给自己的"摇钱树"修枝剪叶

在当今职场中，培训是提高自身"身价"的一条重要捷径。只有时时刻刻让自己"充电"培训，才能进一步保证自己日日进步，在市场中保持竞争力。

——北大财富课理念

职场中经常有人看到同事升职加薪就暗自为自己抱不平。而且当今职场存在一个很普遍的现象，某新同事就因为在国外进修或培训过就能将老员工几年的工作经验给磨平。其实对此我们不应抱怨，更多时候要清楚一点，在当今职场中，培训是提高自身"身价"的一条重要捷径。只有时时刻刻让自己"充电"培训，才能进一步保证自己日日进步，在市场中保持竞争力。

其实，当今社会为各行各业的人们提供了很多的培训机会，大多数企业都会为员工提供培训的机会。有些企业将这些培训安排在下班后、双休日或者是节假日期间。面对这些唾手可得的机会，更多的人因为上班很累，想要早早地回家好好地休息，或者是因为家庭事务的拖累，就不愿意去参加培训，将提升自己的大好机会白白地浪费掉，真的十分可惜。要知道，现代职场的竞争是异常激烈的，每个人都在学习，如果你不进步，那就一定会倒退，最终被社会所淘汰。

小雷大学毕业后不久，应聘到一家文化公司做策划。老板很严肃，小雷刚进公司压力很大。

一天早上，小雷正在办公室做样图，老板风风火火地从外面走进来，焦急地喊："人都到哪里去了？"

这时候，小雷发现老板的手里拿着一个 U 盘，他胆怯地说："可能是吃饭去了吧！"

老板发现了他，问："你会处理图片吗？"

"知道一点点！"小雷真的只知道一点点，不过老板还是把这个任务交给了他。原来是公司的美术设计离职了一直没有找到合适的，而现在又急需处理这份图片。

小雷硬着头皮开始处理图片，可是他不会啊，只好在网上搜索处理图片的步骤。由于是外行，看了说明书也不会做，他只好打电话给朋友，朋友再找朋友，在电话中对小雷进行指点和引导。功夫不负有心人，终于在他连续战斗了 12 小时后，凌晨两点搞定了全部内容。第二天，他戴着墨色眼镜，掩盖住熊猫眼，向老板交出了一份满意的答卷。

后来，公司里的图片都由小雷兼职处理，再后来，什么大小事务，只要是没有人主动上的，老板都要找小雷。小雷会一边学习，一边求助，一边完成任务。因为他知道，多学习一种技巧，就能多解决一个问题。

一个真正成功的人，不管工作多忙多累，都会每天抽出时间来进修，这正是人们的成功秘诀之一，因为知道知识的力量是无穷的。从古到今，凡是成功者都是不满足于现状，不断地为下一步成功作准备的人。今日的努力是美好明天的基础，今日的充电是打造明日成功的力量源泉。随时学习永远是成功者的最好保险，也是他们未来的利润。

12. 大胆地向老板争取自己的"财富"

在和老板谈加薪之前，判断可行性是第一要务，随后是端正态度、选择时机、拟定谈判策略、作好谈不成的准备、开始谈判……

——北大财富课理念

"油价涨、物价涨、房价涨……唯独工资还是原地踏步。工作一年多了，至少也算是有经验了，如果再不涨薪水，不等于自己在贬值吗？经常想在会议上向老板提涨工资的事情，但是不知道如何开口，其他同事都不谈加薪，唯独自己去提，是不是显得太张扬了？再说，这年头社会压力这么大，有一份工作也不容易了，再提加薪是不是有点过分了呢……"

现实生活中，很多职场人士可能都有上面说到的矛盾心理。如果你也带着这种心理去工作，你得到的薪水一般都不会等同于你的价值，还可能原地踏步一辈子。还有人会这样想："只要找到自己喜欢的工作了，从事自己喜爱的职业了，金钱以后一定会滚滚而来的，到时候口袋中的钞票自然就会增多了。"但是，你首先要明白，金钱向来都是属于那些热爱它们，并想方设法主动去追求它们的人的。因此，为了能从职场中掘到更多的财富，不要将薪水只看成是自己所需要的，而是将它看作与你工作能力相符合的价值，然后，去向老板有意识地争取你自己应得的薪水。

对于那些初入职场的人来说，要想得到与自身价值同等的薪资，就要从你刚入职的时候起作好准备。对于还未入职场的应聘者来说，由于刚入社会，不太能摸得清自己的真实价值，如果能找到适合自己的职位，向你的雇主要求薪资的时候，一般都要先让雇主说个数。要知道，每个雇主在心里对于你的薪水上下限度都有个数，他们会根据你的真实情况在那个限度内自由地调整，他们手中掌握着你不知道的内情。当你不知道对方是如何想的时候，你往往就会自掉身价，刚好正中他们的下怀。因此，在你要求你的薪水之前，请务必要搞清楚它的大致价位。假如它低于你的心理价位，你就定一个比你现在的薪水高出至少 10%～20% 的价。

在日后随着你的工作经验与各种技能的积累，倘若你现在的这个位置拿的钱太少了，那么就适当地再抬高一些！这时应该如何要老板要求加薪呢？对于那些工作一段时间的职场人来说，应该努力地做到以下几点：

一、有理有据

去说服老板给你加薪水是一件十分不容易的事情，如果操作不好，就有可能会破坏自己在他心目中的良好形象，也必然会对你日后的工作造成一定的影响。为此，当你在开口向老板"要钱"的时候，最好先制定一个谈话的要点，然后再有理有据地展开。当他意识到给你加薪有百利而无一害的时候，甚至还憧憬到不久你还会给他带来数不尽的财富的时候，你的目的就达到了。

二、向老板索取要有度

在现实生活中，许多人提出的高薪请求在很多时候都会与其实际可达到的高薪程度有着极大的差距。因此，当你在向老板提出加薪要求之前，一定首先要去研究一下同行业相关职位薪酬的大体数目，然后再大胆地索求，这样你索取成功的概率就会大一些。

三、变换加薪方式

在生活中，也许加薪并非是唯一能够解决问题的办法，你还可以采用其他的方式让你达到加薪的目标。比如说分红、股票期权、奖金、晋升、长长的年假、较为灵活的工作时间等等，这些选择也许会让你觉得比加薪来得更实惠。

13. 业余时间创富并非不切实际

世界上有许多做事有成的人，不一定是因为他比你会做，而是因为他比你敢做。

——北大财富课理念

在日常生活中，大部分人都在或大或小的公司上着不痛不痒的班，每年赚的钱不到 5 万元，存款不到 1 万元。他们将其一生中最好的时间都用到了工作之中，用在了帮别人打工上。这样的生活是没有任何前途的，等于在混日子。如果你想实现自己最大的人生价值，就不要将你所有的时间都用在工作上面，应该学会利用工作之余去创富。

美国著名作家、演讲家、企业家贝克·哈吉斯讲过这样一个故事：

一个中年经理经常为工作忙得焦头烂额，于是他决定向一个有经验的经理人顾问请教如何才能摆脱这种工作状态。顾问的办公室坐落在公园大道旁边的一幢豪华大楼中，经理按照提示走了进去，惊讶地发现那里只有两扇门，分别写着"被雇佣的人士"和"自雇人士"（律师、医生及自由职业者）。

这位经理人自认为自己是高级白领，所以他走进了"被雇佣的人士"那扇门。走进去之后，他又发现两扇门，分别写着"赚钱超过 4 万美元的人"和"赚钱少于 4 万美元的人"，他的收入少于 4 万美元，所以他走进了第二扇门。但是他又发现另外的两扇门："每年存 2000 美元以上的人"和"每年存 2000 美元以下的人"。他每年在银行里只存 1500 美元，就走进了相应的门。这时，公园大道呈现在他的面前，他回到了起点。

通过上面这个故事，我们可以总结出：如果想要看到不同的结果，唯一的途径就是选择打开不同的门。假如我们一直在做别人做过的事情，那么我们只能得到以前的结果。可惜，世界上大多数人都在做别人做过的事情，只有少数人改变了自己的想法与做法。

当然，为了维持基本的生活，你是需要一份工作的。但是，在你工作的时候，你要明白，你不是单纯地为了钱而工作的，你工作的目的是为了学到永久性的工作技能。所以，不要将你全部的时间都用在工作上，而要抽出一定的时间去关注你的公司，你未来的事业。也就是说，你在工作中要带着你的事业目标，而非被金钱所累。

要成功实现创富的梦想，就必须学会充分利用业余时间来作准备。这里介绍几种创富的方法：

一、找兼职

在不影响工作的前提下，业余兼职成为一种时尚，已成为当今许多人挣钱的一种重要方式。

二、充分利用在工作中积累的资源和建立的人脉关系进行创业

可以在工作中通过积累的资源与建立的人脉关系进行创业，是当今职场人士最大的一个优势。

三、选择合适的合伙人一起创业

有一些上班族具有一定的资金量，可工作太忙根本没有时间自己去创业，或者是因为工作原因拥有一定的业务经验和业务渠道，这时完全可以寻找合作伙伴来一起创业。

四、给诚信的公司做产品代理

做产品代理除了要确定公司的信誉和实力外，还要注意以下几个方面：

所选产品品种必须具有一定市场。

产品要具有独特性不易仿造。

产品的价格在市场上必须要有竞争力。

最好直接与生产厂家接触，以节约中间成本。

最好先进行小批量试销，有市场再增加进货量。

不要太相信商家的话，也不要过高地估计自己与市场。

第 4 章

借机取财课

当今社会有很多人在看到别人发达的时候，常常为自己的不景气而发出感叹，习惯性地将原因归结在运气等外在条件上。其实，问题不在于此，而在于他缺乏一种灵敏攫取的意识，贻误了时机，以致抱憾终生。商场如战场，机遇对于任何人，都是一视同仁的，而人对时机的利用则不尽相同。有人优柔寡断，坐失良机；有人视而不见，无动于衷；有人见之不放，机遇独得；有人伺机奋起，一鸣惊人。

1. 财富机遇面前要当机立断

当一个新生事物出现，只有5％的人知道时，赶紧做，这就是机会，做得早就是先机；当有50％的人知道时，做个消费者就行了；当超过50％时，你看都不用去看了。

——北大财富课理念

机遇是一项重要的发展资源，是增强竞争力的有效资源。抢抓机遇就是要善于捕捉、抓住和利用好各种机会，当机立断，使事物朝着有利的方向发展。一个人在寻求财富的道路上，是否能在当前激烈的社会竞争中敏锐地识别和准确快速地把握机遇，同时能创造性地用好机遇，是评价一个人领导力和执行力的重要指标，同时也是综合素质的一种重要体现。

20世纪50年代中期，欧美市场兴起塑料花热，家家户户及办公大厦都以摆上几盆塑料制作的花朵、水果、草木为时髦。面对这种千载难逢的商机，李嘉诚当机立断，丢下其他生意，全力以赴投资生产塑料花，并一举建立了世界上最大的塑料花工厂"长江塑料花厂"，李嘉诚也因此而被誉为"塑料花大王"。60年代初期，在大家仍然看好塑料花生产的时候，李嘉诚却预感到塑料花市场将由盛转衰，于是立即退出塑料花，避开了随后发生的"塑料花衰退"的大危机。

接着他注意到香港经济起飞，地价将要跃升，于是开始关注房地产业。他迅速投资购买大量土地，并在激烈的竞争中凭借自己的果敢，一举击败了素有"地产皇帝"之称的英资怡和财团控制下的置地公司，创造了房地产业"小蛇吞大象"的经典案例。李嘉诚也在这场房地产大战中积聚了巨额的财富。

后来，有人在总结李嘉诚成功的经验时，将之归结为：反应敏锐，果断处事；能进则进，不进则退。而李嘉诚也因为自己处事果断，在香港及亚洲经济界获得举足轻重的地位。李嘉诚的成功，其果断决策起了决定性的作用。

李嘉诚在创业之初，就显示出他果断、干练的做事风格，这在他的财富积累过程中起到了决定性的作用。所以说，一个人在进行投资、创业、积累财富的时候，关键时刻果断地作出投资决定并付诸行动是非常必要的，犹犹豫豫，当断不断，只会与本来属于自己的机遇失之交臂。

2. 有胆有识能发财

天下财富遍地流，看你敢求不敢求。金钱是诱人的，要赚大钱一定要敢于行动。

——北大财富课理念

强者与弱者之间，智者与愚者之间，成功与失败之间，有时只差那一点一滴。这一点一滴，就是胆识。胆识是人生出路的"开路神"。很多人习惯于把胆识与有勇无谋画上等号，把有胆看作是匹夫之勇。事实上，一个人想要成就一番事业，胆识与学识都是必备的因素。相对于知识、见识来说，胆识是精华里的精华。知识是科学的系统性的学问，见识是"读万卷书、行万里路、交四方友"的结晶，胆识是智慧的展现，最主要是来自于个人的丰富知识、见识以及对知识、见识的提炼升华。它体现于作决策、办事情的胆量，有胆识才有冒险精神，有冒险精神才有可能成就不平凡的事业。知识、见识、胆识三者相辅相成，知识是见识的基础，见识是胆识的定心丸，胆识是知识和见识转化成财富的必要条件。

一个园艺师向一个企业家请教说："总裁先生，您的事业如日中天，而我就像一只小蚂蚁，在地里爬来爬去的，没有一点出息，什么时候我才能赚大钱，能够成功呢？"

企业家对他和气地说："这样吧，我看你很精通园艺方面的事情，我工厂旁边有两万平方米空地，我们就种树苗吧！一棵树苗多少钱？"

"40元。"

企业家又说："那么以1平方米地种两棵树苗计算，扣除道路，两万平方米地大约可以种2.5万棵，树苗成本刚好100万元。你算算，3年后，一棵树苗可以卖多少钱？"

"大约3000元。"

"这样，100万元的树苗成本与肥料费都由我来支付。你就负责浇水、除草和施肥工作。3年后，我们就有600万的利润，那时我们一人一半。"企业家认真地说。

不料园艺师却拒绝说："天呐！我可不敢做那么大的生意，我看还是算了吧。"

一句"算了吧"就把到手的成功机会轻易地放弃了，我们每天都梦想着成功，可是机遇到来的时候，却不敢去尝试，心里燃起的只有对失败的顾虑，以致失去了成功的机会。

3. 别犹豫，动作抢先能赚钱

机会来临与抓住机会还有一段距离，只有立即行动，迅速接近机会，才有可能抓住它，否则，机会就可能在迟疑和等待中一去不返。

——北大财富课引用名言

拿破仑有一句名言：我的军队之所以能打胜仗，就是因为比敌人早到5分钟。打仗是这样，早到5分钟会抢占有利地形，从而获取全胜。

众所周知，被称为"东方犹太人"的温州商人是富有的，他们之所以富有，就是因为有着超前"5分钟"的意识。

邮电部要印特快专递信封，订单被温州抢走了；香港回归要给警察换警徽，订单被温州人抢走了；美国海陆空三军要在军服上做军徽，订单还是被温州人抢走了……

温州人抢占市场的速度实在令人叫绝，往往是头一天打听到某个商机，第二天就能生产出产品，第三天就能收到订单赚钱。敢"抢"善"抢"是温州人做生意的一大风格。

1983年的一天，一位温州华侨从美国打来电话说："美国警察总署消息，美国警察要换服装，34万人，每人两套，需要130多万幅标章。你们可不可以做？"两个温州人抓紧时间直奔美国，向美国警察总署阐述意向。美国人认为中国人不可能做出一流的标章，两个温州老板不温不火地说："中国有句古话叫'耳听为虚，眼见为实'，请你们派两位专员到中国去看一看，费用我们全包。"两位警察署的专员来到温州，温州人当场表演了从投料到成品只需半个小时的过程。几天后，美国人带着100副样品回去了。美国警察总署头头们一看，价格只有本地的一半，而且不需要定金，于是就将这笔买卖交给了抢得先机的温州人。联合国维和部队和驻港部队标章的生意，温州人也是通过类似的方式做成的。

围棋上有句口诀是"宁丢数子、不失一先"，因为有了先手，就有了主动权，就能处处先发制人。如果将这个道理用在经商上，就是宁愿付出一定的代价，也要抢在对手前面占领市场，因为抢先一步就能领先一路。

4. 看准时机，孤注一掷

人的一生中，没有什么东西比机会更宝贵。它就像闪电一样稍纵即逝，而做事犹犹豫豫，前怕狼后怕虎，往往是失去宝贵机会的主要原因。

——北大财富课理念

富人们不是消极地等待成功，而要积极地创造成功机会。机遇就摆在那儿，不会自动送上门来，需要我们去靠近去争取。对于懒惰者而言，即使是千载难逢的机遇也毫无用处，而富人却能将最平凡的机会变为千载难逢的机遇。所以，要想获得财富，就要抓紧机遇，别再让它悄悄溜掉。

美国巨富摩根当年从德国哥丁根大学毕业后，来到邓肯商行任职。摩根特有的素质与生活的磨炼，使他在邓肯商行干得相当出色。但他过人的胆识与冒险精神，却经常害得总裁邓肯心惊肉跳。

一次，在摩根从巴黎到纽约的商业旅行途中，一个陌生人敲开了他的舱门："听说，您是专搞商品批发的，是吗？"

"有何贵干？"摩根感觉到对方焦急的心情。

"啊！先生，我有件事有求于您，有一船咖啡需要立刻处理掉。这些咖啡原是一个咖啡商的，现在他破产了，无法偿付欠我的钱，便把这船咖啡作抵押，可我不懂这方面的业务，您是否可以买下这船咖啡，很便宜，只是别人价格的一半。"

"你是很着急吗？"摩根盯住来人。

"是很急，否则这样的咖啡不会这么便宜。"说着，拿出咖啡的样品。

"我买下了。"摩根瞥了一眼样品答道。

"摩根先生，您太年轻了，谁能保证这一船咖啡的质量都是与样品一样呢？"他的同伴见摩根轻率地买下这船还没亲眼见到质量的咖啡，在一旁提醒道。

"我知道了，但这次是不会上当的，我们应该答应，以免这批咖啡落入他人之手。"摩根对自己的眼力非常自信。

当邓肯听到这个消息，不禁吓出一身冷汗。

"这混蛋，这不是拿邓肯公司开玩笑吗？去，去，把交易给我退掉，损失你自己赔偿！"邓肯严厉无情地冲着摩根吼道。

面对粗暴的邓肯，摩根决心赌一赌。他写信给父亲，请求父亲助他一臂之力。在父亲的资助下，摩根还了邓肯公司的咖啡款，并在那个请求摩根买下咖啡的人的介绍下，摩根又买下了许多船咖啡。

最终，摩根胜利了。在摩根买下这批咖啡不久，巴西咖啡遭到霜灾，大幅度减产，咖啡价格上涨了两三倍，摩根旗开得胜。

与邓肯公司分道扬镳后，在父亲的资助下，摩根在华尔街独创了一家商行，并从此开始发迹。

摩根的故事告诉我们：只要在关键时刻看准了时机，就可以孤注一掷。机会如白驹过隙，如果不能克服犹豫不决的弱点，可能永远也抓不住机会，只能在别人成功时慨叹："我本来也可以成为富翁的！"

机不可失，时不再来，当你发现商机、意识到有钱可赚时，就要赶紧去做，犹豫不决只会空留悔恨和叹息。

5. 将自己的好想法付诸行动

想想这十几年来，我自己生命当中，经常说的就是认准了就去做，不盲目创新，不跟风，不动摇。同时对自己要有清晰的判断，一个人应该做自己最擅长的事情，同时也做自己最喜欢的事情，这样的话，做成的概率会很大。

——李彦宏

我行我富！试看天下财富英雄都是有胆有识有行动力的。想当年比尔·盖茨放弃哈佛大学学业，白手起家创办微软，是何等的胆识和行动；美国最年轻的亿万富翁迈克·戴尔，在大学读书时就组装电脑卖，感到不过瘾便开办电脑公司，是何等令人钦佩。聪明不等于智慧，聪明赚不到钱，智慧能赚大钱。真正白手起家的富豪，学历不一定高，但一定很有智慧，他们是最善于学习赚钱的一族，他们都有学习赚钱的不凡历程，他们通过学习摸到了赚钱的规律，掌握了赚钱门道，执掌了赚钱的牛耳，成为财富英雄！

美国麦当劳餐店在 1955 年创办初期只是一家经营汉堡包的小店，到了 1985 年，在美国的 50 个州和世界 30 多个国家和地区开设了近万家分店，年营业额近 100 亿美元，被称为"麦当劳帝国"。它能有这样的成功，完全有赖于创始人雷蒙·克罗克的"一旦决定了就赶快行动"的准则。

1954 年的一天，雷蒙·克罗克驾车去一个叫圣贝纳迪诺的地方，他看到许多人在一个简陋的餐馆前排队，他也停下车排在后面。

人们买了满袋汉堡包，纷纷满足地笑着回到自己的汽车里。雷蒙·克罗克很好奇，于是上前看个究竟，原来是经销汉堡包和炸薯条的快餐店，生意非常红火。

雷蒙·克罗克 52 岁了还没有自己的事业，他一直在寻找自己事业的突破口。他知道，快节奏的生活方式就要到来，这种快餐的经营方式代表着时代的方向，大有可为。于是他毅然决定经营快餐店。他向经营这家快餐店的麦当劳兄弟买下了汉堡包摊子和汉堡、炸薯条的专利权。

雷蒙·克罗克搞快餐业的决策遭到了家人及朋友的一致反对，他们说："你疯了，都 50 多岁了还去冒这个险。"

雷蒙·克罗克毫不退缩。在他看来，决定大事，应该考虑周全；可一旦决定了，就要一往无前，赶快去做。行与不行，结果会说明一切。最重要的是行动。

雷蒙·克罗克马上投资筹建他的第一家麦当劳快餐店，经过几十年的发展，雷蒙·克罗克取得了巨大的成功。人们把他与名震一时的石油大王洛克菲勒、汽车大王福特、钢铁大王卡耐基相提并论。

美国众议员艾德·佛曼曾经在一次演讲中对那些不愿采取行动的空想家进行了细致刻画：总有一天我会长大，我会从学校毕业并参加工作，那时，我将开始按照自己的方式生活。总有一天，在偿清所有贷款之后，我的财务状况会走上正轨，孩子们也会长大，那时，我将开着新车，开始令人激动的全球旅行。总有一天我将买辆漂亮的汽车开回家，并开始周游我们伟大的祖国，去看一看所有该看的东西。总有一天……

这些可悲的人最终生活在自己的幻想中，并在实际生活中扮演着穷人的角色。如果说有什么办法可以改变这种窘况，那就是毫不迟疑地行动！

有多少想法，多少梦想，多少好打算，为什么没能实现，原因仅仅是你的决定没有得到有目的的实际行动的支持。

有一个很好的发展机会，有一个宏大的目标，不去做，成功是不会从天上掉下来的。李嘉诚在总结自己的成功经验时说："决定一件事后，就快速行动，勇往直前去做，这样才会取得成功。"如果你想成为富人，并已经打算为此而奋力的话，则有一个明确的告诫：你必须从今天，从现在开始就采取行动，去制定目标和计划，并努力去实现你的人生目标！

6. 握紧成功的机遇

机会对于任何人都是均等的，差异只在于"狠"与"不狠"。谁"狠"，谁就能先得益，获得财富。相反，不够"狠"，你就会两手空空。

——北大财富课理念

人们明白，时光不会倒流，时间就是生命，就是财富，在激烈的市场竞争中，已成为老生常谈的问题，但却是铁的原则。每一个商战机会，都伴随着一定的时效性，所以精明有"手段"的经营者一旦发现这样的机会，就会以最快的速度、最"狠"的手段开发它，利用它。

岛村产业公司及丸芳物产公司董事长岛村芳雄，当年背井离乡来到东京一家包装材料店当员工时，年薪很低，还要养活母亲和 3 个弟妹，因此时常囊空如洗。他回忆说："下班后，在无钱可花的情况下，我拥有的唯一乐趣，就是在街上走走，欣赏人家的服装和所提的东西。"

有一天，他在街上漫无目的地散步时，注意到女性们无论是花枝招展的小姐，还是徐娘半老的妇人，除了拿着自己的皮包之外，还提着一个纸袋，这是买东西时商店送给她们装东西用的。他自言自语："嗯！这样提纸袋的人，最近越来越多了。"

岛村的整个心思都是纸袋。两天后，他到一家跟商店有来往的纸袋工厂参观。果然，正如他所预料的，工厂忙得热火朝天。参观之后，他怦然心动，毅然决定无论如何非大干一番不可。

"将来纸袋一定会风行全国，做纸袋绳索的生意是错不了的。"

身无分文的岛村虽然雄心勃勃，但却无从下手，因为他身无分文，所需的资金从哪儿得来呢？他决定硬着头皮去各银行试一试。一到银行，他就把纸袋的使用前景、纸袋制作的技巧等说得口干舌燥，但每一家银行听了他的打算后，都冷冷地不愿理睬他，甚至有的银行以对待疯子的态度来对待他。

"我每天前去走动拜访，总有一天他们会改变主意的。"他如此想，决定把三井银行作为目标，连续不断地前去展开攻击。

然而，他的热心在三井银行也没有得到同情。起初态度冷冷淡淡连他的话都不愿意听的职员们，过了几天，对他蔑视的态度就逐渐表面化，终于耐不住厌烦地大发脾气，一看到他就怒目相视。有时他一来，大家就发出一阵哄笑来取笑他，有时干脆把他赶了出去。

皇天不负有心人，前后经过 3 个月，到第 69 次时，对方竟被他那煞费苦心、百折不挠的精神所感动，答应贷给他 100 万日元。当朋友和熟人知道他获得银行贷款 100 万日元后，纷纷过来帮忙，有的出资 10 万日元，有的贷款给他 20 万日元，就这样他很快就筹集了 200 万日元的资金。

于是，岛村辞去了店员的工作，设立丸芳商会，开始纸袋业务，最终取得了令人瞩目的业绩。

想借钱，就要求人，求人是一件挺没面子的事，有时还会遭遇到尴尬的场面。所以，很多的人，因为面子问题放弃了一次又一次的大好时机，以至于胡子一大把了，还碌碌无为。

面子与事业两相比较，孰重孰轻，一目了然。只有那些在机会来临时，敢于舍弃面子张口向人借钱的人，才能顺利地抓住难得的机遇，抓住了机遇，也就抓住了财富。

瞄上一个发财的机会，就不要放弃，执着地去做，每一个人都可能成功。

7. 雌雄虾衍生出来的财富

看眼前，恋家失机遇；有远见，事业展宏图！

——北大财富课理念

生活中有许多人看到别人抓住机遇，创业成功时，常常感叹道："我怎么遇不到这样的机遇？"但当机遇来到自己身边时，往往前思后想，左顾右盼，犹豫不决，老想准备得再充分些，成功的把握再大一些，机遇在优柔寡断中失去了，留下了"想当初，我要是作出了决策，就会如何如何"的人生后悔药的典型案例。

一位日本商人带着新婚妻子去菲律宾旅行。有一天，他们去逛跳蚤市场，发现有一种东西很受当地人的欢迎。这东西价格便宜，最贵的也只不过一美元一对。妻子发现后，爱不释手。她叫商家用精美的盒子一包一包地装好，一口气买下十几对带回日本。一回家，他们就把这种东西分赠给自己的亲朋好友。奇怪的是，这种东西一送出去，亲戚朋友就又纷纷上门讨要，而且向他打听买这种东西的商店在哪里，也想买一些送自己的亲戚朋友。但找遍整个日本，也没有这种东西出售。

其实，它只是生长在热带海洋里的一种普通小虾，自幼从石头缝爬进去，然后在里面成长无法出来的雌雄虾，关在石头里终其一生。

日本商人一看此物这么受欢迎，就专程飞往菲律宾进口一大批雌雄虾回日本，然后以"偕老同穴"命名，把它进行精美包装后出售。购买者认为这种虾能给新婚夫妇带来幸福。即使不是自己结婚，他们也会作为礼物买上一两对送给结婚的亲朋好友。意想不到的是，这种虾一摆上台，便供不应求。最后，一美元的东西，一下子竟卖到270美元的天价。

日本商人的成功在于一种新颖大胆的创意。他抓住了雌雄虾这种爱情专一、从一而终的独特象征。以爱情为主题，大肆做宣传。这种宣传正好吻合了消费者渴求幸福美满的心态。

在菲律宾来来往往观光的旅客成千上万，看到"雌雄虾"的也绝非少数，日本商人的成功无非是在常人发现的基础上更有独到的发现，找到了机遇，再抓牢不放。

我们经常遇到这样的事，许多机遇在我们身边溜过，如果你没有抓住，就不是你的机遇。如果你抓住了但不擅长把这个机遇化为财富，也不是你的机遇。只有抓住并成功地转化为财富的机遇，才是真正有用的机遇，才是属于你自己的机遇。

8. 抓住机会达到目标

没有理想，人就会失去动力，就无法战胜自己的惰性；而无法战胜自己的惰性，便很难把握时间、把握生活，很难有直面困难与挫折的勇气。

——北大财富课理念

成功不是天上掉下来的馅饼、一伸手就能接到，需要奋斗。而且不是一朝一夕地发愤图强就能成功，需要很长时间的积累，需要把握好自己的人生轨迹，走上自己的成功之路。因此，你需要明确自己的奋斗目标。无数人的经验教训证明，没有明确的目标，随心所欲，懒懒散散，东一榔头西一棒子，走一步看一步，绝非良策。不仅会不断地做一些无用功、浪费自己的宝贵资源，还会经常犯错误，将自己的宝贵资源用在伤害自己的地方。因此，成功的可能性很低。有了明确的目标，为了实现目标而努力行动，情况大为改观，成功的可能性明显提高。即使没有做到 80 分、90 分，只是 60 分，甚至 30 分，也会慢慢地前进，一步一步地接近目标。而且，不会经常用无用功和错误来打断自己、干扰自己，前景自然是一片光明。成功，那就是看得见的未来，会自动地过来与你牵手。

一个叫杰克的美国青年，从小立志创办杂志。由于有这个目标，他发现了一个在别人看来微不足道的机会。

一天，杰克看见一个人打开一包烟，从中抽出一张纸条，随即把它扔在地上。杰克弯下腰，拾起这张纸条，上面印着一个著名女演员的照片。在这幅照片下面印有一句话：这是一套照片中的一幅。烟草公司敦促买烟者收集一套照片。杰克把这个纸片翻过来，注意到它的背面竟然完全是空白的。

杰克感到这儿有一个机会，他推断：如果把附在烟盒子里的印有照片的纸片充分利用起来，在它空白的那一面印上照片上人物的小传，这张照片的价值就可大大提高。于是，他找到印刷这种纸片的公司，向这个公司的经理推销他的想法，最终被经理采纳。这就是杰克最早的写作任务。他的小传的需求量与日俱增，以至得请人帮忙。于是他要求他弟弟帮忙，并付给他每篇5美元的报酬。不久，杰克还请了5名新闻记者帮忙写小传，以供应平板画印刷厂。杰克竟然成了编者！最后他如愿以偿地做了一家著名杂志的主编。可想而知，如果杰克没有当主编的志向，那么他绝对不会发现纸烟卡的空白是一个机遇。

机遇只垂青有准备的头脑。当你有了明确的目标，你知道自己想要什么，你就会对一些机会变得敏锐起来，而这些机会就能帮助你成功地达到目标。

9. 一英镑的婚礼盛典

"生活并不是缺少美，而是缺少发现美的眼睛。"同样，生活中并不缺少机遇，而是缺少发现机遇、抓住机遇的眼光。如果有了洞察机遇的能力，即使生活中没有机遇，也能创造机遇，及时抓住机遇。

——北大财富课理念

要抓住财富机遇，首先要善于发现。生活中处处充满机遇。社会上的每一项活动、报刊上的每一篇文章，都可能给你带来新的感受、新的信息，不是机会太少而是你自身的眼光能否发现机遇。还是那句话，世界上不是缺少财富，而是缺少发现财富的眼光。看到别人成为富翁的时候，你是否真正反思过：是不是自己亲手把属于自己的财富送给了别人？许多好运是由勤勉和正确的判断形成的，运气不好，往往是不够努力或观察力不佳的结果。真正想成功的人，不会只是坐下来怨天尤人，埋怨运气不佳。他会检讨自己，再接再厉，直到步入成功者的行列，收获成功的果实。

1981 年，英国王子查尔斯和黛安娜要在伦敦举行耗资 10 亿英镑、轰动全世界的婚礼。

消息传开，伦敦城内及英国各地很多工商业都绞尽脑汁想利用这一千载难逢的发财机遇。有的在糖盒上印上王子和王妃的照片，有的把各式服装印染上王子和王妃结婚时的图案。但在诸多的经营者中，谁也没有赚过一位经营"望远镜"的老板。

这位老板想，人们最需要的东西就是最赚钱的东西，一定要找出在那一天最需要的东西。

盛典之时，将有百万以上的人观看，有多半人由于距离远，而无法一睹王妃丽容和典礼盛况。这些人那时最需要的不是购买一枚纪念章、买一盒印有王子和王妃照片的糖，而是一副能使他看清楚景物的望远镜。于是，他突击生产了几十万副简易望远镜。

那一天，正当成千上万的人由于距离太远看不清王妃的丽容和典礼盛况，急得毫无办法的时候，老板雇用的上千个卖望远镜的人出现在人群之中。高声喊道："卖望远镜了，一英镑一个！请用一英镑看婚礼盛典！"顷刻间，几十万副望远镜抢购一空。不用说，这位老板发了笔大财！

机遇对任何人都是公平的，就看谁抓得准、用得好。其实，在这个事例中，众多的英国工商企业也不是没有去抓机遇，只是因为他们没有抓准，所以也就没有抓牢。而生产简易望远镜的那位老板才是真正抓准、抓牢了机遇的人。说到底还是那位老板比别人研究得更细一层，他看准了那一天人们最大的需求，同时也是最需要的东西——望远镜。

正如一位营销大师所说："市场的胜利者，是那些认真分析市场，有效利用信息，善于抓住机遇、把握机遇的人。"

10. 危机带来的机遇

"穷则思变，变则通。"危机来临之时，变通的思维能带来新生的曙光。但是，山穷水尽之时，我们更需要有战胜绝境的信心、耐心，而不是坠入绝望的深渊不能自拔。

——北大财富课理念

一个想成功的人，除了精明的头脑和吃苦耐劳的作风以外，更重要的是高瞻远瞩的预见性和判断力。

希腊人奥纳西斯，出身贫苦，为了谋生，他漂洋过海、背井离乡，来到南美洲的阿根廷寻生路。为了果腹，他做过多种杂工，包括人们最不愿意干的活。后来又做过小商贩，经营过诸如烟草一类的小生意。

生活的艰辛使得他历尽磨难，但同时，丰富、复杂的社会磨炼也使得奥纳西斯大受裨益，练就了他观察和分析事物的能力，还有判断事物发展趋势的锐利眼光。

1929 年，举世闻名的世界性经济危机首先在美国爆发，继而波及世界各地。阿根廷的经济也陷入了极端困难的境地，工厂大批倒闭，工人大量失业，各行各业萧条不堪。自然，红极一时的海上运输业也难逃厄运。

加拿大国营运输公司为了渡过难关，准备拍卖名下各类产业，其中，在 10 年前价值 200 万美元的 6 艘货船，只开价 12 万美元。奥纳西斯看准时机，拿出自己的全部积蓄，并向好友筹借了几万美元，专程飞赴加拿大买下了这几艘船。

奥纳西斯的反常举动令同行们大惑不解，他们实在想不通，奥纳西斯明明知道，1931 年的海上运输量仅为 1928 年的 35%，大名鼎鼎的海运专家、企业家们都不知如何是好，而奥纳西斯却"飞蛾扑火"，自寻死路。

但奥纳西斯却不这么想，他通过亲眼目睹这场经济灾难的前前后后，断定这是资本主义经济发展的一种规律，他确定，很快就会经济大复苏，危机马上就会结束，物价将很快从暴跌变为狂涨，海洋运输业也将很快从低谷走向高潮。

果然，精明果断的奥纳西斯料了个正着，经济危机很快过去了，百业重兴的过程中，海洋运输业的回升和发展势头大大领先于其他行业，他花低价买来的 6 艘货船转眼之间身价倍增，企业界无不艳羡，银行家们对他刮目相看，纷纷主动上门为其提供信用贷款。

聪明的奥纳西斯绝不让机会从身边溜走，乘机迅速壮大自己的海洋运输队伍，使自己的实力倍增。紧接着，他开始向世界各主要航线进军，所到之处，罕遇对手。奥纳西斯成了世界海洋运输业中的金字招牌。大量的财富以惊人的速度源源不断地流入他的腰包。1945年，他首先成为希腊海运第一人，紧接着，所向披靡的奥纳西斯成了名副其实的"世界船王"。

奥纳西斯的成功，告诉我们这样一个道理：成功的机会处处都有，人人都有机会碰到，关键是你能否准确地把握和利用它。

11. 让泥土运动起来

任何人唯一能依靠的"运气"，都是他自己创造的"机遇"。

——北大财富课理念

常有人大发感慨：如果给我一个机会，我也能……他们把自己的命运系在一个子虚乌有的机会上，当然总也不会成功，以至于至今都只知道抱怨自己的命运。

没有人会主动给你送来机会，机会也不会主动来到你的身边，只有你自己去主动争取。成大事者的习惯之一是：有机会，抓机会；没有机会，创造机会。任何人唯一能依靠的"运气"，是他自己创造的"机遇"——这需要坚韧不拔的精神。

加州海岸的一座城市中，所有适合建筑的土地在不断的开发中都已经被开发利用，城市的地皮价格不断飙升。

面对城市一边满是陡峭小山，另一边因为地势太低而每天都要被倒流的海水淹没一次的土地，一些开发商常常无奈地感慨。

一天，一名叫杰克的普通职员到这个海岸来度假，他不禁欣喜若狂，并立即预购了那些因为山势太陡而无法使用的小山，以及那些因为地势太低每天都要被海水淹没而无法使用的低地。因为这些土地都被认为没有太大的价值，所以他的预购价格很低。然后，杰克用了几吨炸药，把那个陡峭的小山炸成松土，又利用几台推土机把泥土推平，原来的山坡地就成了很漂亮的建筑用地。同时，他又雇了一些车子，把多余的泥土倒在那些低地上，使低地超过海平面，那些低地也变成了漂亮的建筑用地。

很快，开发商蜂拥而至，竞相抢购这些建筑用地。当这些建筑用地都售出后，杰克从一名普通职员变成了富翁。

其实杰克没有做什么，他只是把某些泥土从不需要的地方加进设想后，运到这些需要泥土的地方。捕捉不到机会，如果能够创造，一样会走向成功。创造机会有时并不难，只要懂得把泥土从不需要的地方移到需要的地方，但移动之前，要能够先把心中"理所当然"的冰块移走，再把想象春天般地铺开。

12. 把空气做成罐头

愚者错失机遇，智者善于抓住机遇，成功者往往创造机遇，机遇只留给准备好的人。

——北大财富课理念

《现代汉语词典》把"机遇"解释为对人有利的时机、境遇和机会。每一个人在他的生活当中，都会有很多的机遇，但是机遇不会平白无故地降临到你的身上，要得到它，必须付出相当的代价和艰苦的努力，必须具备相应的条件，而这一切都离不开长期艰苦的准备。机会总是留给有准备的人是一个必然规律，这一必然规律体现了"必然"与"偶然"

的内在联系,机会是"偶然",有准备是"必然",有准备才有机会,没有准备就没有机会,既有准备又遇到了机会,成功也就成了"必然"。很多人都幻想用机会改变命运,于是做着与机会偶然相遇的白日梦,幻想它像魔法棒一样改变你的世界。其实,这是很不靠谱的一件事。因为如果机会真的有一天与你相遇,并帮你实现了愿望,那前提条件肯定是你已经作了充分的准备。

美国富商洛克到日本度假,来到富士山。富士山山顶终年积雪不化,非常寒冷。半山腰凉爽宜人,景色优美,游客甚多,空气特别新鲜。许多劳累的人来到这里感到心旷神怡,精神特别好,身心很快就康复了。洛克随众游客到处去游览,然后坐在凉棚下舒适地看这些湖光山色。忽然,一个灵感撞入他的脑海,怎么不把富士山的空气拿来卖呢?他立即抓住这一丝灵感,扩展出了一系列宏伟的计划。

于是立即派助手找来一名研究人员,由他提出一份富士山空气对人体有哪些好处的科学分析数据,然后申办了执照等开业手续,在富士山半山腰开办了一家工厂,名字叫"富士山空气罐头厂"。

他们用极便宜而又美观的包装材料做成罐头盒,里面充满新鲜清洁的富士山空气,再印上富士山美丽的风景。

这种新产品一投入市场,对于那些在大都市污染空气中生活了许久的人们相当有吸引力。这种罐头很便宜,销量非常大。"富士山空气罐头"以迅雷不及掩耳之势占领了整个日本,并进一步打开美洲和欧洲的市场,由此取得了非常可观的经济效益。

老话说得好:台上一分钟,台下十年功。我们常羡慕别人的机遇好,羡慕命运对别人的青睐、羡慕别人的成功,却没看到,荣誉和鲜花背后,所付出的千辛万苦。我们想要成功,渴望抓住机遇,就得从现在开始,收拾好行囊,作好准备。当机遇轻轻地叩响门扉时,我们就能沉着地应和一声,踩着它的节拍,旋转而去,千万不要眼睁睁地看着它,在倏忽之间，从你身边飘过，而你却无能为力。

13. 金装女郎的礼服

　　成功的人更善于观察，勤于思考和孜孜探求。机遇就存在于生活的细节中。同样的一件事，一个成功的人会看得更多更远。有人看到一年后的情景，而你只看到明天。一年与一天的差距是 365 倍，所以你是不会赢的。

——北大财富课理念

　　有许多成功都是十分偶然的，被我们称之为机遇，唯心的人叫其运气。

　　其实，机遇无处不在，但许多时候，它与我们擦肩而过，我们没能好好把握它。

　　有人去应聘工作，随手将走廊上的纸屑放进了垃圾桶，被老板看到了，他因此非常幸运地得到了这份工作——原来获得赏识很简单，只要养成好习惯就行；有人在汽车修理店当学徒，他除了将车修好，还把车子擦得光亮如新，车主取车时带走了他，让他成了公司的客户经理——原来获得信任很简单，只要把小事做好就行了；有人将冲到沙滩上的小鱼放归大海，恰巧被一个电视制片人看到了，于是他这一举一动成了一则公益广告，后来，他成了著名的演员——原来要成名也很简单，只要有一颗热爱生活的心就行了。

　　有许多小事都会改变我们的命运，只是被我们忽略了，很多时候我们都处在睡梦中没有惊醒。

　　在圣诞节前夕，美国曼尔登公司的一位业务员从芝加哥去旧金山进行市场调查。在火车上，一位身穿圣诞礼服的女郎格外惹人注目，同车的少女甚至中年妇女都目不转睛地看着她那件礼服，有的女士还特地走过去打听这件礼服是从哪里买到的。

这位业务员看在眼里，灵机一动，觉得有一笔生意可做了。当时已是12月18日，离圣诞节仅有一周时间，圣诞节礼服在这段时间一定是热门货，于是他非常礼貌地向那位女郎提出拍照片作留念的请求，那位女郎欣然应允。拍完照片后，那位业务员便中途下车，向公司发出传真电报，要求公司务必在12月23日前向市场推出一万套这种服装。

12月22日下午2点，一万套"圣诞节金装女郎"礼服同时出现在曼尔登公司的几个铺面，立即引起女士们的兴趣，她们争先恐后地购买，到12月25日下午4点，一万套"金装女郎礼服"除留下两套作为公司保存的样品，一套送给火车上那位女郎外，全部销售一空，公司净赚100万美元。

敏锐的人绝不会放过任何一个可利用的信息。哪怕这个信息是一个影子，他也会牢牢地抓住不放。"金装女郎礼服"成功的经验说明，善于观察日常生活，捕捉市场信息，就能把握好赚钱的机会。

14. "借鸡下蛋"的沈家兄弟

"借力"不仅是发财的高招，也是一个成大事者必须具备的能力，毕竟一个人的能力是有限的。如果只凭自己的能力，会做的事很少。当然，自食其力的人是很值得别人去尊敬的。但如果你同时懂得借助他人的力量，就可以无所不能、无往而不胜了。

——北大财富课理念

世界上有许多巨大财富的起始都是建立在借贷之上的。很多事实证明，聪明的赚钱者充分了解并能利用借贷。富人之所以能够成功，是因为他们深谙"借"的力量。

沈鹏冲、沈鹏云两兄弟是 1955 年来到巴西圣保罗市寻找致富之路的。有一次，沈鹏冲到南里奥格兰德州首府阿雷格里港旅行，在一间餐馆吃饭时，发觉一种意大利肉鸡美味可口。他饱餐了一顿，同时还打听到，这种意大利肉鸡是一种有名的美食，当地人十分喜爱。

真可谓踏破铁鞋无觅处，得来全不费功夫。沈鹏冲顾不得旅行，火速赶回圣保罗与弟弟商量怎样养意大利肉鸡一事。

一番商议后，兄弟俩觉得此事虽有前途，但可惜自己没有资金，怎么办得起鸡场？连续几天奔走求人借钱都无门。在苦思之中，弟弟沈鹏云突然想起了中国兵书《兵经百篇》，于是有了借鸡下蛋的妙计。

沈鹏冲兄弟根据"最巧妙的借"的方法，策划组织了一个互助会，其实质是一种合作社形式，在其相识的朋友、邻里、工友中招募人员参加。他们反复讲明凡参加互助会的成员投入的本金及利息可按时归还，并将获得较好的分红，因为互助会所筹集的资金是用来创办有发展前途的意大利肉鸡场的。经他们俩声嘶力竭地宣传和东奔西跑地登门游说，虽说没有多少人参加，但总算筹到一万美元。

他们就凭这一万美元在阿雷格里港郊区办起了一个养鸡场，取名为"阿维巴农场"。

由于资本太少，初期该农场规模不大，每星期只能供应 200 只肉鸡。但沈氏兄弟却充满信心，认为养鸡场正如母鸡一样，由小到大，然后下蛋，再孵出小鸡一群。如此反复循环，很快就会繁殖出千千万万只鸡来。

后来，沈鹏冲兄弟的公司每周可供应 180 万只鸡，仅此一项业务，每年营业额就高达上亿美元。随着养鸡业的发展，沈氏兄弟的财富不断增多，他们乘势拓展业务，先后又办起了贸易公司，这方面的年营业额也高达两亿美元。

通过上面的这个故事我们看出，所谓生意的成功、财富的积累，并不是只顾实行自己的构想，而是巧妙地运用他人的智慧和金钱来创造自己的一番事业和财富。沈氏兄弟正是用"借鸡下蛋"的计策，掘取到发展的第一桶金。

15. 霍英东的集资妙招

现在很多人一谈起投资理财，就以为是要先有了钱才可以开始的。其实不然。在我们这个千载难逢的大好时代，只要你有眼光和信誉，没有钱也是可以投资理财的。做投资理财不在乎你有多少钱，而在乎你能调动多少钱。你能调动的钱就可以假定是你的钱。

——北大财富课理念

在这个世界上，任何一个不会借钱的人都不是投资理财的高手，任何不会借钱的老板就不是好老板。很多人遇到了很好的投资机会时，却仅仅是因为本钱不够而失之交臂。很多人以为第一桶金很难得到，需要长时间的积累或很好的运气。其实不然，快速获得第一桶金的最佳办法就是"借鸡生蛋"，要做到自己没有钱或钱不多时就去投资理财，必须学会"借鸡生蛋"。

朝鲜战争结束后，霍英东就预料到，香港航运事业的繁荣，必然会带来金融贸易的发展，而这又将促进商业及住宅楼的开发。于是他抢先把经营重点转向了房地产开发。1954 年 12 月，霍英东拿出自己的 120 万港元，另向银行贷款 160 万港元，在香港铜锣湾买下了他的第一幢大厦，并创办了"立信建筑置业有限公司"。开始，他和别人一样，自己花钱买旧楼，拆了后建成新楼逐层出售。这样当然可以稳妥地赚钱，可是由于资金少，发展就比较慢。他苦苦地思索改革房地产经营的方法，却没有结果。

有一天，有个老邻居到工地上找他，说是要买楼。霍英东抱歉地告诉他，盖好的楼已经卖完了。邻居指着工地上正在盖的楼说："就这一幢，你卖一层给我好不好？"

霍英东灵机一动，说："你能不能先付定金？"

邻居笑着说："行，我先付定金，到盖好后你把我指定的楼层给我，我就把钱交齐。"两人就这样成交了。

这个偶然的事件，却使霍英东得到了启发。他立刻想到，他完全可以采取预售房产的方法，利用想购房者的定金来盖新房！这个办法不但能为他积累资金，更重要的是还能大大推动销售！

因为，房产的价格是非常昂贵的，要想买一幢楼，就得准备好几十万元的现金，一手交钱，一手接屋，少不得一角一分，拖不得一时一刻。当时只有少数有钱人才能买得起房产，所以房地产的经营也就不可能太兴旺。现在霍英东采取的预售房产的新办法，只要先交付 10% 的定金，就可以购得即将破土动工兴建的新楼。也就是说，要买一幢价值 10 万港元的新楼，只要付 1 万港元，就可以买到所有权，以后分期付款。这对于房地产商人来说，好处是显而易见的。利用人家交付的定金，他们原来只够盖 1 幢楼的钱，现在就可以同时动手盖 10 幢楼，发展的速度大大加快。对于购买房产的人来说，也是有利的。先付一小笔钱，就可以取得所有权，待到楼房建成时，很可能地价、房价都已上涨，而已付定金的买方只要把房产卖掉，就有可能赚一大笔钱！因此，很快就有一批人变成了专门买卖楼房所有权的商人，这就是后来香港盛行的"炒楼花"。

这一创举使霍英东的房地产生意顿时大大兴隆起来，一举打破了香港房地产生意的最高纪录。当别的建筑商也学着实行这个办法时，霍英东已经赚到了巨大的财富。他当上了香港房地产建筑商会会长，会内有会员 300 名，拥有香港 70% 的建筑生意。所以有人把霍英东称为香港的"土地爷"！

霍英东采取的房产预售新方法，只要先交付 10％的定金，就可以购得即将破土动工兴建的新楼。对于房地产商人来说，可以通过这种借鸡生蛋的方式，来弥补资金的不足。

16."狐假虎威"，借势上位

"借势"强调资源的整合，倾向于战术层面的价值，以最低的成本和风险，达到盈利目的。

——北大财富课理念

中国古代法家治天下，讲的就是"法、术、势"三者的结合，把借势、造势当作治理天下的三大要点之一。不懂得借势，或者说不愿借势，要做出好的规制是很难的。营销活动中，利用企业自身资源以外的其他资源或渠道来进行营销，借助外在力量能够在营销过程中取得较高的关注度和更好的营销效果。目前，众多企业在营销的策略上更喜欢这种"借东风"的方式。

20 世纪 70 年代，石油危机的乌云影响了全世界经济的发展，正在这时，美国西部却传来了一个让所有石油公司都为之振奋的消息：在得克萨斯州发现了一块储量丰富的油田！

接着，更让一些石油大亨们激动的消息传来：联邦政府将拍卖这块油田的开采权。

各石油公司闻风而动，纷纷筹措资金，准备在拍卖会上一争高低，因为这是明摆着的事：谁竞得了油田的开采权，就是找着了金矿，在此后的几十年里能获得源源不断的丰厚利润。

谟克石油公司老板道格拉斯也对这块"肥肉"垂涎欲滴，可是仅凭自己上百万美元的资产，怎么能竞争过拥有千万乃至上亿资本的石油大亨们呢？但眼睁睁地看着这块"肥肉"被别人夺走，道格拉斯又着实不甘心。

思谋良久，道格拉斯忽然有了主意，他想到：自己是美国花旗银行的老客户，所有的资金都存在该银行，能不能请银行总裁琼斯出面，替自己去参与竞拍呢？

琼斯是美国无人不知、无人不晓的银行大王，他要是出面，那些石油大亨们在拍卖会上想必会有所顾忌。想到这儿，道格拉斯兴奋不已，马上与琼斯通了电话，请求他的帮助。琼斯满口答应，很明显，道格拉斯挣的钱越多，他在银行的存款就越多，对花旗银行来说，有百利而无一害。更何况对琼斯来说，这不过是举手之劳。

"那么，你打算出多少钱呢？"琼斯问。

"最高不能超过 100 万美元，你知道，我拿不出更多的钱了，这是我全部的家当。"

琼斯在电话里说："好吧，我会去的，成不成就要看天意了，道格拉斯先生。"听口气，琼斯好像很有把握。

一个星期后，拍卖会在得克萨斯州一家很有名的拍卖行举办。

参与竞拍的共有 11 家石油公司，除道格拉斯代表的谟克公司是唯一的一家小公司外，其他的全部是财力雄厚的大企业。

拍卖会快开始时，琼斯姗姗而来。他的到来顿时在会场引起了轩然大波：怎么回事？银行大王也要买油田？所有的竞标企业都慌了手脚，因为如果琼斯想买油田的话，恐怕没有人有能力与他竞争。

道格拉斯看到了这一幕，心里乐滋滋的，他坐在一个角落里，悠闲自在，作壁上观。拍卖会开始了，经纪人报出底价：50 万美元，每个拍卖档价格为 5 万美元。也就是说，谁要是想报价，只需举一下牌子，价格就在原来的基础上加上 5 万美元。

经纪人刚报出底价，琼斯就举起了牌子，大声喊道："我出 100 万！"

真是语惊四座，所有拍卖企业的代表都呆住了，谁还敢再叫价呢？

"100 万美元，7 号报价 100 万美元，还有没有报价的？"经纪人连喊三遍，会场里却鸦雀无声。

最后，经纪人落锤宣布：拍卖会结束，油田开采权被 7 号谟克公司获得。整个拍卖会从起拍到结束只用了 5 分钟，结果，资金最少的企业——谟克石油公司获得了油田的开采权。这次拍卖会呢，也成了有史以来时间最短的拍卖会之一。

这是个非常典型的借用别人的优势达到自己目的的例子，谟克石油公司没有多少钱，但是他能把银行家搬来，吓跑了所有竞争者，道格拉斯的借势计谋玩得实在高明。

17. 投资也可以这样做

只想小心谨慎地做自己的生意而不敢借贷，往往在商场上成不了什么气候。而大胆地前进一步，勇敢地向银行贷款、举债，往往会走向成功。

——北大财富课理念

现实生活中，筹措资金的方法有多种，借贷是筹借的主要方法之一。可总是有许多经营者，前怕狼后怕虎，不敢借贷，不愿举债，从而耽误了许多发家致富赚钱发财的机会。美国著名的小商品经营大王格林尼说过这样一句话：真正的商人敢于拿妻子的结婚项链去抵押。就是提醒人们在投资理财的过程中要勇于借贷。

从一位清贫的穷律师成为家财亿万的巨富，阿克森就是靠借贷赚钱起家的。

1960 年，28 岁的阿克森还在纽约自己的律师事务所工作。面对众多的大富翁，阿克森不禁对自己清贫的处境感到辛酸。这种日子不能再过下去了，他决定闯荡一下。有什么好办法呢？左思右想，他终于想到了借贷。

他一大早来到律师事务所，处理完几件事后，关上大门到邻街的一家银行去。找到这家银行的借贷部经理后，阿克森声称要借一笔钱，修缮律师事务所。在美国，律师因为人头熟，关系广，有很高的地位。因此，当他走出银行大门的时候，他的手中已握着 1 万美元的现金支票。

走出这家银行，阿克森又进入了另一家银行，在那里存进了刚刚才拿到手的 1 万美元。完成这一切，前后总共不到 1 小时。之后，阿克森又走了两家银行，重复了刚才的做法。

这两笔共 2 万美元的借款利息，用他的存款利息相抵，大体上也差不多少。几个月后，阿克森就把存款取了出来，还了债。

这样一出一进，阿克森便在几家银行建立了初步信誉。此后，阿克森便在更多的银行玩这种短期借贷和提前还债的把戏，而且数额越来越大。不到一年光景，阿克森的银行信用已十分可靠了。凭着他的一纸签条，就能一次借出 10 万美元。

信誉就这样出来了。有了可靠的信誉，还愁什么呢？

不久，阿克森又借钱了，他用借来的钱买下了费城一家濒临倒闭的公司。20 世纪 60 年代的美国，是充满机会的好时候，只要你用心经营，赚钱丝毫不成问题。8 年之后，阿克森拥有的资产达近亿美元。

在现代，巨额财富建立在借贷基础上是最快捷的成功方式。就是说，要发大财先借贷。没有本钱怎样发大财呢？当然，借钱就得付利息，但你不要害怕，你利用了别人的资本赚钱，你赢得的部分，可能远远超出了你所付的利息。

做生意总得要有本钱的，但本钱总是有限的，当你的资金不足时，你必须要借钱，提起借钱，很多人都会头疼，的确，这不是件很容易的事，借钱需要勇气和技巧。因此，为了创业，你应该每天都考虑怎样去借钱。不要害怕借钱，只要你气魄非凡，满怀信心，按期还贷，你就会信誉良好，以后创业就大有成功的可能。

18. 巧借资金办奥运

"他山之石，可以攻玉。"别人好的经验方法，我们可以拿来化为己有，只要运用得当，照样可以产生事半功倍的效果。

——北大财富课理念

突兀的山峰并不会显出灵气，却借助繁茂的植物，勾勒出了人间胜景；娇艳的花朵并不会让人看出生机，却借助身旁的绿叶，展现出自己的高贵；普通的寺院并没有多少神秘，却借助山势的高耸，渲染出自己的超凡脱俗；一个人，本没有什么与众不同，却可以借助他人的力量铸造辉煌的人生。

美国第一旅游公司副董事长尤伯罗斯，在任第 23 届洛杉矶奥运会组委会主席时，为奥运会盈利 15 亿美元。他是靠着非凡的"借术"而成功的。

奥运会，当今最热闹的体育盛会，却穷得叮当响。1972 年在联邦德国慕尼黑举办的第 20 届奥运会所欠下的债务，久久不能还清。1976 年加拿大蒙特利尔第 21 届奥运会，亏损 10 亿美元。1980 年在莫斯科举办的第 22 届奥运会耗资 90 多亿美元，亏损更是空前。

从 1898 年现代奥运会创始以来，奥运会几乎变成了一个沉重的包袱，谁背上它都会被它造成的巨大债务压得喘不过气来。在这种情况下，洛杉矶市却奇迹般地提出了申请，它声称将在不以任何名义征税的情况下举办奥运会。特别是尤伯罗斯任组委会主席后更是明确提出，不要政府提供任何财政资助，政府不掏一分钱的洛杉矶奥运会将是有史以来财政上最成功的一次。

没有资金怎么办？借。在美国这个商业高度发达的国家，许多企业都想利用奥运会这个机会来扩大本企业的知名度和产品销售。尤伯罗斯清楚地看到了奥运会本身所具有的价值，把握了一些大公司想通过赞助奥运会以提高自己知名度的心理，决定把私营企业赞助作为经费的重要来源。

他亲自参加每一项赞助合同的谈判，并运用他卓越的推销才能，挑起同行业之间的竞争来争取厂商赞助。对赞助者，他不因自己是受惠者而唯唯诺诺，反而对他们提出了很高的要求。比如，赞助者必须遵守组委会关于赞助的长期性和完整性的标准，赞助者不得在比赛场内、包括空中做商业广告，赞助的数量不得低于 500 万美元，本届奥运会正式赞助单位只接受 30 家，每一行业选择一家，赞助者可取得本届奥运会某项商品的专卖权。

这些听起来很苛刻的条件反而使赞助有了更大的诱惑性，各大公司只好拼命抬高自己赞助额的报价。仅仅这一个妙计，尤伯罗斯筹集了的巨款，是传统做法的几百倍。另外赞助费中数额最大的一笔交易是出售电视转播权。

尤伯罗斯巧妙地挑起美国三大电视网争夺独家播映权的办法，借他们竞争之机，将转播权以 28 亿美元的高价出售给了美国广播公司，从而获得了本届奥运会总收入三分之一以上的经费。此外，他还以 7000 万美元的价格把奥运会的广播权分别卖给了美国、欧洲和澳大利亚等。

庞大的奥运会，所需服务人员的费用是一笔很大的开销。尤伯罗斯在市民中号召无偿服务，成功地"借"来三四万名志愿服务人员为奥运会服务，而代价只不过是一份廉价的快餐加几张免费门票。

奥运会开幕前，要从希腊的奥林匹亚村把火炬点燃，空运到纽约，再蜿蜒绕行美国的各个州和哥伦比亚特区，途经 41 个大城市和 1000 个镇，全程 15 万千米，通过接力，最后传到洛杉矶，在开幕式上点燃火炬。

以前的火炬传递都是由社会名人和杰出运动员独揽，并且火炬传递也只是为了吸引更多的人士参与奥运会，有的国家花了巨资也吃力不讨好，有的国家干脆用越野车拉着到全国转一圈就完了。

尤伯罗斯看准了这点：以前只有名人才能拥有的这份权利、这份殊荣，一般人也渴望得到。他就宣传：谁要想获得举火炬跑 1 英里的资格，可交纳 3000 美金。人们蜂拥着排队去交钱！是他们找不到地方花钱吗？不是。他们都认为这是一次难得的机会，因为在当地跑 1 英里，有众多的亲朋、同事、邻里观看，在鼓掌，在喝彩，这是种巨大的荣誉。仅这一项又筹集了 4500 万美元。

另外，在门票的售出方式上，打破以往奥运会当场售票的单一做法，提前一年将门票售出，由此获得丰厚的利息。由于尤伯罗斯成功的经营，奥运会净盈利为 15 亿美元。当运营结果公布后，一下子轰动了全世界。

借他人的"钱袋""脑袋"发财，需要胆识，更需要技巧。生意的成功，并不是只顾实行自己的构想，而是巧妙地运用他人的智慧和金钱，以创造另一番事业。

如果有雄心在商业上大干一番，必须借用别人的资源；固守个人风格，只会困于"自己"的圈子，永远成就不了宏大的事业。

19. 一个传奇的聚财故事

　　一个人存在的真正的价值在于他能够服务于多少人，能为多少人创造价值。

——北大财富课理念

　　人脉和机遇应该是对孪生兄弟。有了广泛的人际资源，有了一帮相当有质量的朋友，得到了事业方面的支持，那么机遇会跟你走，芝麻开花节节高。广泛的朋友圈，相当于一个信息团体，于事业的帮助，于人生的启发和感悟等等都十分重要。人们常说的"千里难寻是朋友，朋友多了路好走"就是这个道理。

　　纵观那些事业有成之人，有些固然是天赋异禀之辈，但更多的还是朋友遍天下行走可借力的人。还是那句老话，人有智商、情商、财商，情商高到一定程度，自然可以挖掘人脉潜力、聚拢无穷人气、成就非凡人望，从而书写事业篇章。

　　有一个商人，由于深谙营销之道，懂得成交之法，年纪轻轻的就拥有了巨额的财富，成为富甲一方的人。但天有不测风云，一场大火过后，房倒屋塌，不剩片瓦，所有的财产都在转眼间化为尘烟。

　　他决定从头来过，并相信自己一定会重塑辉煌。

　　在他的脚边，有一只死老鼠。这是一只从火海中逃出来的老鼠，因为伤势严重，挣扎了一会就死了。他决定用它作为资本做点买卖。

　　谁会要他的死老鼠呢？别担心，任何东西都有用，有用的东西自然有人愿意掏腰包。在一家药材铺里，他得到了一枚小钱。

　　一枚小钱够干什么呢？别担心，小钱自有小钱的用处。他用这枚小钱买了一点糖精，又用一只水罐盛满一罐水。他看见一群制作花环的花

115

匠从树林里采花回来，便用勺子盛水给花匠们喝，每勺里搁一点糖精。花匠们喝完糖精水后，每人都慷慨地送给他一束鲜花作为报酬。他卖掉这些鲜花，第二天又带着糖精和水罐到花圃去。当然，花匠又送给他一些鲜花。用这样简单的方法，这个人不久就拥有 8 个铜币了。

有一天，花园里满地都是狂风吹落的枯枝败叶，园丁不知道怎么清除它们。他走到一群玩耍的孩子中间，分给他们一些廉价的糖果。几乎在眨眼之间，小孩子们就帮他把所有的枯枝败叶捡拾一空，堆在花园门口。这时，陶工为了烧制餐具，正在寻找柴火，看到花园门口这堆柴火，就从这个人手里买下运走了。于是，这个人通过卖柴火得到 16 个铜币和水罐等 5 样餐具。

就这样，这个人轻易就积聚了 24 个铜币。

有了 24 个铜币后，这个人在离城不远的地方设置了 10 个水缸，免费供应给 1000 个割草工，割草工们很想报答他。

有一天，他听到一个消息说，近日将有一个马贩子带 1000 匹马进城来。他就对割草工们说："你们今天每人给我一捆草，而且，在我的草没有卖掉之前，你们不要卖自己的草，行吗？"割草工们异口同声地答应了。

马贩子进城后，根本找不到饲料，只得出 1000 铜币买下这个人的 1000 捆草。

不久后，这个人又听到一个消息说，近日将有一条大船进港。于是他马上雇了一辆备有侍从的车子，冠冕堂皇地来到港口，订下全船货物。然后，他在附近搭了个帐篷，吩咐侍从道："当商人们前来求见时，你们要通报三次。"大约有 100 个商人前来购货，但得到的回答是："全船货物都被一个大富翁买走了。"听了这话，商人们就到他那里去了。侍从按照吩咐，通报三次，才让商人们进入帐篷。100 个商人每人给他 1000 个铜币，取得船上货物的分享权，然后又每人给他 1000 个铜币，取得全部货物的所有权。

就这样，火灾过去 11 个月后，这个人就又成了大财主。

交易是一项脑力活动，靠的是智慧而非蛮力。故事中这个天才商人的过人之处在于他知道：帮助别人就是在帮助自己，满足别人就是在给自己创造财富，控制供给就等于提升了价格，这三条几乎涵盖了所有的成交秘密。

20. 犹太人"借"的学问

作为一个杰出的经商民族，犹太人不仅拥有大量的财富，而且还长着最会赚钱的脑袋。当一个犹太人想去经商的时候，他的长辈们便会告诉他，作为商人，最主要的任务就是想办法制订好一套完整合理的商业计划，至于剩下的事情就让别人去摆弄好了，你只要等着数钱就可以了。

——北大财富课理念

犹太人常说这样一句话，"借别人的金鸡为自己生蛋"。他们在经商时，并不是非得依靠自己的资产或努力去赚取财富，而是想尽办法借用资源去经营。他们认为，世界上一切东西都是可以靠借的：借资金、借技术、借人才等等，只要是对自己有利的东西都可以借用。因为这个世界早已经准备好了一切你所需要的资源，你所要做的仅仅是把他们搜集起来，并智慧地把他们有机地组合起来。

创业初期的洛克菲勒经过不断地努力和奋斗，终于使公司的业绩逐渐上升。不过，白手起家的他，在财力方面非常有限，因此，当他与一些竞争对手竞争时，总是显得力不从心，时时处于劣势。虽然说洛克菲勒是一个雄心勃勃的人，也曾梦想着垄断炼油和销售，但从当时的情形来看，这些宏伟的计划只能暂时搁置在一边了。

不过，洛克菲勒并非一个轻易认输的人。经过仔细调查和慎重分析之后，洛克菲勒考虑到，那些在原料产地的石油公司总是在需要用铁路的时候就用，不需要的时候就搁置一边、置之不理，反复无常。这种做法使得铁路经常面临无生意可做的境地，如此一来，铁路的运费收入也就难以保持稳定了。

假如能够与铁路公司签订一个保证日运油量的合约，对铁路公司来说必定如荒漠遇甘霖一般，铁路公司也一定会在给运输时大打折扣。这样的话，其他石油公司在这场运价竞争中必败无疑，那么最终垄断石油产业也就指日可待了。

虽说想到了一个非常棒的办法，可洛克菲勒还要面临一个抉择，那就是到底选择哪一家作为自己的合作伙伴。对于洛克菲勒来说，两大铁路巨头顾尔德和凡德毕尔特的实力都非常雄厚。经过再三权衡，他最终选择了贪得无厌的铁路霸主凡德毕尔特作为谈判对象。

经过紧张而又激烈的谈判，洛克菲勒和凡德毕尔特最后终于达成协议：洛克菲勒每天必须保证运输60车皮的石油，不过，作为条件，凡德毕尔特必须将铁路的运输费用降低到原来的80%。

这一协议的签订，不仅挫败了铁路运输的垄断权，而且还为洛克菲勒公司大大降低了石油的成本。除此之外，洛克菲勒还凭借着低廉的石油价格赢得了更为广阔的市场，大大增加了竞争实力，使洛克菲勒向控制世界石油市场的宏伟目标又迈进了一步。

借势就是借助某种氛围、某种趋势或某种外力，顺风扬帆，顺路搭车，实现自己的计划；或借冕声誉，提高自己的知名度和美誉，以致美名远扬。

一个追求成功的人，必善于"借势"，才能事半功倍，尽快实现自己的目标。不同的自然、客观环境会提供不同的有利条件。无论城市、乡村、沿海、内陆，均有可利用的条件，只要看准时机，巧妙借势，均能成功。

21. 让总统替自己"卖书"

赚钱致富并非是多困难的事情，只要你能够善于借用别人之"势"和"智"，并且方法得当，便可以快捷省力地实现。

——北大财富课理念

赤壁之战中有一经典故事"借东风"：诸葛孔明为了配合东吴周瑜的火烧联营大计，借来三日三夜东北大风，火烧曹敌数十万！从而成就了三国鼎立的局面，借东风无疑是整场战役中最为出彩的一笔。在现代营销学中，这个"借"字则极为巧妙地被利用，并发展成为策划中的另类手段，"借势"从此诞生。

一出版商有一批滞销书久久不能脱手，他忽然想出了一个主意，给总统送去一本书，并三番五次去征求意见。忙于政务的总统不愿意与他纠缠，便回了一句："这本书不错。"出版商便大作广告："现有总统喜欢的书出售。"于是这些书被一抢而空。

不久，这个出版商又有书卖不出去，又送了一本给总统。总统上过一回当，想奚落他，就说："这本书糟糕透了。"出版商听后脑子一转，又做广告："现有总统讨厌的书出售。"有不少人出于好奇争相抢购，书又售尽。

第三次，出版商将书送给总统，总统接受了前两次教训，便不作任何答复，出版商却大作广告："现有令总统难以下结论的书，欲购从速。"居然又被一抢而空。总统哭笑不得，商人调动了总统，大发其财。

精明的营销者在公关促销中善于借用名人，更为注重运用自己的头脑和智慧，策划出种种令人耳目一新的奇招妙式。故事中的这位书商竟然让总统免费为他做了生动的广告，与其说这位精明的商人是钻了总统的空子，倒不如说是利用了人们的好奇心。营销是门需要智慧和想象力的艺术，它甚至可以做得很出格，但只要被大众认可，那就算是成功。

22. "借"境造势

古人说"时势造英雄"，现在看来，想要成为财富大亨，恐怕不能坐等时势降临，需要自己创造点能让自己有用武之地的"时势"。

——北大财富课理念

想要成就一番大事业，不仅要学会顺势、取势，更要在没有势的情况下为自己造势。只有这样，才能在瞬息万变的商场中无往不胜。懂得顺势的商人不少，懂得取势的商人便不多了，再进一步，会以势作势的商人就更少了。而真正成功的商人却总是"先不必求利，要造势"。

吴蕴初是有名的"味精大王"，他起步时身无分文，但他凭着自己的机智与聪明，巧妙地筹集到了一笔资金，成就了自己白手起家的梦想。

20世纪20年代初，吴蕴初就读于上海陆军兵部的专业学校，在化学方面颇有造诣。当时，日本的味精——"味之素"风靡中国，一直占据着中国的味精市场。吴蕴初有心改变这一现状，决定下功夫搞出中国自己的味精来。他经过一年多的反复试制，终于获得了成功。欣喜之余，他又感到担忧，当时他手上一点儿资金都没有，根本无法将他试制出来的味精投入生产。怎么办？苦思冥想之后，他终于想出了一个办法。

他开始频繁地出入于酒馆饭店，每到一个地方吃饭，他都会上演相同的一幕：当着所有客人的面从怀中取出一个小瓶，然后从瓶中倒出一点味精放入汤中，很得意地喝起来。他的举动常常引起旁人的好奇心。终于有一天，一位宁波人按捺不住自己的兴趣，请吴蕴初也给他的汤中放一些。他品尝过放了味精的汤后，大加赞赏。吴蕴初则趁此机会大力宣扬起自己的技术来，这位心服口服的宁波人便将吴蕴初介绍给了一位姓张的巨商。

张老板接触吴蕴初后，觉得他的技术市场前景好，便立即拿出五千块银洋给吴蕴初，让他将味精投入生产，吴蕴初就这样解了燃眉之急。他拿着这笔来之不易的钱，苦心经营，终于使自己一跃成为赫赫有名的"味精大王"。

在商业经营中钱能生钱，也就是说，有了一定数量的钱，再加上合理有效的运用和调配，就能获取更多的钱。如何合理地运用、调配已有的金钱，这是对一个经营者的才干和智慧的考验。

中国传统商人有"一文钱创天下"的志向和能力，但完全靠自己一文钱一文钱地积累，这个发家过程无疑会十分漫长。因此，如何度过最初资金积累阶段，运用"借鸡生蛋"的技巧，便成为传统商人的经营捷径。

23. 让总统给产品代言

每个人都要学会借力使力，有了这个观念，我们就会拥有更好的人际关系，它是确保我们能够走向成功的基础。

——北大财富课理念

成功是化繁为简、提高效率的学问，一个人要想在有限的时间里成功，必须学会抢占制高点，借助各种有利条件迅速实现自己的目标。正像一个科学家所言：只有站在巨人的肩上你才能看得更远。

天津自行车厂是一家百年老厂，也是世界最大的自行车制造厂之一。它制造的"飞鸽"牌自行车行销神州大地，极受消费者欢迎。但是，作为一家世界级的自行车生产厂家，仅仅满足于国内市场是远远不够的。天津自行车厂为把自己的自行车推向世界，费了不少的劲，但都不得要领。

1989年2月，正为开拓海外市场犯愁的自行车厂领导得到了一个消息：新当选的美国总统布什即将访华。领导们眼睛一亮，认为有办法了。原来，布什夫妇是一对自行车迷，酷爱自行车运动。他们想从这一点找到打开海外市场的突破口。

天津自行车厂把自己的想法告诉了新华社，愿意把"飞鸽"牌自行车作为礼品，送给布什夫妇。新华社认为这是个好办法，于是将这个想法上报给了国务院。国务院对这件事十分重视，最后答应以刚投产的飞鸽QF83型男车和QF84型女车作为送给布什夫妇的礼品车。

1992年2月25日，在钓鱼台国宾馆18号楼的大厅里，两辆崭新的"飞鸽"自行车送到布什夫妇手里，布什夫妇仔细地看了看车子连声说："好极了，美极了！"布什总统还兴致勃勃地骑上了车子，在众多的记者面前做出骑车的样子，让他们拍照。他还风趣地对记者说："我保证明天早晨要骑一骑。"

这个场面被全世界上百家新闻媒体进行了报道。不久，一批外商专程来天津看样订货，法国一客商一下子订了3万辆"飞鸽"车。

总统返美后，在白宫草坪上骑"飞鸽"车，再次被美国新闻媒介作了报道。一时间国外兴起一股争买"布什""芭芭拉"型"飞鸽"牌自行车的热潮，"飞鸽"厂名声大振。

通过新闻的传播，飞鸽牌自行车开始名扬全世界。"飞鸽"不仅带去了中国人民的友谊，也带来了企业的经济效益。天津自行车厂抓住时机，加快了向美国出口自行车的步伐。不久，造型新颖、性能可靠的飞鸽牌自行车就源源不断地飞到了美国。借助于布什夫妇，飞鸽牌自行车终于打开了海外市场。

有不少产品都是这样的，它默默无闻地在某个地方待了多年，偶然一次经名人推崇、使用，便身价倍增，名扬海内外。这些产品的功能，在名人使用以前已经存在，并非是在名人使用时提高的，为什么同一产品在这前后身价就大不一样呢？这就是借助名人的影响作了广告宣传，从而树立起了自己的威信，大大地提高了自己的身价。

24. 独到的创意是最大的财力

在新经济时代，创意比物质更值钱，资本从机械转移到人，快速反应比按部就班更重要。

——北大财富课理念

我们常听说某位富豪之子，因为资金充裕、人脉通畅而很快在商界混出一片天地，于是误认为金钱铺就的高台提供了一个很高的起点，是成功最重要的条件。事实上，更多的富豪后代迅速将财产挥霍一空，创业并不成功。同样起点的两个人，有没有头脑和创造力，是决定其以后命运的主要因素。缺乏创意的公司，是缺少活力的公司；缺少创意的创业者，是没有前途的创业者。智慧的决斗左右着财富的走向。金钱可以继承，但是智慧与创意并非与生俱来，要靠个人历练。成功者，并非有大财者，而是有大才者也。

不少当今的巨富大款，他们的财富大多是依靠当年独具慧眼、抓住时机并及时行动得来的，而不是雄厚的资金。日本冈山市有栋非常漂亮气派的 5 层钢筋水泥大楼。这栋大楼就是条井正雄所拥有的冈山大饭店。然而，谁也没想到，这位条井当年身无分文却盖起了这栋大楼。

条井以前是一个银行的贷款股长，一直负责办理饭店旅馆业的贷款工作。10 年的工作，使他不知不觉成了一个对旅馆经营知识丰富的人，这时心里自然也产生了经营旅馆的欲望。为了求得更完整的方案，他实地做过精密的调查，调查结果是来冈山市的旅客，有 97％是为商务而来的。然后，他又在公路边站了 3 个月，调查汽车来往情况，得出每天汽车流动有 90 辆，每辆车约坐二三人，然而当时，冈山市的旅馆却没有一家像样的停车场设施。他想，将来新盖的饭店，必须具有商业风格，且有附设广阔的停车场，以此来吸引旅客。他又花费 1 年时间，制成几张十分阔气的饭店设计图纸和一份经营计划书。抱着试试看的心理，他来到冈山市最大的建筑公司碰运气。一位主管看了条井的设计后，问他："你准备多少资金来盖这栋大楼？"

"我一分钱也没有，我想，先请你们帮我盖这栋大楼，至于建筑费等我开业之后，分期付给你们。"条井泰然自若地回答。

"你简直是在白日做梦，真是太天真啦，请你把这个设计图拿回去吧！"

"这几张图纸和计划书是我花了两年的时间搞成的，我认为很完整。请你们详细研究，我以后再来讨教！"条井不敢多言，把设计图丢在那里，掉头就走。

半个月后，奇迹发生了，这个建筑公司约他去面谈。该公司的董事和经理济济一堂，从上午 8 点到下午 4 点，一个接一个向他问各式各样的问题，那种场面真是令人心惊肉跳。然而，难以令人相信的事终于发生了，建筑公司决定花两亿日元替这位身无分文的先生盖饭店。

一年后，饭店落成了，条井成了老板。

身无分文却能盖大饭店，可见打破常规的创意比雄厚的资金更为重要。条井以创意所带来的巨大成功就是最好的证明。

第 5 章

开源节流课

　　若一个人坚持每天存 100 元，最后他成了千万富翁；一个人能毫不懈怠地每天阅读 1000 字的文章，他有朝一日一定能成为博学之士。一个国家的兴盛、一个民族的崛起，也许就是开始于你我他今天点燃的一星灯火——千万不要轻视了开源节流的力量。

1. 用好每一分钱

人的钱财是很有限的，相对于赚钱来说，我们或许更应该学会节省。一个人只有当他用好了他的每一分钱，才能做到事业有成，生活幸福。

——北大财富课理念

在日常生活中，人们可能会有这样的感觉，其实也没买什么东西，但是打到工资卡里的钱转瞬即逝。对这一现象人们很少认真去思考和总结，却总是感叹钱不够用。钱是经不起用的，再多的钱也经不起挥霍。人们常常嘲笑那些大富翁如何如何吝啬，却不知道这正是自己不能成为大富翁的一个重要原因。财富的拥有者与没有财富的人除了在追求财富方面的区别以外，还有一个非常重要的因素，那就是财富的拥有者知道财富的来之不易，更加知道珍惜。

珍惜财富并不是吝啬。在经营活动中人们都知道要节省成本，减少支出。在生活中的道理也一样，节省成本，减少不必要的开支，这样才能积累更多的财富。

秦阳是一家地产公司的老总，年收入百万之多，可他从来不乱花一分钱，"花钱也是一门艺术，会花钱也是赚钱"，他常说，"如果赚了一点小钱，就胡乱消费，那迟早会坐吃山空。"

秦阳花钱有一套自己的办法，他出差用的旅行箱是花 29 块钱买的，戴的手表却是价值八九万元的瑞士名表"劳力士"。秦阳说，旅行箱在磕磕碰碰以后就不值钱了，而"劳力士"不会贬值，即使过些年卖出去还是这个价。

秦阳的太太喜欢买些"小东西"。对她"今天买个小首饰、明天买个装饰灯"的消费习惯，秦阳很有意见，他认为"买东西要物有所值"。他给妻子买了 1 枚 1 克拉的钻戒，理由是随着时间推移，"钻戒每年能增值 4%～5%"，将来还可以传给儿媳妇。

"有钱人之所以有钱，就在于他们明白金钱增长和花费的差别。他们最喜欢购买能增值的资产，而不是购买随着时间流逝而贬值的奢侈品。他们拥有自己的生意，或者是所在公司的资产合伙人，他们拥有自己的房产，延迟短期的享受，追求长期的财务保障。"秦阳说，"简单来说，有钱人在花钱的时候也在寻找赚钱的机会。"

其实，"花钱"就能体现一个人的价值观和财富观。对此，秦阳自己根据实际经验制定出了"秦阳三定律"。

一、有目的地存钱

人总是有许多的借口让自己不存钱，20 岁的时候说收入不足。30 岁则说刚建立家庭，开销正大，然而时间转瞬即逝，等到年纪渐长只换来"后悔"二字。为了避免借口一再产生，给自己一个有钱的目的吧，不论是买车、买房都行，每月收入先拿出实现梦想的储蓄部分，其余再做有效地支配，才是有效的做法。

二、有计划地花钱

光储蓄是不够的，还要学会理性消费，有计划地花钱。购物前仔细考虑、购物时详列清单都是非常重要的功课，让"想要"的成分远远低于"需要"，这样才实际。

三、有效率地赚钱

存钱、花钱是在有限的收入里做有效的运用，如何大步迈向致富之路，最重要的是"钱滚钱"。

要重视每一分钱，学会节约，人的钱财是很有限的，如果不知道节约，那就会把很多该攒下的钱都挥霍掉了。我们或许更应该学会节省，即使身价倍增，也要记得一丝一毫来之不易。一个人只有当他用好了他的每一分钱，才能做到事业有成，生活幸福。

2. 懂节流，不要让财富水库里的水流干

强本而节用，则天不能贫。

——北大财富课引用名言

在经济学上有一个千古不变的致富秘诀，那就是"开源节流"。"开源"和"节流"是一样重要的。收入好比一条小河，财富是一个水库，花出去的钱就是流出去的水。如果水不停地往外流，流出水比流进水的速度还要快，那么水库里的财富慢慢就流干了。所以，为了防止入不敷出的现象出现，我们就必须学会省钱。

生活中，虽然大钱是赚出来的，而不是节省出来的，但不懂得省，就不会积累出大钱。对于那些靠固定工资生活，而且没有任何投资的工薪阶层而言，开源不容易，工资是最主要的收入。所以，在这种收入比较单一的情况下，最重要的一点就是"省"。而让省钱成为一种习惯，一种融入到你血液、融入到你灵魂中的习惯，这对于你的未来，有着深远的意义。

有人做了一个调查，钱到底是省出来的还是赚出来的？调查结果，有76％的人认为"钱既要省也要赚"，也就是"既要节流也要开源"。真正精明的商人，不仅是会赚钱的人，也是会花钱的人，他们总是能省则省，能用则用，一元钱能花出十元钱的效应。很多人嘲笑他们活得太累，却不知道这正是他们能积累财富的重要原因。

小莉大学毕业后，在深圳找了一份每月薪水只有1500元的工作，这点钱在房价很高的深圳连付房租都成问题，而小莉的家在农村，也没有多余的钱可以帮她，不得已，生活只能靠自己支撑了。就这样，她用500块钱租了一套三居室中的一间，开始了艰难的生活。

5 年后的今天，小莉的生活却有了极大的好转。因为在这 5 年时间里，她学会了如何省钱，如何从现有的工资里不断地累积财富。

刚开始，小莉租的房子家具很少，电器也没有，如果要配置齐全的房屋，就意味着每月要多付几百元不等的租金，一年下来就是好几千元，这个数字对于薪水微薄的工薪阶层来说可不是小数目。因此，小莉只能租一间家具比较简单的房子，所需要的家具电器只能从同事手中买、到二手市场"淘"。她用了两个月的时间，先后添置了空调、电饭煲、电视、衣柜等，总价不到 800 元；半年后又添置了冰箱和洗衣机，总共 600 元。就这样，她省下了不少的钱。现在，准备买房的小莉准备把这些旧家电全部卖掉。

小莉说，省钱也是一门学问，家里的日用品，坚持"没用的东西不要买，有用的东西不要扔"这一原则。既然下了省钱的决心，对一些七零八碎的东西就不要轻易动心。刚开始时，由于强烈的好奇心，促使她在每个月花五六百元买些无用的东西，现在，这笔钱能存进银行。另外，水电费、电话费等都是不小的开支，所以，除了必备的读书用的台灯外，其他灯泡的瓦数不妨调低。在穿的方面，只要款式颜色搭配巧妙，自然穿得精神，至于品牌不会讲究。在吃的方面，尽量买菜回家做，这样又省下了不少的一笔。

节流，是没有硝烟的战场。将军的才能是如何指挥战士打败敌人，所以，每一分钱都是绝对受你调遣的"战士"，如果你没有将军般的才能，那你的"战士"就会白白地去"牺牲"。每位成功的富翁，他们都是理财的高手，同时也是节俭的专家。

3. 业余兼职就是开源的一种

没有老板会为一个专注于兼职的员工每月买单，本职工作才是保证我们饭碗的最大前提。无论兼职是多么吸引你，在没有要"转兼为正"的时候，还是应该把工作重心放在正职上，不然因小失大，丢了西瓜捡了芝麻，可就划不来了。

——北大财富课理念

"兼职"这两字在企业眼里总是如狼似虎，对于这个剥夺了员工时间和精力的罪魁祸首，企业永远也没法给它好眼色看。据专业的人力资源服务机构调查数据显示：在问到管理层对兼职的态度时，占据绝大多数的高级管理人员不希望自己的下属从事兼职工作；小部分管理人员要求核心员工绝对不能兼职，其他员工要看具体情况，但不赞成兼职行为；只有极少数的被调查者认为只要本职工作不受影响，员工可以适当兼职。而在针对员工的调查中，对兼职的看法却呈现出与企业大相径庭的局面，在接受调查的1640名职场白领中，有73%（1197人）的被调查者正在或打算从事兼职工作，只有27%（443人）的人表示目前暂时不考虑兼职。

为什么要兼职？总有一个原因让白领们在繁忙的工作之余还甘愿透支自己的业余时间去打另一份工。有人觉得兼职热潮如同股市，因为大批人群跟风才会造成热火朝天的局面。可毕竟兼职是一种工作行为，与股市依靠投机运气不同，兼职所要付出和所能够得到的，都更多。

据调查数据显示，37.13%（609人）的职场人士认为兼职的最大收益是增加收入；34.17%（560人）的人觉得兼职能够满足个人爱好，找回生活乐趣；另有19.38%（318人）的白领认为兼职为日后跳槽积累经验和人脉发挥了重要作用；最后还有 9.32%（153 人）的人通过兼职获得了其他各种各样的收益。由此可见，兼职所能带来的益处是多方面的。

好处一，增加收入。生活在这样一个社会上，什么都要钱。买房子要钱，出门坐车要钱，吃得好点要钱，偶尔买两件漂亮衣服还是要钱。钱就像一个紧箍咒，在每个人的脑袋上扣得牢牢的，时不时收紧一下，就让人头疼。俗话说得好：钱不是万能的，但没有钱是万万不能的。想赚更多的钱并不是市侩，只是想让自己的生活能够好一些再好一些，可老板又不会大大方方打开口袋多发工资，那么除了指望自己，还能指望谁？

好处二，找回兴趣，充实生活。每天两点一线的生活实在太乏味了。回到家也只是又坐回电脑前，和网络那端的陌生人聊些无聊的话题，要不就窝在沙发里。久而久之，体重增加了，心却变小了，懒惰指数上升了，人生意义却下降了。如果这个时候，有一份符合你兴趣的兼职摆在你面前，让你有机会去实现过去的梦想，你会怎么做呢？千万不要等失去以后再扼腕不已，大叫："曾经有一个宝贵的兼职机会放在我眼前，我却没有珍惜……"

好处三，积累经验，扩充人脉。要说兼职的优势，可以扩大自己的社交圈，增强沟通能力，说不定在兼职的地方就能遇到自己的贵人。

但是要谨记，不能将过多的精力和时间投入到兼职中去，尽量避免跨行业兼职。有些老板是很不愿意看到员工兼职的，有的公司明文规定禁止员工兼职，违者严处。有些人在本职工作之外还热衷于炒股票，经常熬夜看盘做功课，导致上班时间心神不宁，以至于炒股还没赚到钱就被炒鱿鱼了，实在是得不偿失。

4. 节流就应该懂得节税

纳税是每个公民的义务。

——北大财富课理念

节税是指纳税人在不违背税法立法精神的前提下，当存在着多种纳税方案的选择时，纳税人通过充分利用税法中固有的起征点、减免税等一系列优惠政策，以税收负担最低的方式来处理财务、经营、交易事项。当然，节税筹划应在法律允许的范围内，而且应作节税成本收益分析，如果节省的税收还不够自己进行筹划的成本，就没有什么必要。

通常，合理节税的筹划思路可从以下 3 方面考虑：

一、薪金与劳务报酬计算

应纳税所得额（个人取得的收入扣除费用、成本后的余额，又叫税基）和税率按照现行的税法规定：工资薪金所得适用 5%～45% 的九级超额累进税率，劳务报酬所得适用的是 20% 的比例税率。显然，相同数额的工资薪金所得与劳务报酬所得，其税负不同。

二、居民与非居民，私企与个体户计算方式不同

根据国际通行的时间标准和住所标准，我国个人所得税的纳税人分为居民纳税人和非居民纳税人。居民纳税人的义务是无限的，就其境内外所得纳税，而非居民纳税人的义务是有限的，只就其境内所得纳税。另外，个体工商户、个人独资企业、合伙制企业纳税义务人的税负，比私营企业纳税义务人的税负要低。

三、充分利用税收优惠政策

税收优惠是税收制度的基本要素之一，国家为了实现税收调节功能，在税种设计时，一般都有税收优惠条款，纳税人充分利用这些条款，可

达到减轻税负的目的。

5. 不要做"穷忙族"

"穷忙族"之所以穷忙，原因很多，大多数人有一个共同点，即对未来并没有良好的规划，于是当公司客户调整战略、家庭生活产生变故、自身素质不能适应环境等情况出现时，常常被弄得措手不及，导致工作失误，境遇急转直下。

——北大财富课理念

他们每天穿西装打领带，在都市穿梭，在办公室忙碌，但收入不高，积蓄不多，升迁无望，因此被称为"穷忙族"。

最近，有人在网上列出了"穷忙菜单"：

1. 一周工作超过 54 小时，但看不到前途；2. 一年内未曾加薪；3. 三年内未曾升职；4. 薪水很低，到月底总是很艰难；5. 积蓄少，无力置产；6. 工资不低，但花钱很大手笔；7. 收入不低，但内心没有安全感；8. 忙得团团转，一停下来就有罪恶感；9. 白天工作，晚上回到家还得工作；10. 老是计划干一番事业，但总是忙不完手里的事情。

"穷忙族"之所以穷忙，原因很多，但大多数人有一个共同点，即对未来并没有良好的规划，于是当公司客户调整战略、家庭生活产生变故、自身素质不能适应环境等情况出现时，常常被弄得措手不及，导致工作失误，境遇急转直下。

要想摆脱"穷忙"，并没有什么简便易行的妙法，只能靠自我救赎，从理念上进行一次脱胎换骨的更新。综合职场专家和心理专家的意见，大胆给想告别"穷忙族"的人以下建议：

一、别靠消费解压

一些穷忙者之所以觉得自己在穷忙，是因为对自己的期望值过高，觉得工作很多，但得不到应有的回报。尤其是刚参加工作的人，这种感觉更明显。

消费解压，是西方国家流传过来的最大的心理误区之一。这种减压方式并不恰当。消费确实可以带来短时的刺激，但是消费之后，资金上的缺口更让人感觉空虚。如果真的想减压的话，还是多去运动运动，不但经济省钱，而且看着自己健康的身体，这种满足感是很大的。

二、要学会管理时间

时间管理是工作中很重要的环节。开着的 QQ，MP3 中还播放的音乐，这些都可能影响工作效率。其实并不是说不要打开它们，而是你对时间要有科学的管理。在每一个时间段需要做什么，要做到有规律，有顺序。这样下班后手机关机，就可以享受生活了。

三、职业规划是关键

尤其是职场新鲜人，在工作时间上需要规划，职业更需要规划，必要的时候找个职业规划师，把你的资源盘活起来，以后也许会很忙，但是不会再穷了。

1. 明确职业目标

当我们有了明确的职业规划和目标，就会知道我为什么在这里工作，是为了积累经验还是为了提升技能，还是为了从中得到人生的历练。对于一个希望职业有所发展的人来说，明确知道自己所要的是什么，哪怕再忙再累，也会觉得非常有价值。

2. 定位要清晰

做好职业规划后，定位就会清晰，你会努力寻找如何才能提高工作效率的方法，哪些是需要提升的，哪些是需要锻炼的，哪些是自己比较有竞争力的东西？每一天的忙碌都是直奔目标主题、正确并高效的，减少了因盲目而多走的弯路。

6. 网络时代的省钱妙招

没有一种获利能及得上从我们的所有中节省下来的那样确切可靠。

——北大财富课理念

多数人对着电脑只是聊天、闲逛、查资料、玩游戏，其实只要自己稍微花点心思，学学网络购物，你就可以足不出户买到更为便宜的商品，既省了逛商场的路费钱，还能节省商品费用，同时还节省了时间和体力。

社会已经进入了 E 时代，订购特价机票，申请免费试用、试吃，下载电子优惠券，进行闲置物品交换，在实体店试好衣服再网购、代购，网络电话、视频聊天节省话费等等，这些都是利用网络省钱的妙方，我们何必守着银行找黄金呢？

网络省钱第一计：出行便捷——省时、省力又省钱。

还在代售点买全家的机票车票？你 out 了！只要上网点一下"特价机票"或"打折机票"，你很容易就能搜罗出数以万计的打折信息。先选择你的出行路线、时间和个人信息，然后点"确定"，一张可以低至两折的特价电子机票就"新鲜出炉"了。到时候只要带上你的身份证去找你要乘坐的航班就全搞定了。

网络省钱第二计：商家优惠怎能错过。

天下真的有免费的午餐吗？有的。在网上许多商家都会不定期地推出一些免费试吃的活动，如果你够积极，不妨关注一下这方面的内容，免费的午餐你就可以轻松地吃到了。

网络省钱第三计：可爱的电子优惠券。

在网上你可以搜到各种餐饮、休闲、娱乐等生活类电子优惠券，而且有的电子优惠券还可以通过电子邮箱订阅，如果你想玩好又想省钱，不妨去申领一下吧。不过，在去之前不妨先看一下网友的评价，优惠是否实在，服务质量如何，性价比如何，需不需要额外消费……有备而来才能避免中途被"宰"的命运。

网络省钱第四计：闲置物品"换着"用。

对于那些购物狂来说，如果你家里堆积了大堆没用的东西，不如拿到网上去换你想要的东西吧。列出你的闲置物品清单，衣服、数码、杂志、图书、玩具、水壶……统统都可以拿来换。这些冲动之下买回来的东西或许对你已没有用，但是没准儿是其他人的心头好，别人那里没准儿也有你想要的东西，所以就拿来交换吧。出些邮资总比摆在那里落尘土要强。

网络省钱第五计：说不完的网购。

网上开店所需的成本要比实物店的成本低，所以，商家为了拉拢更多的顾客，其商品的价格自然就会比商场的要低。因此，要省钱，还是到网上去买吧！它确实可以为你节省一大笔钱。

网络省钱第六计：这样打电话更省钱。

谁说煲长途电话粥就一定是一种浪费，在接通宽带的情况下，你为什么还要拿着手机到处找信号呢？语音视频聊天让身处异地的朋友和家人之间的距离一下子缩短了，而且不用担心电话打得时间过长而停机，更重要的是，它确实可以为你节省一大笔电话费。

7. 做个时尚的拼客一族

拼友是近年来出现的新兴群体。这里的"拼"不是拼命、拼刺、拼抢、拼杀、拼争，而是拼凑、拼合；"客"代表人。狭义的拼客指为某件事或行为，大家通过互联网，自发组织的一个群体。

——北大财富课理念

无车族搭乘有车族的车去上班，既方便又实惠；而有车族因为搭乘方给自己分摊了不少汽油钱而节省了不少开支，真是两全其美！这就是拼客的优势！"拼客"，顾名思义，这里的"拼"是拼凑、拼合、拼接的意思，"客"代表人。"拼客"族是指为了一个目的而组合起来的群体。它们"拼"什么？拼吃、拼玩、拼卡、拼购、拼读、拼学、拼车、拼房、拼衣服、拼旅行……总之，能拼的都要拼，不能拼的创造条件也要拼。拼的形式有千万种，但目的只有一个："省钱＋尽兴"。究竟怎么个拼法，才能达到省钱和尽兴呢？

一、拼吃

嘴馋想吃大餐，又怕价格太贵"烫到"舌头。怎么办？

找人"拼"啊！约几个朋友消费，但是，你要理直气壮地扛起"AA制"的大旗，可别不好意思啊！凑钱去吃一顿大餐，就不用害怕价格贵消费不起了！

二、拼卡

健身卡、游泳卡、美容卡、美发卡、购书卡，为了保证生活的品质，我们需要的卡还真不少，但是一不小心就被这些卡"卡"住了。所有这些卡可以说每一张都价格不菲，要全办下来你的工资恐怕还得是"白领"。所以不如大家合办一张就好，这样不仅什么卡都有了，而且还降低

137

了自己的成本。

三、拼购

这是一种人们熟悉的方式，就是去购物时，遇到合适的便宜商品，集体出手，或者通过砍价或者打折的方式，让商家多卖多送。

四、拼旅行

出去旅行对收入有限的人而言是一件奢侈的事情，出一趟远门就要提前好几个月开始存钱。而且不管是报团还是单独行动都有很多弊端，报团不仅贵而且玩不好，单独出行感觉不安全，而且车票、机票、酒店、路线、门票什么的都得操心，想想都麻烦。所以，不如找人一起吧，可以是你的熟人，也可以是网上认识的"驴友"，找那些和你时间路线相同的人一起出发吧。只要人数足够，各大景点还可以买到团体票，住酒店也一样，你又可以省一大笔。而且还有人陪、有人玩，旅途不会觉得孤单和寂寞。不过，需要注意的是，在网上找"驴友"一定要小心，有可疑的，还是不要一同出行为好，以防遇到不必要的麻烦。

"拼"是没有什么固定形式的，只要你能够想得到，就能"拼"得起来，这是一种省钱的好方式，也是正在流行的时尚行为。想要跟上时尚的潮流，完全可以当一回潇洒的"拼客"。

8. 讨价还价有诀窍

当律师、投资银行家、管理顾问等专业服务人士在和客户讨论业务费用时，双方所关注最大的焦点莫过于价格。价格谈判无疑是经济生活交往中最为重要的。这里我们将价格谈判定义为：价格谈判是一个过程，是各方获得利益的过程，是谈判利益分配方式的过程。

——北大财富课理念

与商家还价是每个人都要遇到的问题，还下来的就是自己的，如果不会还价或者不去还价，就是白白地将钱送给商家了，那么你就真亏大发了。

其实，除了专卖店与特价商品专店外，其他大多数商场都是可以还价的，在那些能还价的商铺，商家往往都会故意将商品的价格提高，让那些不会还价的人上圈套，从而从中获取巨额的利润。

赵敏跟朋友叙述了自己的购物经过："我在百货商场看上了一件特别漂亮的高档红色大衣，标价 888 元，款式挺新，但是从质量上看，我当时就觉得不值那么多钱。于是，就开始和售货员还价，磨破了嘴皮，最后以 650 元的价格成交。当时已经很高兴了，一下子还下去了 200 多元呢。但是后来发生的事情却让我懵了！

"把衣服刚买回去的时候，天气还很暖和，不太适合穿，于是就先在家放了一周。到第二周，天气突然变冷，就喜洋洋地将新衣服穿上。刚到办公室，看到其他部门的小王也穿了一件一模一样的紫色大衣，问及价格，才 358 元，她说这件衣服也是在那个百货商场买的，标价也是 888 元。我心中顿时不快起来，人家到底比我会还价，还下去了那么多！而我的那近 200 元算是白扔给商家了！"

一件高档大衣的成本没多高，而商家却将之标出了"高价"，不太会还价的赵敏一下子就白白砸进去几百元。相信每个人都会为此感到惊讶，谁都不想自己因为不会还价而白白扔掉大笔银子。如果不想类似的事情再次发生在你身上，还是抓紧时间学一点还价之术吧！

还价之术一：杀价要狠。

漫天要价是商场一些卖主欺骗有购买欲望的顾客们的手法之一。他们开出的价要比底价高出几倍，甚至高出几十倍，因此，杀价狠是对付这种伎俩的要诀。我们面对一件商品的时候，千万别以为它很实惠，很便宜，其实再实惠的商品它也不太值那么多钱，杀价的时候一定要狠，这样才能避免上商家的当。

还价之术二：不要暴露你的真实需要。

有些人在挑选某种商品时，若是很中意，很可能会情不自禁地当着卖主的面对商品赞不绝口，这样很容易让卖主"乘虚而入"，趁机将你的心爱之物的价格提高好几倍。无论你后来如何"舌战"，最后终将抵挡不住对商品的喜爱，上了商家的"钩"，待回家后就会后悔不迭。所以，我们在购物的时候，一定要装出一副只是闲逛，买不买无所谓的样子，然后和商家还价，如果还不到想要的价，宁愿放弃，也不要轻易上"套"。

还价之术三：尽量指出商品缺陷。

任何一件商品都不可能十全十美，卖主向你推销时，总是会只挑好的说，在这个时候，你就应该针锋相对地指出商品的不足之处，然后商家都会让步，以你满意的价格成交。

还价之术四：巧妙运用疲劳战术和最后通牒。

在商场中挑选商品时，你事先可以让卖主为你挑选、比试，然后再提出自己能接受的价格来。如果这时候你出的价与卖主的开价相差甚远时，往往会感到十分尴尬。不卖给你吧，刚才已经为你忙了一通了，不合算，在这样的情况下，卖主就很容易向你妥协。在这个时候，若卖主的开价还不能使你满意，你就可以利用最后通牒效应："我给的价已经不低了，我已经问过前几家都是这个价位！"说完立即转身就往外走，这种讨价还价的方式十分显著，这时候卖主就会冲着你大声喊："算了，回来吧，卖给你算了！"这时候，你的目的就达到了。

掌握了以上还价之术，就可以在购物的时候有效地利用它们去与商铺老板展开还价"大战"了。当还价成功后，你就会发现，它的确能为你节省不少钱。

9. 钱要花在刀刃上

"花最少的钱，获得更多的享受。"这正是理财的过人之处，也是花钱的学问。也许大多数人都不懂得，但是没关系，只要你肯发挥你的聪明才智，勤于抓住生活中的细节，你一样可以成为理财达人。

——北大财富课理念

随着社会经济的快速发展，人们的生活水平也在不断提高。人们的收入多了，但有些人对于钱财却疏于打理了，总是毫无节制地消费，盲目购物，到最后才发现钱财不知不觉流失得所剩无几。特别是现在的年轻人，有很多都成了"月光族"，因为年轻人做事好冲动，没有什么生活压力和长久的计划。针对这些不良现象，应该提倡理性消费，学会把钱花在刀刃上，根据商品在现实生活中的可用性和自己的实际需求进行消费。恪守量入为出的原则就显得非常的重要。

做到以下三点，你就学会了正确理财，有效避免盲目消费。

一、坚决防止盲目消费

大多数人不同程度地存在着盲目跟风、跟潮流的消费现象。例如，有的人在街上遇到衣服减价促销时，也不考虑自己需不需要就会买上一件，到最后也许会发现根本就不适合自己。有的家长会因为别的家长给自己的孩子买一些乐器，因而心动也去给自己的孩子买回来，其实他都没想过自己的孩子是不是喜欢。这些都是对家庭钱财的极大浪费，所以要学会理财，首先就应该是一个理智的消费者。

二、防止愚昧消费

听信他人的话进行消费，以求达到根本就不可能达到的结果，这就是愚昧消费，应该避免。

三、防止决策失误

市场上处处都可以赚钱，但是也有赔钱的时候，一旦投资失误，就可能导致血本无归。如果你是工薪族，一旦投资失败，那就真的是竹篮打水一场空了。如果你没有炒股的经验，也没有炒股的时间，那就不要去炒股；有的人看别人创业能赚钱，就把自己的工作辞了去创业，结果投资失败了，得不偿失。这类投资决策失误的例子举不胜举，虽然有"失败是成功之母"的说法，但并不是说人人都可以在投资方面不断地失误。因为失误不仅会打击人们的积极性，也会导致我们钱财的流失。所以对于投资的决策，一定要有超前的意识、全盘的考虑，一定要尽最大可能去减少或避免这样的失误。

理不理财，不是根据钱的多少来决定的。理财是一个日积月累的过程，养成量入为出的良好习惯，有把钱花在刀刃上的意识，久而久之，你就会体验到理财带给你身心的愉悦感，让你有一种掌握生活的成就感。

10. 理智消费是重中之重

只有过着游手好闲的生活的人，才把钱看得天那样的大，一个只会随性消费的家伙，不啻是社会的蟊贼。

——北大财富课理念

对商场"买一赠一"的活动，人们经常会发出这样的议论：价格没有变，可是却免费送礼品，这样的机会谁愿意错过呢？更何况那个赠品也确实十分诱人，不买可能真的要吃亏了。于是就拿出钱包，狠狠地再消费一笔，非得占到这么大的便宜才肯罢休。买回去之后才发现，这些商品自己根本用不到，着实是浪费了钱财。这是一种不理智的消费现象，经常在那些理财意识淡薄的人身上发生。

随着高收入队伍的不断壮大，收入水平的不断提高，人们的消费能力越来越强，但是，很多人的消费都受感性的支配，消费的时候容易失去理智：花几百元买那些自己穿不上几次的衣服；一看到商场中的打折、赠送活动便会迈不动脚步；看到别人有了，我也要去买……为了追求享受，为了贪图便宜，为了挽回所谓的面子，造成了极大的浪费，也将自己的经济带入了崩溃的边缘，这无疑是不明智的做法。

而聪明人是不会在感情的驱使下去胡乱消费的，不会凭一时冲动去买自己根本用不到的东西，也不会轻易就掉进商家所设的消费"陷阱"之中，他们总能够理性地支配自己手中的每一分钱，永远不去浪费，因为这是踏上财富之路的第一步。

一、避免盲从，消费要从实际需求出发。

盲目是造成不合理消费的一个重要原因，所以，在消费中，人们从个人的实际需求出发，理智地选购自己真正需要的物品。同时在消费时要保持冷静，不要因为心血来潮去选择并不适合自己的商品。

二、量入为出，一切消费遵循月预算支出表。

根据每月收入，合理规划消费预算支出表，并严格按照预算表执行。即便偶尔克制不住自己，也要从其他费用中将这项消费省出来，不能影响到自己的储蓄计划与投资计划。

三、保护环境，绿色消费。

绿色消费是以保护自身健康与节约资源为主旨，符合自身健康与环境保护标准的各种消费行为的总称。这就要求人们从自身的健康与自然和谐的角度去消费，即：节约资源、减少污染；环保选购、重复利用；分类回收、循环再生；保护自然、万物共存等，让自己做个绿色消费者。

人类的天性更倾向于浪费而不是节俭。当有足够的经济实力看透物质繁华后，人们所追求的物质和精神生活是成反比的。越富有就越想平平淡淡，在不经意间显露心意的人，这就是新简约主义者倡导的理性消费。最重要的是，只有挖掘到内心真正的需要，人们才会渐渐告别盲目消费的时代，进入理性消费的新时代，逐渐找到自己想要的生活。真正的理性消费，即是如此。

11. 会花钱就是会省钱

如今的时代，曾经有钱却过着简朴日子的人大多觉得很后悔，原来具备了买房能力的人，因为"省钱"，并没有购置房产，到现在无力购房的人不在少数。所以，懂得花钱，并花对钱比一味节省要重要许多倍。

——北大财富课理念

俗话说："赚钱是种技术，花钱是门艺术。"赚钱多少决定着你的物质生活，而如何花钱往往决定着你的精神生活。会花钱的人更能从花钱中感受到生活的乐趣，从而更能感受到赚钱是一项有意义和快乐的事情。如果不动心思去实践花钱的艺术，未必能真正体会到财富的意义。

能赚钱，并不说明他有品位、会生活，懂得人生的乐趣，评价一个人的生活能力要看他怎么花钱，或者说怎么对待钱。每个人都应该知道怎么把钱花出去，应该知道如何经营好自己的家庭、经营好自己。在不放弃享受生活与不降低生活品质的前提下，花最少的钱，能使一个人体会到更多的快乐与愉悦。

会花钱的人才算得上会生活的人，而且，他们通常有以下几方面过人之处：

其一，会花钱的人很善于与人沟通、懂得别人心理，能买到更为称心如意的商品。同样的，他们还舍得花钱用于建立更为积极的人际关系，并且会选择最适宜、得体的形式，让对方有个好心情，给对方留下深刻的印象。这样的人在工作中也会很注意处理好人际关系，从而建立起使双方受益、对工作有利而非庸俗、功利的人际关系。

其二，会花钱的人都会砍价，他们不会只想着自己省钱，还要考虑到对方的利益，大家都有钱赚，才是成功之道。而在买完东西后，他们不会再计较得失，这种计较不仅于事无补，而且影响心情。他们知道计较的本身往往比事实更能伤害自己。

其三，会花钱的人也懂得开口提要求。事实上只有当你提出要求，对方才有可能给你机会，即便在一些不讲价的百货公司，也常常会给你赠品。

那么如何去做一个会花钱的人呢？

其一，在花钱时，要动动心思，对消费的先后顺序、消费的额度、消费与储蓄的合理比例等等，进行认真研究，并在研究的基础上制定出合理可行的消费计划，做到事前心中有数。然后还要收集各种市场信息，对物价行情做到了如指掌。

其二，花钱以需求为消费前提，立足在适用、耐用、实用上，不要为了赶时髦而相互攀比。因为社会经济发展太快了，各种商品更新换代的速度也非常惊人，买那些不实用的东西是在浪费自己的血汗钱。

其三，在购物时，还应该努力做到精打细算、货比三家，在买到货真价实的物品、享受优良服务的同时，还要争取消费得物美价廉、物超所值。

其四，应该知道"差价如黄金"，品质相同的商品，用高价购买和平价购买大不一样。会花钱的人既知道货比三家，又知道利用季节差去购物节省。

其五，在购买了物品后，如果出现了问题，还应该懂得维权，去找商家退换索赔，必要时还要对簿公堂；同时应该总结经验，避免再犯同样的错误。

将每一分钱都用在刀刃上，将生活中的每一处细节都利用得恰到好处。"我有钱，但不意味着可以奢侈"是他们的心态，"只买对的，不买贵的"是他们的原则，他们更能体会到生活的乐趣与财富的价值。如果你想让自己变得更有品位、更有价值，还是动心思去想一下如何才能让自己的钱花得更有意义吧！

12. 如何避免"月光"心理

人的惰性和贪欲是天然具备的，任何所谓的理智，是要求我们对于人的劣根性进行克制和压抑。超前消费也好，"月光族"也罢，最主要的就是让自己从根本上抑制这种不适当的消费心理。

——北大财富课理念

月光族已经成为目前中国社会两代人之间生活的矛盾焦点。20 世纪五六十年代出生的人群，与八九十年代出生的人群，在消费观念上的差异造成了很多生活上的摩擦，甚至于激化到发生冲突。当然，月光族比起啃老族对于父母的伤害会小点，而老人对生活的忧患意识，尤其对现实生活的认识，很多是年轻人所无法理解的。

看到一些收入不多的月光族，他们的生活并不奢侈，他们缺少的是防范意识和忧患意识，他们真的没有充分考虑明天或许会出现困难，那会造成他生活质量的大幅度下降。实际上，他们需要生活的经验和教训，需要有个磨合的过程。

"月光族"形成的原因：

1. 缺少生活磨炼，不知道赚钱辛苦。

2. 缺少理财锻炼，不会管理开支。

3. 缺少交际练习，以钱来填补感情空白，很多还是蛰居族。

4. 报复心理作怪，由于年少时父母在零花钱上管制过严，一朝有钱，尽使手中财。

脱离"月光族"的方法：

1. 买一份储蓄性的保险

趁年轻的时候为自己提供一份有分红的储蓄型重大疾病保险，并且附加上重大伤害。

2. 记流水账

确定自己每个月的资金流向。人的欲望是无止境的，如果不能让自己知道什么是必需的，什么不是必需的，那么理财所必需的闲余资金又从何而来呢？

3. 从自己的钱包掏钱出来

在购物或是消费的时候，若是对方找给了我一张 5 元的钞票，我就会假设这张钱不存在，拿出来放在另一个口袋里，回家后放入一个盒子收好。等到攒到 100 元就在方便的时候将其存起来。

4. 择友而交

你的交际圈在很大程度上影响着你的消费。多交些平时不乱花钱，有良好消费习惯的朋友，不要只交那些以胡乱消费为时尚，以追逐名牌为面子的朋友。不顾自己的实际消费能力而盲目攀比只会导致"财政赤字"，应根据自己的收入和实际需要进行合理消费。

同朋友交往时，不要为面子在朋友中一味树立"大方"的形象，如在请客吃饭、娱乐活动中争着买单，这样往往会使自己陷入窘迫之中。最好的方式还是大家轮流坐庄，或者实行"AA 制"。

5. 自我克制

年轻人大都喜欢逛街购物，往往一逛街便很难控制自己的消费欲望。因此在逛街前要先想好这次主要购买什么和大概的花费，现金不要多带，也不要随意用卡消费。做到心中有数，不要盲目购物，买些不实用或暂时用不上的东西，造成闲置。

13. 守好自己的不动产

有一部分钱，无论你有多么好的投资计划或发财项目，都是不可以将它们拿出来用掉的，因为它是你生活发生突变时最重要的保障，如果你非要动用它，也应该去想办法在最短的时间内将之补上，如果不能及时地补上，也就意味着在这段时间内随时都有生存不下去的危险。

——北大财富课理念

中国人有良好的储蓄习惯。现实生活中，很多人都会给自己留一笔"不动产"，但是总会因为这样或者那样的原因将它用掉，又不能及时补进去，到真正需要的时候却急得没办法。

所谓的"不动产"并不是让你永远不去动，它应该是你最近一段时间以及未来几年生活的一种保证。它可以是一个固定的数额，但是所说的"不动"并不是数额的不变，你可以随时拿出来应急或者消费，但是在用过之后一定要及时补充上。因为大部分人每个月都有固定的收入，所以应该可以保证这笔钱在长时间内能够保持在一定的数额。这笔钱的数额至少应该能够维持你半年左右的生计，从而可以保证你遇到意外时的过渡使用，如你因突然生病不能工作、突然成为失业人员、家人遭遇困难等意外时的过渡所用。在这些意外来临的时候，即便你没有收入，也会因为之前积累的"不动产"而帮助自己渡过难关，不过在这笔"不动产"的有效期内（也就是这笔钱用完之前），你需要尽快地重新步入生活的正轨，否则，就真的要坐吃山空了。

只有守好自己的"不动产"，我们才不会在生活遭遇突变时处于被动的状态。聪明的人不妨从现在就开始为自己的"不动产"做储备，而储备的最好方式就是"存钱"。根据自己的收入确定好比例开始储蓄，越早完成这笔款项的储备，你的后顾之忧就会越早结束。

不过，"不动产"的数额也不是永远不动的，随着你收入的增加、生活质量的提高、家庭成员的增多，这笔"不动产"也应该跟着上涨，以保证能维持你一定时期内的正常用度为目标。"不动产"的前期储备工作有点像"强制储蓄"，但是它跟强制储蓄的性质和目的又是不同的。强制储蓄是为了完成财富的积累，而积累之后的用途可以有很多种，可以是继续积累，也可以拿来创业，还可以拿来做嫁妆……然而"不动产"的任务只有一个，就是帮你渡过难关，它应该是"专款专用"，对于一切"挪用"行为都是不允许的。

谁都不希望自己的生活出现意外，但是不想发生并不代表不会发生，如果你能做到提前为"意外"买单，那么你的生活就不会受到太大的影响，并且能给你足够的时间进行调整。如果你很幸运，一辈子都没有意外发生（这种概率简直太小了），那么恭喜你，你又有一笔额外收入进账了！

14. 会玩"存钱游戏"的人是财富的终结者

生活中的开支永远是随着我们收入而增加的，只有树立正确的储蓄和理财投资观念，形成良好的消费习惯，我们才可以轻松自由地走向富有之路。

——北大财富课理念

对多数人来说，存钱可真是件不容易的事情。一方面，认为自己缺少定力，总是抵制不了商场众多商品的诱惑，另一方面，存钱是一件极其枯燥的事情，相对于各种各样令人愉快的花钱方式而言，长时间单一的存钱方式很容易让人产生厌倦，而且像是在被强迫做一件事情一样，令人不舒服。因此造成了大部分人的实际存款数要远远地低于人们想要达到的存款数。

面对这种情况，不妨想办法将存钱当作一个游戏来玩，这样可以激发自己存钱的兴趣了。怎么去玩呢？下面推荐几种方式，看看能不能让你的存钱变得有效和有趣？

一、"钱母"游戏

将你钱包里的钱全部都倒出来，将那些票面很新或者是号码很好的钱，放进一个信封或者口袋里，然后放在衣柜或书架的最底层当作"钱母"来"压箱底儿"，提醒自己那是用来"招财进宝"的，这有点迷信，但是至少可以让你不会再乱花钱了。这些钱平时当然是不能动的，以后只要碰到这类钱就将它们"收藏"起来，压在箱底儿，久而久之，你就会有意外的惊喜。

二、专设储蓄卡

将你的钱包再一次打开，取出你所有花花绿绿的信用卡，然后看看还有哪家银行的信用卡你还没有申请。千万别误会，可不是让你去申请这家银行的信用卡，而是让你去申请一张这家银行的储蓄卡。当然啦，这张储蓄卡是为你储蓄专设的，选择一个适合你的存储方式，然后只往里存，绝不往外取，但是存的时候不要给自己施加压力。你可以从小额起存，只要将你收入的10％～30％存进去就可以了，以后逐月递增，这样可以让你的正常生活和消费不受干扰，也就减小了半途而废的概率。因为你没有那家银行的信用卡，就不会动不动拿它来偿还信用卡的账单了，就可以保证自己的储蓄不受干扰。

三、为自己买个漂亮的存钱罐

尽管非常清楚你已经不是小孩子了，用存钱罐来存零用钱看起来也有些幼稚可笑。但是还是建议你准备一个漂亮的小罐子或者小盒子，只不过不是要你用以前的方式去间或存进去一些零钱，而是要你每天从钱包里拿出 5 元或者 10 元放进去，等达到一定数额之后就将它拿出来存进你的专设账户。

四、特设"基金"

这里所说的"基金"不是银行里用作投资的基金，而是你为自己特设的某个梦想基金。比如一次欧洲之行、一项进修计划、一台时尚笔记本、一条珍珠项链、一辆代步工具……这些承载着你小小梦想的消费计划，可以成为你存钱的动力。也许你目前所有账户加起来的数额已经足够让你满足自己的梦想，但是我奉劝你还是不要动用的好。因为其他的钱有其他的用处，既然你有自己的梦想或愿望，那就专为此开设一个梦想基金吧。

五、拆分工资卡

如果你所有的钱都在你的工资卡上，除非你从来不动用，否则就是一件很危险的事情。但是，很明显，你不可能不动用。因为所有的收入几乎都在里面，你可能因此不用费心去管里面到底有多少钱，需要时只管去取就是了，这就让你花钱很没有计划，而且也很难将工资卡上面的数字留住。所以，建议每次发完工资都去核对一下，然后将里面的数额做一个拆分，分散储蓄，一部分存进你只存不取的专设账户，一部分存入消费账户，一部分存进特设基金，一部分还卡债，一部分零花……这样做虽然很麻烦，但是却能保证你的"鸡蛋"不会只放进一个"篮子"里。

花钱的名目可以有很多，存钱的理由也不例外，存钱可以和花钱一样让你愉快。如果你能把存钱也当成一种游戏，那么生活中就会多了一样乐趣，而有了乐趣也才能让你的攒钱之路更加畅通无阻。

15. 截住从指缝间溜掉的钱

一粒谷子掉在地上没有声音，两粒谷子掉在地上没有声音，三粒谷子掉在地上没有声音，所以一袋谷子掉在地上没有声音。

——北大财富课理念

在平时的生活中，有很多这样的"溜钱一族"：能在家吃的早餐非要到外面去吃；每天不逛商场、超市心里就痒痒，买一堆永远也不用到的"废品"；换洗的衣服从来不会去检查口袋里是否有零用钱就送到干洗店；家里的零用钱也是随便乱扔……这些可有可无的开支，这些随手可以"捡"到的财富，却白白地从你的指缝间溜掉。到月底算账的时候，只有空叹：如今的钱怎么这么不经花了呢？我什么都没做，钱到哪里去了呢？

去泡网吧、打车、逛商场、叫外卖，很多人的钱是被这些可有可无的消费吸干的，其实也没做什么事情，但钱确实是没了。如果你也有类似的经历或感觉，那你还是赶快清醒一下吧，当你知道钱的去向后，就应该打起精神来将这些散钱的缝隙堵住，具体要从以下几点开始做起：

一、建立月消费账本

要建立消费账本，对自己每个月的收入和支出情况进行详细的记录，让自己清楚钱到底流向了何处。然后再对开销情况进行分析，看看哪些是必不可少的开支，哪些是可有可无的开支，哪些是不该有的开支，然后逐月减少"可有可无"以及"不该有"的消费。

二、注意小开销形成大支出

大多数人的消费习惯大都是在购物的时候养成的，除了要抑制自己的购物冲动外，还要从细节方面下手。一般情况下，超市上包好的食物、包装过的蔬菜的出售价格，一定比自由市场上的散装食物和蔬菜贵，这些没有必要去超市购买。还有一些超市的购物袋是收费的，去超市的时候可以携带购物袋，不但能够减少塑料袋造成的"白色污染"，而且长此以往也将节省出不少钱来。

三、大批合购商品，享受批发价格

批发价总是比零售价便宜，如果家庭用品能够直接进行批发，那么将会省下很多钱。可是，有些时令性的物品，比如水果、蔬菜等一次购买太多就会腐烂，反而造成浪费。

除了上述这些外，在日常生活中，还要注意以下开支：

（1）减少逛商场、超市的次数，这样可以省下一些可花可不花的钱。

（2）能在家吃早餐，就不要在外面吃早餐。

（3）尽量不买已经加工好的食品，因为这些食品中包含了工厂的纳税和商家的纳税，最好自己动手制作美味的食物。

（4）选择适当的时机购买物品。在新的一代电子产品问世时，购买上一代降价的产品，功能相差无几，还能讨到大便宜。

（5）依照购物清单购物，不要随心所欲地购买，哪怕是降价的商品。

（7）坚持做好家庭收支表，每月检查一次哪些是不该花的，哪些是可压缩的。

（8）在平时交通工具的使用上，除非有急事，最好少"打的"，在这方面，费用的弹性是较大的，大手大脚就是一笔大数目，紧一点就可以省下不少钱。

（9）把零钱收拾妥当。大家在换衣服、洗衣服或是收拾屋子的时候，可能都会收拾出一些零钱来，不妨给它们来一个专门存放的空间，然后每月清点一次，定会给你带来不少惊喜。如不嫌麻烦，再悉数存进银行，在不知不觉中就能积累不少的钱。

只要坚持按照这几方面去做，就不用再悲叹自己的钱花得没着落了，堵住了漏钱的缝隙，也就是拾得了聚宝盆，积少成多，终有一日将赚得盆满钵丰。

16. 如此旅游更省钱

相比于传统的跟团旅行，现在的新新人类，更乐于做"智旅族"。从不跟团、喜欢自行设计旅行线路，且乐于和别人分享旅游经验的自助游爱好者，他们注重旅游品质，也讲究经济实惠，"智旅族"的理念是：既要省钱，又要玩好。

——北大财富课理念

旅游本身是一种放松心情、愉悦身心的活动，但很多人却高兴而去，扫兴而归。原因就是出发前没有制定一个合理的旅游规划，乘车、吃饭、住宿的价格让人大跌眼镜。所以我们应该知道怎样旅游省钱，怎样旅游才能在节省开支的同时，又提升旅游的最大乐趣。下面搜集整理这些实用的旅游省钱攻略与大家一起分享。

一、出发前的准备计划

临行前要确定好出发时间和游玩路线。最好以重点目标为中心，沿途选择其他次级目标为左右的游玩路线。然后，大概算出出行所需要的费用。大致费用包括交通费、景点门票费、食宿费、购物费等。注意，预算要留有余地，以备急需。

二、减少交通预算

交通的开支可以算是旅游开支中的很大一部分，在此和大家分享以下几个节省交通开支的小方法：

（一）时间充足的话尽量选择火车出行，可通过网络或电话提前了解各种车次出站、到站时间，尽量选择夕发朝至的班次，方便活动又能节省一笔住宿费用。

（二）如果选择乘飞机旅行，要提前预订好机票，最好根据行程预定往返机票。多数航空公司对于往返机票的折扣会多一些。如果目的地城市的机票较贵，可选择与目的地城市较近的城市。机票是可以讲价的，可以多看几家航空公司进行价格对比。乘飞机的话最好选乘早班机或晚班机，因为时间原因，早班机和晚班机的票价都比午班机等黄金时段的班机价格便宜。

（三）选择多种交通工具混合出行。比如搭乘火车到达景区附近的城市，转汽车。这样的形式不仅可以直达旅游景点，而且组合后，价格也比较合适。

三、巧妙选择出行时间

很多景点都有淡季和旺季之分。淡季旅游时，不仅车好坐，而且由于游人少，即使是五星级宾馆都能有惊人的优惠。此外，淡季旅游可以提前购票，还能购买返程票。航空公司为了揽客已作出提前预订机票可享受优惠的规定，且预定期越长，优惠越大。与此同时，也有购往返程票的特殊优惠政策。

四、少带现金出游

大量的现金是不方便随身携带的。现在各大银行自助取款很方便，好多旅游景区更是专门配备 ATM 机，而且刷卡消费也很方便，所以随身少携带现金，携带银行卡出行是最好的方法。个人持卡旅游可以减少携带现金的麻烦；可以利用信用卡支付住宿、就餐、购买物品等费用；可以异地提取现金；可以透支消费。

五、尽量避免景区内食宿

多数景区内的食宿价格昂贵，所以要尽量到景区外食宿。可以在到达确定的旅游景点前，选择离景点几公里的小镇或郊区住下，然后选择当地有特色的小吃用餐。游览完后，也要再选择远离景区的地方住宿。在旅游中，早餐一定要吃饱吃好，午餐如果在景区内，最好自己准备食品，既省时又省钱。

六、纪念品要适度购买

很多游客喜欢在旅游时买些当地的特产作为纪念，其实好多物品在自己的家乡也是能够买到的，对于这类比自己家乡价格高出数倍的可有可无物品尽量不要购买，价格贵不说，带着也不方便，一定要明白，少购物就是在节省开支。

七、结伴出游很划算

如果是远离闹市，到目的地较远的地区旅行，最好找几个志同道合的人，结伴而行，彼此有共同的自助旅行目标，以火车、巴士等大众交通工具或合伙租汽车自己驾驶等方式为交通工具，三餐自行解决，结成一支队伍共同旅行。在不通车的地方，几个人一起租车、吃住是最合理安全的方案。

第6章

逆势造富课

　　如今的社会是人才化的社会、信息化的社会，体制趋于成熟，消费趋于理智。作为一个创业者是要带领一个团队打天下的人，是一个事事冲在最前线的人，是一个与形形色色的现象打交道的人，是一个能审时度势、透过现象看本质的人；这就需要有敏锐的目光去区别是非、辨别真伪、洞察秋毫、预算未来。

1. 造富前的扪心四问

> 创业者在工作中不需要事事具备，面面俱到，但是熟练的专业知识、精湛的专业技能却是保证自己在业内游刃有余的必备条件，尤其对于从零开始创业者来说更加重要。
>
> **——北大财富课理念**

很多人经常介于是打工还是自己创业的犹豫中，对于自己是否是做生意的料还把握不准，以下四问可以让你给自己一个参考，看自己是否是合格的生意人或具备创业的潜力素质：

一、我的算计能力怎么样？

算计的能力是一个人创业最基本的能力。算计能力不仅仅是计算的能力，一个计算机或数学博士往往在商场上算计不过一个有经验的生意人，这是非常正常的。

虽然算计的能力首先是对数字的敏感与心算的能力，但是这种能力基本与文化素质、数学能力关联并不是很紧密。小生意一般都是在电话与饭桌上完成，有时候合作方报出一个价来，你要能迅速判断是否对自己有利，还价的价格要计算得比较合理、对方可以接受从而做成生意。如果你说我要考虑一下或者拿出计算器按来按去，你的生意机会已经失去大半。

二、我经得起折腾吗？

多数创业成功赚钱的人，并不是一步登天的，大都是经过几次失败才会发达起来，因为创业能力是不可能书本上学习的，很多时候需要自己去经历体验，经验是非常重要的。一个普通人经过几次失败后，才会知道创业是怎么回事。

三、我的摆平能力怎么样？

创业赚钱的往往不是有才华、有专业能力的人，而是能够搞定一切大小事情的人；做生意会面临很多事情，老板都要亲自搞定，不会调配资源、搞定相关资源的人，再好的创业项目都不能让你赚钱。

四、我对现实的认识怎么样？

一个人要做到对生意上任何事情都保持极为现实的态度或者说唯利是图的态度，也是非常重要的。很多人抱着我创业要实现什么抱负或理想，一般都不会成功。创业的唯一与最终的目的就是赚钱。

立门户、开创自己的事业是一段充满惊险的旅程。但是，为了实现自己的创业理想，尽管你知道必须面对挑战，但要有信心将其一一克服。德川家康曾经说过："必须背负重担，一步一步慢慢地走，总会有一天，你会发现自己是那走得最远的人。"

2. 作足创业前的准备

创业是一个漫长的过程，需要精心地准备，要制订适合自己特长和社会需求的长短期计划和长远规划，要在创业方向的把握、技术实力的储备、资金的筹集和市场资源的开拓等多方面下功夫。

——北大财富课理念

每个人在帮别人打一段时间工后，都会厌倦，都想靠自己的智慧与能力去独自奋斗一番。但是，在独自奋斗前一定要做好充分的准备，否则，到头来一切会功亏一篑。

也许有些人会说，文学影视作品中所描绘的创业之路都是潇洒有趣的，只要有理想、有抱负最终都是能够取得成功的。可是，生活是现实而残酷的，自谋生路、自己做老板可并非像文学影视作品中所描绘的那样简单。有的人创业第一年因为找不到半个客户，前期投资的 100 万可能一下子就会没了；有的人创业后，因为资金问题而宣告破产；有的人创业后，会因为没有大公司的庇护，感觉自己好像流浪猫，始终不入流。资金、财务、市场、行政等各方面的问题都是造成创业失败的重要因素。在你启动你的创业理念之后，可能会遇到数不清的障碍与困难，只要有一个环节或者一个问题没有处理好，就可能会前功尽弃，满盘皆输。在创业过程中的信心容易遇到这样那样的打击，所以，更应该要在创业之前做好一切准备工作，以免将自己置于风险之中。

想要创业，从心态到财务，从专业知识到人际关系，每一个环节都考验着你的创业能力。那么，在创业前究竟应该准备好哪些具体措施呢？创业成功者为我们提供了几条重要的宝贵经验与法则，可供参考：

一、不熟不做，热门不跟。

俗话说"隔行如隔山"，如果有创业的打算，千万不要投资对你来说十分陌生的新行业，否则很可能会失败，只有选择那些自己熟悉的行业，创业成功的可能性才会大。在自己熟悉的行业内创业，必须要知道这个行业的运营流程，还需要知道这个行业的产品在目标市场上的寿命周期，这样做起来才会得心应手一些。千万不要盲目地听别人说某个行业非常赚钱，就去跟风，将钱全部投进去，这样你很有可能会惨败而归，因为大多数热门的行业都已经达到饱和状态了。

二、在创业前要在大公司磨炼过，有10年以上经验会更好。

你要想成功地创建一个公司，最好先在大公司磨炼一下，因为大公司可以开阔你的视野，锻炼你处理问题的能力。

陈容在一家跨国集团公司做经理助理，她在公司里待了足足10年之后，才出来做公关顾问。她觉得在跨国公司10年的经历，不仅让她增长了见识，而且也让她积累了不少与大客户交流的经验。同时，她个人也单独承办过分公司上市、出席过数千人的聚会等等，这些都成为她后来独立创业的最好的资本。

陈容在大公司积累的一些经验为她创业成功打好了坚实的基础，凭她个人在大公司的经历，大大增加了创业的成功率。因此，对于今后有创业打算的人来说，在大公司工作不一定只是为了积累创业资金，还要关注自己以后将要创办的事业。多年以后，等你有了足够的启运资金，熟悉了整个行业的运作规律与流程，一定会提高创业成功率。

三、加强专业能力、整合能力。

无可挑剔的专业能力与整合能力是一切事业的基础，除了自身的专业知识，你要想从众多的创业者之中脱颖而出，还需要有对不同专业领域资源整合的能力。因为公司运营不仅仅是要靠专业能力，更要有过硬的资源整合能力。

四、足够的心理准备。

创业是个极其艰难的过程，无论你做什么都会遇到这样或者那样的困难与挫折，都会出现许多自己意想不到的问题。这时候，你必须要有充分的心理准备。对于可能会吃的苦，可能会出现的失败一定要坦然面对，尽量将期望值放低，这样你才能在遇到困难与挫折的时候不会惊慌失措。也只有这样，你才能渡过难关，尽快让自己走出失败的阴影，最后到达成功的彼岸。

3. 进入能发挥自己优势的行业

行业的选择是否得当，直接影响到事业的成败。领域没有好坏之分，没有对错之分，只有适合与不适合。每个人都有各自不同的优势和特长，必须认真分析自己的特点，找到适合自己做的事业，从自己熟悉的行业入手。

——北大财富课理念

成功就是自身优势的发挥，只有在能发挥自身优势的行业之中创业，才能更快地获得财富。否则，只会增加创业的风险。对于有意于创业的人来说，一定不要轻而易举地去尝试你一无所知或者无法施展拳脚的行业，而是要从自己熟悉的行业入手。俗话说："男怕入错行，女怕嫁错郎。"所以在选择创业的行业时，一定要谨慎，不要逞一时之强进入自己不熟悉的行业之中。进入能发挥自身优势的行业之中，从自己熟悉的行业中干起，这才是规避投资创业风险的有效手段之一。

大多数人在毕业之后从事的是对口的专业，多数立志要创业的，大都在完成原始资本积累的同时，还完成了本行业经验的积累与社会公共关系的积累。在本行业中通过长期的调查、实践、观察与分析，对自己所从事行业的经营管理的运作、成本的核算等已经了然于胸，所以，他们大都是以自身所从事的行业开始起步创业的。他们在创业之初就进入了能够发挥自身优势的行业，其创业自然就会如鱼得水，游刃有余。这样，他们创业成功的概率就会比较高，公司的发展也会比较快。

陈琳在一家著名的外企担任人力资源部经理，有8年工作经验的她，年薪大约有20万元。因她打算要个孩子，虽然公司有90天的产假，但是由于她每天需要工作10多个小时，始终不是自由身，于是她就决定自己开一家人力资源公司。

说干就干，经过一番忙碌后，陈琳的人力资源公司开业了。她自己在外企工作8年的经验不仅使她开阔了眼界，而且也积累了丰富的经验，拓展了人脉，这些都是她独立创业的最好的资历。由于她工作过的那家外企有着极高的知名度，所以公司刚开业后很多客户都对她信任有加。陈琳现在在业内已经颇有名气，发展了属于自己的一大笔客户源，每年的收入达到几百万元。

陈琳的经验告诉我们：创业最好从自己熟悉的、能发挥自身优势的行业入手，从能够充分发挥自身专长与优势的行业之中才能掘到财富。否则一味地盲目跟风，只能将自己攒下来的血汗钱赔进去。

其实，创业就如同看大戏，内行看门道，外行看热闹，你千万不要成为那个看热闹的人。在创业之前，要有针对性地选择项目，从事能够发挥自身优势的行业，这样更容易取得创业的成功，更容易得到财富。

4. 从小钱开始，攫取第一桶金

很多创业者都栽在不够专注上。这是因为他们自己没有想清楚"做什么"这个最初始的命题。今天在这儿打一个井，明天在那儿打一个井，最后哪儿也没挖出水，地面上只是留下了许多坑而已。

——北大财富课理念

大多数人都有着这样的梦想：有朝一日自己的财源就能够滚滚而来，然后潇洒地做个有钱人，做个大老板，然而那个梦想是那么虚幻。这是为什么呢？因为她赚大钱的心太急切了，根本就不将那些唾手可得的小客户放在眼里，也不将赚取的小钱放在眼里。要知道"千里之行，始于足下"，任何的成功都是由小到大，由少到多积累的过程，千万富翁的财富也是点滴积累所成的。

在创业之初，很多人都自认为是个做大事、赚大钱的人，因此，就不屑顾及那些小生意，最后不仅钱赚不到，还白白浪费了工夫。俗话说"一屋不扫，何以扫天下"，你连小事都做不好，连小钱都不情愿去赚或者赚不到，如何去做大事情，如何才能赚到大钱。如果你抱着只想赚大钱的心态去投资做生意，很有可能会失败。相比之下，如果你能从那些小生意开始积累你的创业资本，会更容易获得成功。许多大企业家、大富豪都是从赚小钱开始起家的，从挣小钱开始，不仅可以培养你的自信心，也可以让你在低风险的情况下积累一定的工作经验，还可以借此了解自己的财商，为以后能够赚大钱打下坚实的基础。

是的，小钱相比大钱来说是很容易赚到的，随着赚钱能力的提高以及对自身了解程度的加深，你就会相信自己也是可以挣到大钱的。挣小钱不需要太多的资金，不需要承受太大的风险，但是挣小钱却可以积累赚钱的经验，锻炼自己的赚钱能力，并且培养自己踏踏实实做事的态度与习惯。

但是，在赚小钱的过程中你也要明白这样一个道理：一分耕耘，一分收获，小钱也是不好挣的，挣小钱也需要付出努力与汗水。如果是刚创业的人，没有社会背景，也没有家族雄厚的资金支持，只有依靠自身的努力去打拼。许多富人都是从赚小钱开始的，他们也是从做推销、卖保险、做房产中介开始的，但是条条大路通罗马，只要勤奋努力就能获得最初的创业资本。要想赚大钱，就应该先从赚小钱开始；要想做大事情，也应该从小事做起。发财不求暴富，实实在在挣些小钱，一点一滴地积累，在不断拼搏的过程中，体验人生的滋味，体验成功的来之不易，这样才能找到创业的快乐，才能在未来成为巨富以后更加珍惜和利用手中的财富。

5. 创业需要的能力和素质

创业初期，很多困难你都不会把它当作困难，当它突然成为你的困难时，很多人会承受不了压力，就放弃了，这样的人是很难获得成功的。

——北大财富课理念

《时代周刊》评论曾经有这样一段话："在 21 世纪，改变你命运的只有你自己，别期盼有人会来帮助你。从现在开始，学习、改变、创业，是通往新世界的唯一道路。"决心创业并已参加培训的人勇敢地迈出了第一步，只要能吃苦耐劳、勇于开拓、勤于学习、坚忍不拔，一定能实现自己心中的目标。创业是一个发现和捕捉机会，并创造出新颖的产品、提升服务、实现其潜在价值的过程。创业能否成功，与创业者的能力关系极大。下面列举创业者应该具备的基本素质，以供大家参考。

根据我国的创业环境及众多成功案例，创业者应锻炼以下几方面的基本素质：心理素质、身体素质、知识素质和能力素质。

一、心理素质。所谓心理素质是指创业者的心理条件，包括自我意识、性格、气质、情感等心理构成要素。作为创业者，他的自我意识特征应为自信和自主，他的性格应刚强、坚持、果断和开朗，他的情感应更富有理性色彩。成功的创业者大多是不以物喜，不以己悲的，面对成功和胜利不沾沾自喜，得意忘形，在碰到困难、挫折和失败时不灰心丧气，消极悲观。

二、身体素质。所谓身体素质是指身体健康、体力充沛、精力旺盛、思路敏捷。现代小企业的创业与经营是艰苦而复杂的，创业者工作繁忙、时间长、压力大，如果身体不好，必然力不从心，难以承受创业重任。

三、知识素质。创业者的知识素质对创业起着举足轻重的作用。在知识大爆炸、竞争日益激烈的今天，单凭热情、勇气、经验或单一专业知识，要想成功创业是很困难的。创业者要进行创造性思维，要作出正确决策，必须掌握广博知识，具有一专多能的知识结构。具体来说，创业者应该具有以下几方面的知识：

(1) 做到用足、用活政策，依法行事，用法律维护自己的合法权益——懂法律、用法律。

(2) 了解科学的经营管理知识和方法，提高管理水平——经营管理。

(3) 掌握与本行业本企业相关的科学技术知识，依靠科技进步增强竞争能力——科学知识。

(4) 具备市场经济方面的知识，如财务会计、市场营销、国际贸易、国际金融等等——市场营销。

(5) 具备一些有关世界历史、世界地理、社会生活、文学、艺术等方面的知识——人文地理。

四、能力素质。创业者至少应具有如下能力:

创新能力、分析决策能力、预见能力、应变能力、用人能力、组织协调能力、社交能力、激励能力。

当然,这并不是要求创业者必须完全具备这些素质才能去创业,但创业者本人要有不断提高自身素质的自觉性和实际行动。提高素质的途径,一靠学习,二靠改造。要想成为一个成功的创业者,就要做一个终身学习者和改造自我者。哈佛大学拉克教授讲过这样一段话:"创业对大多数人而言是一件极具诱惑的事情,同时也是一件极具挑战的事。不是人人都能成功,也并非想象中那么困难。但任何一个梦想成功的人,倘若他知道创业者需要策划、技术及创意的观念,那么成功已离他不远了。"

6. 通晓创业的基本流程

比尔·盖茨之所以还未毕业就创业,就是因为他是为创业作准备最为充分的人。

——北大财富课理念

创业要有充分的准备。《孙子兵法》里有一句话:"谋定而后动,知止而有得。"意在告诉我们,做任何事情,都应该三思而后行,做好充分的准备工作,否则就会事到临头,手忙脚乱。在谈及创业流程之前,我们首先要能认清自己的创业思路,要知道我能干什么,我擅长什么,我的兴趣爱好是否有商业价值。创业者要能从客观环境中寻找创业机会。广阔的市场中存在着各种各样的机会,只有把自己的兴趣、专长与客观环境、条件相结合,才会有一个对自己的基本定位,有条理地去开创自己的事业。

创业思路清晰以后，就要懂得创业的流程，具体包括以下几个方面：

一、组织优势互补的团队。

选配具有一定的专业知识或基本素质，能充分胜任技术工作的人才。同时人员还要有能充当一定角色的能力，如生产技术人员、财务管理和会计人员、公关人员、流通控制和销售人员。选配人员时，一定要考虑到自己公司的创业特点，考虑到自己的整体策略。选配人员时要注意整体的协调一致，即"合得来"。

二、进行必要的市场调研和产品研究，并围绕它产生业务构想。

三、确定公司名称。给公司命名不是一件草率的事，也有许多讲究与艺术。

（1）你必须喜欢；

（2）要给人以正确的印象，不应对外界产生误导；

（3）应充满乐观向上，积极进取的精神；

（4）应易于员工喜爱和接受；

（5）字数不宜太多；

（6）易于读写，不要用生僻、令人费解的字，应鲜明、朗朗上口；

（7）要独树一帜，不要人云亦云；

（8）不要过于专业化，应保持合理的弹性和余地；

（9）要适合目标、公众的口味。

四、聘请顾问律师。

新公司的创立经常要接触到许多法律和制度方面的问题，你很难掌握那么多的法律知识，因而需要正确的建议。

五、筹集原始资金。

无论是股东集资、银行贷款、对外举债，还是个人资产，都必须考虑大笔资金的到位问题。

六、专业运行。

一旦所筹的资金到位后，所选定的人员就要从"业余状态"转入"专业状态"，开始全天候的筹备工作。

七、筹办、注册经济实体。

（1）寻找企业落户场所；

（2）注册独立的经济实体。

八、涉及学校的手续办理。

对于应届毕业生在自主创业中担任企业法人代表的，在其公司申请注册中，需要学校出具的证明包括：

（1）就业办公室出具的应届毕业生证明；

（2）公安处户证科出具的集体户口证明；

（3）公安处治安科出具的无刑事犯罪纪录证明。

对于应届毕业生在自主创业中担任企业股东的，学校为其提供的证明包括：

（1）就业办公室出具的应届毕业生证明；

（2）公安处户证科出具的集体户口证明。

九、各种章程的成文。

成立公司的一些基本规章制度和管理办法虽然不完善，但是一个基本的运行框架是必需的。

十、引入必要的生产办公设备。

注意功能实用，切忌追求高档、豪华。

十一、员工培训。

对招聘的员工进行必要的岗前培训，明确技术和纪律要求。

十二、材料的采购和试产试销。

选购少量原料，进行试生产，发现存在的问题；把试制品拿给专业人员和消费者，搜集反馈信息，勘探市场情况。

十三、重新确立产品设计。

把生产、流通、销售中所暴露出来的问题汇总，重新审定产品的设计，一旦确认可行，则可进入下一步。

十四、正式规则。

招集创业人员，制订正式的采购、生产、物流、销售和服务等一系列策略方案，这样你的公司便可走入运行的正轨。

7. 识别属于自己的创业模式

不同类型的企业，特点各不相同，也分别适合于不同的创业者。选择合适的企业类型和创业领域，是创业成功的关键因素。

——北大财富课理念

提起创业，人们想到最多的是开店、办公司、搞企业。随着时代发展的日新月异，创业方式正在不断发生变化，特别是 IT 业的崛起，令创业模式层出不穷：网络创业、概念创业、团队创业、兼职创业。这些新鲜的创业模式吸引着每个创业者的眼球，它给人们带来的不仅仅是一种启示，更承载着一种希望。每个创业者都应该识别属于自己的创业模式，对号入座，入其道，专其精，才能够取其利。下面就将常见的创业模式以及各自的优缺点一一为大家列举出来：

一、网络模式

推荐人群：技术人员、海归人员、在校大学生、上班族。

目前，网络创业主要有两种形式：网上开店，在网上注册成立网络商店；网上加盟，以某个电子商务网站门店的形式经营，利用母体网站的货源和销售渠道。

优势：门槛低、成本少、风险小、方式灵活，特别适合初涉商海的创业者。像易趣、阿里巴巴等知名商务网站，有较完善的交易系统、交易规则、支付方式和成熟的客户群，每年还会投入大量的宣传费用。

提醒：对初次尝试网上创业的人来说，事先要进行多方调研，选择既适合自己产品特点又具较高访问量的电子商务平台。一般来说，网上加盟的方式更为适合，能在投入较少的情况下开业，边熟悉游戏规则，边依托成熟的电子商务平台发展壮大。

二、加盟模式

推荐人群：各类创业者。

分享品牌金矿、分享经营诀窍、分享资源支持，连锁加盟凭借诸多的优势，而成为极受青睐的创业新方式。目前，连锁加盟有直营、委托加盟、特许加盟等形式，投资金额根据商品种类、店铺要求、技术设备的不同，从 6000 元至 250 万元不等，可满足不同需求的创业者。

优势：加盟创业的最大特点是利益共享，风险共担。创业者只需支付一定的加盟费，就能借用加盟商的金字招牌，并利用现成的商品和市场资源，还能长期得到专业指导和配套服务，创业风险也有所降低。

提醒：随着连锁加盟市场规模的不断扩大，鱼龙混杂现象日趋严重，一些不法者利用加盟圈钱的事件屡有曝光。因此，创业者在选择加盟项目时要有理性的心态，事先进行充足的准备，包括收集资料、实地考察、分析市场等，并结合自身实际情况再决定。

三、兼职模式

推荐人群：白领族、有一定商业资源的在职人士。

对上班族来说，如果头脑活络，有钱又有闲，想"钱生钱"又不愿意放弃现有工作，兼职做老板应该是最佳选择了。

优势：对上班族来说，兼职创业，无需放弃本职工作，又能充分利用在工作中积累的商业资源和人脉关系，可实现鱼和熊掌兼得的梦想，而且进退自如，大大减少了创业风险。

提醒：兼职创业，需要在主业和副业、工作和家庭等几条战线上同时作战，对创业者的精力、体力、能力、忍耐力都是极大的考验，因此要量力而行。此外，兼职创业族最好选择自己熟悉的领域，但要注意不能侵犯受雇企业的权益。

四、团队模式

推荐人群：海归人士、科技人员、在校大学生、在职人员。

如今，创业已非纯粹追求个人英雄主义的行为，团队创业成功的概率要远高于个人独自创业。一个由研发、技术、市场、融资等各方面组成、优势互补的创业团队，是创业成功的法宝，对高科技创业企业来说，更是如此。

优势：俗话说，一个好汉三个帮，一群人同心协力，集合各自的优势，共同创业，其产生的群体智慧和能量，将远远大于个体。

提醒：创建团队时，最重要的是考虑成员之间的知识、资源、能力或技术上的互补，充分发挥个人的知识和经验优势，这种互补将有助于强化团队成员间彼此的合作。一般来说，团队成员的知识、能力结构越合理，团队创业的成功性就越大。

五、概念模式

推荐人群：具有很强的创业意识，但资金匮乏者。

概念创业，顾名思义就是凭借创意、点子、想法创业。当然，这些创业概念必须标新立异，至少在打算进入的行业或领域是个创举，只有这样，才能抢占市场先机，才能吸引风险投资商的眼球。同时，这些超常规的想法还必须具有可操作性，而非天方夜谭。

优势：概念创业具有点石成金的神奇作用，特别是本身没有很多资源的创业者，可通过独特的创意来获得各种资源。

提醒：创业需要创意，但创意不等同于创业，创业还需要在创意的基础上融合。

8. 培养挖掘商机的能力

在盖茨和艾伦建立微软之前，单纯生产软件的公司并不存在。当大多数电脑公司认为软件是必需的但又是十分恼人的附加品的时候，盖茨却认定这是一个巨大的商机。结果他创造出了一段财富传奇。

——北大财富课理念

生活就像一座永远开发不尽的"金矿"，还有许多"处女地"等着有心人去发掘开采。活跃在市场的"缝隙"中，只要你有着独具的慧眼，便可以抓住商机，发现市场，开拓市场，做一个有才能的成功者。发现创业商机的能力也是当老板必备的素质之一，创业者在日常生活中需有意识地加强实践，培养和提高这种能力。

一、关注大众动向

（1）看看市面上什么东西最畅销，什么生意最好做。

（2）关键是掌握入门的要领。比如，有的下岗职工在开饭店前先到别人开的饭店去打工，虽然苦点累点，一两个月下来便掌握了开饭店的基本要领；有的下岗职工在开美容院前先去别人开的美容院打工学手艺，为自己开业积累知识和经验。

二、找出市场地域性的差异

（1）不同的地区需要不同的产品和市场，地理因素的限制会带来不同地区之间的市场差异。

（2）市场的地区性差异是永远存在的，关键在于你能不能发现，发现差异并做缩小差异的工作，就是在满足市场需求，就是挣钱之道。

三、关注社会热点和公众话题

抓住热点，掌握题材，独居匠心就能挣钱。同时，也注意潜在热点的预测和发现，在热点没有完全热起来之前，就有所发现，有所准备，在别人没有发现商机时，你能发现商机，就更胜一筹。

四、关注因生活节奏而催生的市场

（1）快节奏的生活方式必然会产生新的市场需求，用金钱购买时间，是现代都市人的时髦选择。精明的生意人就会看到这一点，做起各种各样适应人们快节奏生活需求的生意。

（2）可以围绕着适应生活快节奏开展一些服务项目，如家务钟点工、维修工、物业管理服务、快递、送货服务、上门装收垃圾、电话订货购物、预约上门美容理发、看病治疗等都是为快节奏生活服务的项目，也就是寻找到的商机。

五、关注不同消费群体的消费特点

（1）商业界有句谚语："盯住女人与嘴巴的生意就不会亏。"研究女性这一消费群体的消费心理、消费习惯和消费需求，开发女性消费品和服务市场，前景广阔。

（2）儿童消费品和服务市场是一个十分广阔的天地。

（3）除此之外，还要研究青年消费群体、老年消费群体、男性消费群体等以人的生理特点和年龄划分的几种特殊消费群体的消费心理、购买行为、消费习惯、消费需求，开发不同群体的消费品和服务市场，开发不同消费群体市场需求的专业化生产经营和专业化服务项目。

六、关注由生活方式和生活观念的变化而催生的市场

（1）人们的温饱问题解决后，更多地想到的是享受生活，追求个性完美，围绕着人们生活方式、生活观念的改变就会产生更多新的市场需求。

（2）首先追求自身的美。

（3）人们不仅追求美，而且还会追求"健康"。

（4）人们物质生活富裕了，自然要求丰富多彩的精神生活。

9. 要如此抓住商机

商机，就是做生意的机会，赚钱的机会。善于抓住商机发财的人，往往有非凡的判断能力。而判断能力的强弱，其主动权常常掌握在自己手中。

——北大财富课理念

人人都想挣钱，但是有多少人能够挣到钱呢？有很多人不但没有挣到钱，反而"赔了夫人又折兵"，总之创业是非常辛苦的，但是若我们能够抓住商机，相信就会离成功更近了一步。

抓住商机八要素：

一、关注个性化需求。认真研究各类顾客的需求特点，机会自见。

二、寻觅趋势性商机。产业结构的变化；科技进步；通讯革新；政府放松管制；经济信息化、服务化；价值观与生活形态变化；人口结构变化等，从中发现商机。

三、挖掘回归性商机。人们的追求，远离传统追随时尚一段时期之后，过去的东西又成为"短缺"物，回归心理必然出现。至于多久回归，要看商家的理解了。

四、善用短缺性商机。短缺是商家牟利的重要机会，空气不短缺，但在高原或密封空间里，买卖空气就是商机。一切有用而短缺的东西都可以是商机，如高技术、真情、真品、知识等。

五、开发差异性商机。高科技领域商机无限，很值得追求，但传统行业的低科技领域也不要放过。比如在运输、金融、保健、饮食、流通这些所谓的"低科技领域"中，仍存在大量的商业机会。

六、捕捉关联性商机。一荣俱荣，一损俱损，由需求的互补性、继承性、选择性决定，可以看到地区间、行业间、商品间的关联商机。

七、利用新颖性商机。现在网店非常盛行，这种创业方式主要吸引人之处，就是可以省去一般装潢店面的费用，其次是网络无边际的广泛性，以及省去人事管理的开销，没有打烊时间的限制，以及无须大笔的创业资金等优势。

八、发现系统性商机。系统性商机多发源于某一独立价值链上的纵向商机，如电信繁荣，IT 需求旺盛，IT 厂商赢利，众多配套商增加，增值服务商出现，电信消费大众化。

以上就是关于怎么才能抓住商机的介绍，每一个想要掘取财富宝藏的人，都要围着此八项原则去开工动土。

10. 急于求成是创业的大忌

急于求成是创业的大忌，要知道大凡成功的企业都是靠慢慢积累，由小做到大的。人类永远不缺少思想家，往往缺少实干家。

——北大财富课理念

农夫在地里种下了两粒种子，很快它们变成了两棵同样大小的树苗。第一棵树开始就决心长成一棵参天大树，所以它拼命地从地下吸收养料，储备起来，用以滋润每一个细胞，盘算着怎样向上生长，完善自身。由于这个原因，在最初的几年，它并没有结果实，这让农夫很恼火。而另一棵树同样也拼命地从地下吸取养料，打算早点开花结果，它做到了这一点。这使农夫很欣赏它，并经常浇灌它。

时光飞转，那棵久不开花的大树由于身强体壮，养分充足，终于结出了又大又甜的果实。而那棵过早开花的树，却由于还未成熟，便承担起了开花结果的任务，所以结出的果实苦涩难吃，并不讨人喜欢，而且自己也因此而累弯了腰。农夫诧异地叹了口气，终于用斧头将它砍倒，当柴烧了。

生活中也往往有这类创业者，快速启动项目时，并不根据自己所处的发展阶段开展活动，而是花大价钱做宣传，请广告公司包装，招聘一支队伍等等。前期浩浩荡荡、气势如虹，但到了中期，问题不断井喷，最后所有努力前功尽弃，市场突破成为一场壮观的闹剧，并且这种闹剧还在不断上演。要知道，创业并不是钱投出去就一定能"砸"出市场。突破市场肯定少不了钱，但大量投钱并不是唯一和最好的解决方法。

创业之路从来都是艰难曲折的，在迈出第一步之前一定要做好充分准备，不然就会陷入意想不到的困境。特别是对于还在起步阶段的创业者来说，要避免贪大求全，把摊子铺得太大，如果出现了事先没有预料到的情况，就可能带来致命性的失败。一些初创业者，往往对个人的期望值很高，认为要创业一定要创大业，搞得轰轰烈烈才带劲才酷。其实这一思想是创业者容易失败的最大隐患。

微软公司现在是世界上最大的公司之一，一度成为全球市值最大的公司。但在20年前微软还只是一个小小的公司，比尔·盖茨还只是一名从哈佛大学退学的大三学生。他以无比的热情投入到公司中去，广泛搜集招揽有用的人才，经过了重重曲折、失败之后，微软逐步从一个小公司成长为IT界的巨人！而这一切都是在20年的时间里完成的。

王石在给80后创业的建议时曾说道："建议你们不要急于求成，我33岁创业，你23岁就大学毕业了，至于读研究生，还是读博士生，还是去创业，都不重要。"他说，他也是直到两年前才热爱他的本行房地产，至于今后做什么，他也不清楚。但是他的经验是不管做什么都要认真去做，因为总有一天会发现自己以前的认真都是一种积累，有心创业的学生不用急着想我马上要做什么。只要你认真学习，认真做你想做的事，这些都会给你今后带来改变的，即使你到国外流浪一年，洗盘子，晃荡一年，你会发现你的见识增长了。

初创业者一定要明白，做任何事情都要稳扎稳打，任何一项伟大的事业都是从小细节开始的。急于求成只会导致最终的失败，所以我们不妨放远眼光，注重自身知识的积累，厚积薄发，自然会水到渠成。

11. 创业资金的筹集

很多创业者在创业之前，没有正确看待创业资金的重要性，认为一开始投入就能盈利，能够弥补创业过程中的资金短缺问题。事实上没那么简单，很多时候一个创业项目在起步后的相当一段时间内是没有收入的，或者收入不会像预计的那么容易。因此，我们创业之前必须要有思想和资金上的准备，以备不时之需。不至于因为一时的资金问题让创业团队陷入尴尬境地。

——北大财富课理念

创业不一定要找最成功最有钱的人，但是一定要找最合适的人，创业初期筹集资金也要利用最合适的方式。筹集创业资金是创业路途中最难以攀登的高峰，但攀登这一高峰的方法有很多。下面整理出筹集创业资金的七大方法供大家参考。

一、自筹

自筹是最为简单也是最难实现的一种方法。简单是因为一切靠的都是自己，但是通常一个人是难以有全部的创业启动资金的。创业资金能实现自筹的创业者在进行创业前大多都在社会摸爬了几年，积累了一定的积蓄。即使是学生也能通过兼职的钱储蓄起来作为创业的资金。

二、向亲人好友借

向亲人好友借有一个前提，便是自己有能力偿还这些借款。千万不要因为自己的创业而影响到亲人好友的关系。这样是得不偿失的。

三、银行贷款

银行贷款是现代创业者选择最为广泛的一种模式，但是一般情况下需要有固定资产的抵押。而国家也出台了一些政策支持创业贷款。这里提醒创业者，创业计划书需要做到全面，才能够获得银行贷款的支持。自身的形象也是一个需要考虑的因素，莫给银行人员一个随意邋遢的形象。

四、赢取政府支持

地方政府都会有一些支持的项目，可迎合政府的政策谋求当地政府的支持，如创办科技企业、农产品企业等。这种方式需要自身的创业计划获得认可。

五、寻找合作伙伴筹资

寻找合作伙伴筹资能够降低创业的风险，而寻找合作伙伴有一个前提，便是合作伙伴要对自身的创业有促进的作用，两者的合作能够提高创业的成功率。

六、风险投资

风险投资也被称为天使投资，能够获得风投很大程度上说明了自身创业项目被看好。获得风投是极为困难的，就如受到天使的青睐。这就需要创业者有完整的创业计划和优质的创业项目，才能吸引到风投者。

七、其他方式

除了上述的六种筹集创业资金的方式外，还有其他的获取创业资金的方法。如典当自身的一些有价值的物品，使用信用卡等。当然，这些方式是有风险的。

资金不足是创业路上的拦路虎，这里建议创业者当获取不到足够的创业资金时不妨将创业项目搁置，寻找一份工作开始创业资金的积累和人脉的积累。这不失为一个两全其美的方法，能够学习到更多，积累更多的人脉为将来的创业打下坚实的基础。

12. 盲目跟风是创业的大忌

在创新之前，一定要有清晰的发展规划！

——俞敏洪

现今的社会已经进入全民创富时代，街头巷尾，寻常巷陌，到处是商铺，遍地是超市。中国的城市已经进入商业大发展时代。很多有思想、有志向的人都投入到创业大潮当中，很多人都乐于做一个自由职业者。现在人们见面都很少问，你吃了吗？而是说，哎，哥们，最近整啥呢？但是，有一个问题不能忽略：那就是不能盲目跟风！

为什么说不能盲目跟风呢？跟风是没有问题的，看到别人做项目赚钱，跟着做也有赚钱的机会，毕竟能赚钱的项目就是有市场的项目，跟着别人走总能占有一点市场份额。但是要注意，财富不可复制，很多人的成功都不是偶然的，其中一定有必然的因素，不要看别人做这个行业赚钱，就盲目地跟着别人去做，要经过细致的市场考察。看看别人是怎么赚钱的，他的成功因素主要是什么？自己有没有成功的优势，这才是最重要的！

其实，今天的社会是一个很容易创业成功的社会。我们的身边或多或少都有这样的典型人物，他们或者有着行业优势，或者有销售优势，或者能够吃苦，或者能够技术领先……

正所谓成功者的成功是一样的，失败者的失败各不相同！我们不去说潘石屹那样的房地产大佬，也不要羡慕陈天桥那样的网络富翁，我们只探讨我们身边的小本创业者。

王尧是一个代理公司的老板，小学文化，除了自己的名字基本不认多少字，但是他有敏锐的商业目光，当年接班进国营单位里跑供销。10

多年前在外地跑业务时，在小旅馆里遇到一个上海的销售员，这个销售员代理德国的进口管道，在国内跑了一年，一米管道都没卖出去，成天唉声叹气，王尧就和他聊了起来，结果他马上就和这个销售员订了1000米的管道。这个销售员很不放心，好心地告诉他：兄弟你别买了，我整了一年也没卖出去，你做也得赔钱啊！可是王尧没有退缩，1000米管道到手，转手就销售一空，并且很轻松地成为这家德国企业的国内代理商，现在他的公司已经成为国内同行业中的品牌企业，年营业额超过千万，完成了由一名供销员到老板的蜕变。

赵凌是王尧的朋友，有着研究生学历，当年在省内高校任教，收入也不错，但是他还不满足，当太阳能刚刚进入北方市场的时候，他敏锐地判断这个产品有很好的前途。在能源日益紧张的时代，太阳能的发展空间还是很大的。于是他不顾家人的反对，放弃令人羡慕的工作，和人合伙开了一家太阳能代理公司，结果迅速占领了当地市场，成为当地销售份额最大的太阳能公司。现在他又进军家用厨房领域和排风领域，成为一个年销售额近千万的公司老板！

这是两个各方面差异都很大的人，但是他们都成功了，结果是一样的。他们做的都是当时比较前卫的东西，都是很多人不认可的产品，但是因为有着独特的目光，他们成功了。

今天如果有人再去做管道销售，还有成为千万富翁的机会吗？我想机会很小了！所以说，要创业，必须要有充足的准备，不要人云亦云，盲目跟风的结果就是失败！

13. 创业的"三大护法"

顾问不仅可以促使企业在市场经济条件下依法求得生存和发展，还可以通过规范企业的组织和行为，实现公平、有序的市场竞争，促进企业依法经营管理，依法维护自身合法权益，完善防范投资风险和预防经营风险的法律监督机制，使企业在市场竞争中立于不败之地！

——北大财富课理念

众所周知，出色的导师对一个学生的成长发展至关重要。出色的顾问对于一家公司来说就像是一名出色的导师，对公司的发展有着至关重要的作用，尤其是刚刚起步的公司。一个人的力量永远是有限的，没有谁能够拥有成功的所有经验和技能，选择正确的导师将为你的创业带来无可估量的作用。

一、管理顾问

创业初期，管理顾问可以帮助你出谋划策，可以在企业不同的发展阶段提出相应的针对性方案。如果企业的发展出现问题，管理顾问就会通过仔细分析，策划出一套针对问题的方案，使企业渡过困境。

管理咨询顾问的价值不在于帮助企业指出多少问题或者困惑，而在于提供授人以"渔"的解决方法，利用职业素养、思想观念的影响力以及"大胆假设小心求证"基础上对成果的坚守，使企业真正发生变化，就说明咨询的价值正在体现。

管理咨询顾问之终极意义是为企业创造价值，帮助企业实现希望达到的目标，满足企业在不同方面的需求。作为企业的"编外部门"，从企业的角度思考问题，为企业的利益解决问题，也就是要想老板想不到的问题，看老板看不到的现象，说老板不便说的话，做老板没时间做的事，真正成为企业持续发展的动力源。

二、财务顾问

财务顾问业务是指专业财务咨询公司根据客户的自身需求，站在客户的角度，利用公司的产品和服务及其他社会资源，为客户的日常经营管理、财务管理和对外资本运作等经济活动，进行财务策划和方案设计等。根据双方约定的财务顾问服务范围和服务方式，担任企业的财务顾问并为企业直接提供日常咨询服务和专项顾问服务的有偿顾问金融服务。

财务顾问能够根据企业的现状帮助企业建立一套健全的财务体系制度，完善企业的各项制度，增强企业的实效。财务顾问是为提高企业财务管理效率和效果服务的，可对企业的财务管理流程提出改进，避免因财务管理流程问题而造成企业出现不必要的损失。除此之外，财务顾问还能找出导致财务不良的因素，规避或改正此类因素，使企业的财务更加完善。

三、法律顾问

现代企业作为市场经济的主体，在经营、管理过程中涉及法律事务越来越多，同时伴随着企业的发展，风险也越来越多。法律顾问能够有效地避免企业经营中的法律风险，以获得企业的最大利润。法律顾问的主要作用有：

（1）预防作用。审查项目的法律可行性、审查合同的风险、审查履行风险、寻求预防风险的方法。

（2）挽救作用。当企业的合法权益受到侵害或发生诉讼纠纷时，法律顾问可以于第一时间提供法律帮助，避免因对律师业不熟悉，而无法及时找到合适、专业的律师。法律顾问可以直接参与案件的分析、代理、处理，为公司挽回损失，争取最大利益。

（3）教育宣传作用。现代企业作为学习型的组织，通过法律顾问对员工进行事实案例的讲解和日常法律专业知识的培训，可以大大提高企业员工的法律意识，树立风险防范的理念！

（4）增加利润。通过法律顾问的专业和经验为企业的运行排忧解难、降低和避免风险、减少损失，可以增加企业利润的最大化！

（5）策划经营方略。合理利用政策、法律为客户利益最大化提供法律意见、策略策划。

14.　选择创业项目有窍门

人生的成败，主要源于选择。展示自我、张扬个性、发扬特色是选择的出发点。学会放弃是一种明智的选择。放弃该放弃的是明智，不放弃该放弃的是无知，放弃不该放弃的是愚蠢，不放弃不该放弃的是执着。

——北大财富课理念

对于创业项目选择而言，创业者在选择创业项目时不应盲目跟从他人，而应根据自身的实际情况来选择创业项目。事实上，有些创业者，通常对一些小本经营缺乏实干经验，也有些创业者，通常对小本经营略有经验但缺乏资金。通常看来，有闲资而缺乏对创业专门行业认识的人，比有一技之长，有创业意念，却苦无资金创业的人多，因为后者可选择由小做起，而前者可能苦无门路，永远无法开展个人事业。

所以，真正想创业，又希望比较有把握的话，一定要对某一行业愈熟愈好，不要光凭想象、冲劲、理念做事。若真立志投身一项事业，不妨辞去本身工作，在该行业做一年半载，摸清摸熟再创业也不迟。当然，要创业者注意的是，不是每一行业都可小本创业，也不是每一种行业都正是创业的时机。只有创业者的准备工作做得充足，信心、冲劲自然较高；反之则容易泄气。

以下总结出创业者如何选择项目投资的五条建议，供大家参考：

一、女人生意比男人生意更具优势

经调查表明，社会购买力大多数是掌握在女人手里，女人不但掌握着大部分家庭的财政大权，而且相当部分商品是由女人直接消费的。市场目标对象定向女人，你会发现有更多的机会。

二、专业比多元更具优势

品种丰富，大众买卖，这是一般投资者的思维定式。专业化生产及流通容易形成技术优势和批量经营优势，如近年闻名遐迩的义乌小商品市场等，无不红红火火。

三、做熟比做生更具优势

俗话说隔行如隔山，投资自己一无所知的行业，需要特别慎重。选择自己熟悉的行业，就能拥有更多的信息，知道为什么商品有市场有前途，知道不同产品的优劣及消费者的要求，知道市场发展的方向，就能够做出正确的判断与决策。

四、轻工业生意比重工业生意更具优势

重工业是国民经济发展的基石，轻工业却是发展的龙头。重工业投资周期长，耗资多，回收慢，一般不是民间资本角逐的领域。无论是生产加工，还是流通贸易，经营轻工产品尤其是消费品，风险小，投资强度、难度小，容易在短期内见效，因此特别适合民间资本。

五、食品比用品更具优势

食品市场是一个十分庞大而持久不衰的热点，而且政府除了技术监督、卫生管理外，对食品业的规模、品种、布局、结构，一般不予干涉。食品业投资可大可小，切入容易，选择余地大。

任何项目都有一个怀胎、孕育、出生、发展的过程，这是一个自然的过程，创业者对一个具体项目，有一个认识、理解、通透、把握的过程，这是一个历史过程。由此决定了创业的过程是人与项目长期相互融合的过程，同时决定了选择项目必须立足长远，即便是你的选择符合人们公认的原则，比如：发现潜在的需求，找到市场缝隙，有附加值、有特色，那也是万里长征走完了第一步，今后的每一步都是人与项目的融合。

15. 利人利己巧致富

"利人"之外，还需要"利己"。

——北大财富课理念

有人对美国一千多名富翁进行调查，归纳出三种常见的发家类型：第一种为勤劳型；第二种为机遇型；第三种为利人利己型。勤劳可以发家，这是很多人都明白的道理；机遇也能致富，但需要好的运气；利人利己却是可以把握的。更为有趣的是，前两种竟然只占受调查人数的20%，80%的受调查者，靠的是利人利己起家并成为富翁的。约瑟夫和安德鲁就是两个典型的例子。

约瑟夫自小患上了糖尿病，不能吃含糖过多的事物，特别是冰激凌。为了解馋，他为自己做了不含糖的冰激凌。后来，他又研制出好几种不含糖的糕点。在美国，胖人多，这种低糖食品很受欢迎，约瑟夫尝试着把自己研制的糕点拿去卖，结果取得巨大成功。如今，这位40多岁的企业家，开发出50多种无糖食品，畅销全美，每年的销售额都超过2亿美元。

安德鲁年轻时最热衷的就是旅游，为了省钱，他想方设法去弄打折机票、火车票以及汽车票。有一天，他突然问自己：我为什么不直接与航空公司、铁道部门和汽运公司协商，给那些热衷旅游又想省钱的消费者提供优惠呢？没想到，这一简单的主意给他带来了巨大财富。现在，人们通过他的网站，不仅可以享受到美国各大航空公司、铁道部门和汽运公司的优惠服务，还能找到各地的旅游信息。网站一年的营业额就达到1亿美元。

市场经济的根本原则就是利人利己，它的前提是双方都想得利。如果双方都得到了好处，这就是财富的增加。赚钱其实很简单，不去害人，也不去苦自己，只做对自己对他人有利的事情就可以了。

16. 网店赚钱模式朝这看

目前中国通过网上销售的商品零售总额只占总零售额的5%不到，而这个比例在发达国家是占到40%～50%，所以中国网络销售这一块在接下来的这十几年将会有很大的发展空间。

——北大财富课理念

2009年淘宝年销售额2000亿元，占全国零售总额2%，并且每年以100%的速度成长，可见电子商务之火。在这2000亿元里面起码有几百亿的利润，都被淘宝的卖家赚了，网上开店能赚钱是毋庸置疑的了。当下网络普及的社会里，网上开店无疑是一种省时、省力又省资金的好办法。对于多数人来说，足不出户，就能"网"盖天下客。

有的人也许会问，网络开店怎么开，需要注意哪些问题呢？其实，如果你想要开网店，首先要确定"卖什么"。目前个人店铺的网上交易量比较大的有服装、服饰、化妆品、珠宝饰品、手机、家居饰品等。关于这些品种，网上开店与传统的实物店铺经营制胜的法则并无多大的区别，选择有竞争力的商品与商品市场，是成功的重要因素。除了这些因素，还有其他的一些诀窍：卖什么、找货源、促销售。

下面和大家分享一些网店赚小钱的模式：

一、自己有实体店，有货源，很简单，把你的产品都拍好照片放到网上，实物图最好，照片是你的门面，当然要拍得漂亮，如果不擅长，可以去找朋友学。最重要的一点，你的产品标题，多放几个产品的关键词，越多越好，不要放太多累赘的说明，多一些关键词，这样被搜索到的机会就多了哦，产品描述可爱一点，资料全一点，如果开始没有时间编辑，可以先用别人的描述，然后自己再慢慢修改。

二、没开过实体店，也没卖过东西，没有货源。这种情况为了避免风险，可以从代销开始做起，也就是让其他的网店帮你发货，你负责接单。这种方式无风险，就是要花点精力，多放一些产品。产品的价格根据情况而定，如果你是刚开，价格尽量低，薄利多销，等卖起人气来，即使你价格提高了，也会有很多人买，所以开始可以牺牲利润赚人气，有了销售记录就不怕了。

三、选择好网上店铺的销售项目，也就是要"卖什么"。在考虑自己究竟要卖什么的时候，要根据自己的兴趣和能力而定，尽量避免涉足自己不太熟悉的行业或者不擅长的领域。同时，要确定你的目标顾客，要从他们的现实需求出发选择商品。

目前网上店铺面对的客户群体主要有两大特征：首先是年轻化特征，他们主要以游戏为目的，其中学生群体占相当的比重；其次就是高薪化特征，白领或者准白领占相当大的比例。了解了"顾客"的基本特征后，你就可以根据自己的资源、条件与爱好来确定是迎合大众需求还是独辟蹊径打出"特色"。

四、寻找货源。下定决心卖什么以后，就要开始寻找货源了。网上店铺之所以有利润空间，成本低是重要的因素。要获得利润，你必须掌握物美价廉的货源，这是网络经营最为关键的。比如以服饰类商品为例，一些知名品牌均为全国统一价，在一般地面店最低只能卖八五折，而有的可以卖到七至八折。而在网上，服饰类商品价格是商场的二至七折，这样更多的顾客才愿意到网上来选购。

五、做好推广。当你选好合适的产品之后，如果推广不利，也可能导致生意惨淡哦。在此和大家分享几点推广心得：

1. 产品标题，这点是推广时的重中之重。因为很多买家都是通过淘宝搜索过来的，也就是如果你的标题含有他搜索的关键词，你的产品就能被搜索到，但是不同的买家搜索同一产品可能使用不同的关键词，所以你的产品标题应该尽可能多放一些这个产品的不同的关键词，可以到淘宝的相关搜索寻找相关关键词。

2. 价格因素。别小看价格，当你价格低的时候，买的人更多，不过如果你不满足薄利多销的话，那就等你的宝贝卖起人气之后再涨价吧，因为有销售记录的宝贝比没销售记录的宝贝可信度要强很多，但初期往往价格因素可以帮助你提升销量。

3. 站外推广。站外推广的效果很难把握，首先你要了解你的用户群是哪些人，去了解他们经常会上什么网站，根据网站的内容进行相关产品的推广。建议大家最好能建立自己的论坛或者博客，如果你有这方面的兴趣，可以吸引和你有同样兴趣的人一起交流讨论感兴趣的话题，博客也可以记录一些对别人有帮助的原创或者摘抄的信息。当你自己有这样的论坛或者博客时，只要把你的产品推荐给你的这些网友就行了。

第 7 章

储蓄存富课

理财讲究赚钱、花钱、护钱，然而很多年轻人都不知如何护钱，就知道花钱，因而出现了大量的"月光族"。出现这种情况并不都是赚得少，而是花得多所导致。消费不理性、盲目消费、跟风消费结果导致入不敷出，步入"月光族"的行列。

1. 合理储蓄，积累创业的原始资本

> 每个人都应该自觉养成一种习惯，自觉地强制自己储蓄，哪怕开始是强制性地约束自己，时间长了也会变成一种习惯。对很多的年轻人，特别是"月光族"来说，这就是迈出了理财的第一步。
>
> ——北大财富课理念

对于大多数月薪族来说，储蓄无疑是积累原始资本的唯一方式。所以，如果你不想让自己在毫无保障的风险中度过，那么从现在开始，就制定一个储蓄计划吧，这是你迈向"富翁"之路的第一步。

现实生活中，有许多人丝毫不重视储蓄。可以说，持这种想法的人，想要实现财富的积累是很难的。一个人要想实现自己的财务目标，必须改变收支管理方式，要学会"先储蓄，后消费"。

如果你想靠创业成为一个富有的人，在你没有足够的创业资金之前，每个月的储蓄就可以使你的创业资金源源不断地增长。只要你持之以恒，很快就可以完成原始资本的积累，也就迈出了创业致富最为关键的第一步。如果你还没有养成储蓄的习惯，那么不妨试着这样做：

一、每个月领到工资之后，要做的第一件事情就是定期存款，至少将你每月10%的收入存入储蓄账户之中，当然数额更多会更好。

二、在存钱之前，要对你这个月的支出做一个大概的估计，将本月要开支的数目从你的工资中扣除掉。对于用来开支的钱，你当然可以毫不保留地花出去，不要有任何的思想负担，因为这笔钱你花得理所当然，适度的花费会为你带来快乐的心情。

三、任何时候都不要动用你的储蓄，即使遇到困难，也不让自己的存款受到任何影响。因为如果你没有储蓄计划，就会发生这样一个奇怪的现象：你挣得越多，花得也就越多。

虽然你合理储蓄未必就是为了成为像巴菲特那样的成功人士，但是必定也有自己的目的：房子、车子、孩子，或者家业、事业、学业。只要你对财富动了念头，就应该明白这一切不可能会从天上掉下来。你可以不投资，但不能不储蓄。想要完成"资本的最原始积累"就要先学会储蓄，因为坚持长期储蓄仍然是积累财富的不二法门。对于我们而言，得到"第一桶金"最靠谱的方式还得是"存"。

2. 认识储蓄，重视储蓄

量入为出是理财的基础，在赚钱与消费之间要坚持"九一"法则，也就是说赚的钱九成可以用于消费，至少要有一成用于储蓄，这一成要强制自己，每月发工资的时候就先把这一部分拿出来存入银行。日积月累，每月不间断地存进去，最后你会发现这是一笔可观的财富。

——北大财富课理念

目前已经有很多人都在选择银行储蓄来帮助自己理财，银行储蓄作为安全、便捷和稳妥的财富管理方式，在任何时候都有其积极意义，这是投资股票与购买基金等方式所无法取代的。

一、银行储蓄安全性具有充分保证

银行储蓄尽管利润比较低，但是只要是在正规银行办理的储蓄业务，本金和利息的安全性都会得到一定的保障，不会产生任何的风险。

二、银行储蓄的便捷性具有充分的保障

目前股市上的交易市场是很有限的，并不是随时随地想买就买，想卖就卖。目前，我国已取消了银证通，即使是卖了股票也要等到第二天清算后才能拿到现金，开放式基金赎回更是实行"T＋X"的交易制度，往往要等到赎回基金后的一个星期才能拿到资金。从这个角度来讲，直接导致了在人急需用钱的时候，取不到钱。

有这么一个真实的故事：一位 75 岁的老人，由于突发心脏病必须住院手术，需要交纳 10 万元的保证金，但由于老人把大部分的资产投资到了开放式基金中，一下子根本就拿不出这么多钱。眼看命在旦夕，幸好老人的子女多，东拼西凑总算把 10 万元的保证金给交上了，这才保住了性命。病愈出院后，老人听从了在银行工作的儿子的劝告，赎回了部分开放式基金，将 1/3 的养老钱取出来放在了银行。后来他逢人就说，把钱存入银行，虽然利率低，但却有保障，拿起来也方便。

三、银行储蓄的收益性可以巧妙规划安排

银行储蓄公认的事实就是存款利率低，但人们只要认真研究储蓄，尤其是现在很多银行推出来的各式各样的理财套餐，其实，收益也是相当可观的。

四、银行定期储蓄也可以质押贷款和开具存款证明

虽然定期储蓄提前支取很有可能损失过多的利息，但人们却不知道，现在几乎所有的银行都开办了定期储蓄质押贷款业务，以定期储蓄资金为质押解决临时性的金融危机，只要支付少量贷款利息即可不影响定期储蓄的利息。另外，储蓄存款能够开具存款证明，这在出国签证或出境旅游、出国留学方面用处很多。

总而言之，那些对股市、基金、房产和期货的投资者应该适当考虑一下，个人金融资产配置应当多样性、多元化，不要把所有的鸡蛋都放在一个篮子里，这句金玉良言一定要牢记。对于投资者来说，1/3 买基金、1/3 投股市，还有 1/3 要保证放在安全性和流动性较具优势的银行储蓄里；对于下岗、失业者来讲，银行储蓄的理财方式是再恰当不过了；对于已退出工作岗位、完全依靠养老金的老年人来说，用来养老的钱绝大部分仍应放在国债、储蓄这类保险系数高的投资品种上，万一急用也

可以随时支取或者是质押融资，这一点是身体不好的老年人将其作为首选的原因。

3. 给自己建立合理的储蓄规划

积累财富就像用大头针挖沙子，而财富流失就像将水浇在沙子上。

——北大财富课理念

对于财富而言，重要的不是你赚了多少钱，而是你实际上存了多少钱。纵观那些成功人士，他们几乎都有一个习惯，即从薪水中拿出一部分用于长期投资。当今社会的理财产品种类繁多，有很多种储蓄和投资的方法可供人们选择，合理的储蓄会使你的储蓄额随着本金和利息的增长而不断增长。这样，在退休的时候你就能够实现所有经济方面的目标了。

那么，该如何建立合理的储蓄规划呢？

一、改变储蓄习惯

可以从一个基础的算式开始，很多人的储蓄习惯是：收入－支出＝储蓄。可是由于支出的随意性，往往会导致储蓄结果与预期背道而驰。对于这些人而言，应当把算式换作：支出＝收入－储蓄，用强迫储蓄的方式，将一部分资金先存储起来，为将来的投资做准备。

花钱很痛快，而存钱有时却是很痛苦的，以下是几种有效的强迫自己存钱的方法，可以帮助个人改掉爱花钱的小毛病：

（1）写出自己的目标。想换一所大点儿的房子？买车？为孩子教育？去投资？总之，把目标写下来，然后贴在冰箱上、厨房门上、餐桌上等你会经常看到的地方，提醒你时常想起你的目标，增加你存钱的动力。

（2）强迫自己存定期储蓄。活期储蓄尤其是存在借记卡内的钱不经

193

意间就会被花掉，因而不如把自己手中闲置的现金存成定期，只留够基本生活需要的就可以。

（3）尽早还清你的银行贷款，尽早投资。当然如果投资收益能高过贷款利息就另当别论了。总之，选择一种或几种适合你的投资方式很重要。

（4）核查信用卡的对账单，看看你每月用信用卡支付了多少钱。如果有可能，减少你每月从信用卡中支取的金额，或者不到万不得已时不用信用卡。

（5）定期从你的工资账户（或钱包）中取出 100 元、200 元或是 500元存入你新开立的存款账户中。3 个月之后，增加每次取出额。

二、选择储蓄的方式也很重要

比起活期存款的易支取性来说，开放式基金、投连险这些可以定期定额投资的工具更适合作为储蓄的工具。一是这些工具可以帮助你及早进行投资，二是取现相对麻烦些，有可能阻碍你提前支取存款的随意性。

日本有这样一句谚语："积累财富就像用大头针挖沙子，而财富流失就像将水浇在沙子上。"由此可见，财富的流失是一件最容易不过的事情了。学会储蓄，并制定合理的储蓄规划是财富积累的开端。只有这样，才能为将来的优裕生活提供保障。

三、储备应急资金非常重要

不论是对于一个家庭还是单身的朋友们，不要以为现在没有用钱的地方，就永远没有用钱的地方。要学会为长远考虑，应该制定周密的资金储备和周转计划。

建议大家，一般要储备 4 至 6 个月的工资为应急储备资金。比如，每个月的花销是 2000 元。那么就应该想办法储备至少 8000 或 12000 元作为应急资金。这些作为应急资金的钱，不到万不得已不可随便动用。因为谁也不敢保证在未来的日子里，会不会失业，会不会生病，会不会有亲戚跟我们借钱。

如果是一个家庭，就要储备更多的家庭应急资金，因为成了家的人就会有小孩，小孩子说不定什么时候就感冒发烧了。家中如果有体弱多病的老人，老人说不定什么时候有个小病。如果夫妻中的一个人失了业，另一个人的压力一下子就会增大许多。如果再没有家庭储备资金，就会难以度日，生活就会陷入了非常紧张的状态中。夫妻两个人，应该及早储备家庭应急资金。家庭经济出现问题，也不利于夫妻之间的感情。不能合理地规划家庭内部的资金，夫妻双方都有责任。

因此，不论是家庭还是个人，都要有防患于未然的意识，要为家庭或自己留足应急资金。

也有很多人可能会控制不了自己，一有点事就忍不住要去动用那笔应急储备资金。这里向大家推荐一个好办法，就是把作为储备应急资金的那部分钱单独存进一个账户里，让这笔钱享有专门的一张存折的待遇，然后把密码和存折交给父母保管，这样的话存折不在身边，我们也就不会总是惦记着那笔钱了。等真正有什么大事急事的时候，再跟父母要存折，把钱取出来，那样才真正起到了应急的作用。

4. 留住财富的种子

"勤俭"是守住财富的有效方法。世界上没有哪种投资能够支撑起大手大脚的花钱，不管你有多少钱，每年的花销都不要超过资产的 3% 或 4%，这绝对是一项明智的举措。

——北大财富课理念

理财就是要树立一种积极的、乐观的、着眼于未来的生活态度和思维方式。对无储蓄习惯的人来讲，吃干花净，今朝有酒今朝醉，哪管明天喝凉水的生活方式不值得提倡，更是理财的大忌。

一个富人有一位穷亲戚，他觉得自己这位穷亲戚很可怜，就发了善心想帮他致富。富人告诉穷亲戚："我送你一头牛，你好好地开荒，春天到了，我再送你一些种子，你撒上种子，秋天你就可以获得丰收、远离贫穷了。"

穷亲戚满怀希望，开始开荒。可是没过几天，牛要吃草，人要吃饭，日子反而比以前更难过了。穷亲戚就想，不如把牛卖了，买几只羊。先杀一只，剩下的还可以生小羊，小羊长大后拿去卖，可以赚更多的钱。

他的计划付诸实施了。可是当他吃完一只羊的时候，小羊还没有生下来，日子又开始艰难了，他忍不住又吃了一只。他想这样下去不行，不如把羊卖了换成鸡。鸡生蛋的速度要快一点，鸡蛋可以马上卖钱，日子就可以好转了。

他的计划又付诸实施了。可是穷日子还是没有改变，反而日渐艰难。他忍不住又杀鸡了，最后，终于杀到只剩下一只的时候，他的理想彻底破灭了。他想致富算是无望了，还不如把鸡卖了，打一壶酒，三杯下肚，万事不愁。

春天来了，富人兴致勃勃地给穷亲戚送来了种子。他发现这位穷亲戚正就着咸菜喝酒呢！牛早就没了，依然是家徒四壁，他依然是一贫如洗。

很多陷入困境的人都有过梦想，甚至有过机遇，有过行动，但要坚持到底却很难。一位非常有名的企业家曾经说过："没钱时，不管如何困难，也不要动用积蓄，要养成好的习惯，压力越大，越会让你找到赚钱的机会。"

5. 由兔子不吃窝边草说开去

一个人只要坚持从他的收入里拿出十分之二的钱用来进行明智的投资，就可以不断添置有价值的产业，为自己的晚年和家人提供稳定的收入。

——北大财富课理念

"兔子不吃窝边草"，表面意思是兔子不吃自己窝旁的草，有自我保护意识在里边，还有一种"早晚是自己的"坦然。人们经常引用这句俗话，是取它"与邻为善"的引申意。告诫人们，别在家门口做不应该做的坏事。在理财过程中，一个人储蓄存款就是维持生活的粮草，不到万不得已的时候绝对不可轻取妄动。

野兔灰白长大了，在离家前，兔妈妈苦口婆心地说："在任何情况下，都不要把窝边的草吃掉。"

灰白在山坡上安家了，为了安全考虑，它在三个地方设计了出口。母亲的嘱咐一直放在心上，外出吃草时，灰白总是跑到离洞口很远的地方去。整个秋天，灰白没有遇到任何危险。

冬天来了，西北风呼呼刮过，灰白外出觅食时被寒风逼出一个冷战。想到外面的寒冷，它不禁有了退意。"我只吃一丁点儿，一旦天气晴朗，我就到远地方觅食。"灰白为自己开脱，但一吃起来却打不住，肚子吃得滚圆滚圆的。

几天过去了，大雪纷纷扬扬，灰白又在洞口吃草填肚子，但它另外换了一个洞口。它为自己开脱说："我的洞口多达三个，并且每个洞口都青草繁茂，在天气不好的时候，每个洞口轮流吃一点草根本算不了什么。"从此，一遇到不好的天气，灰白就在洞口吃草，并为发现这种便捷的方式而高兴。

一天夜里，沉睡中的灰白感觉到某种不祥。它睁眼四处看，发现一只硕大的狼霸道地堵在它的洞口，正试图用狼爪挖开洞口。灰白赶忙找别的出口，却悲哀地发现，另两个洞口已经被岩石死死堵住了。

"从你第一次动了窝边草后，我推测这里必然有兔子，但一般说来狡兔有三窟，没确定另外两个洞口的方位，呵呵，所以一直不敢下手，等到了今天。"看到即将入腹的美食，狼得意地说。

这时，灰白记起了母亲的叮嘱，后悔得直掉眼泪。

我们一定要知道自己的口袋里到底有多少钱，绝对不要为了一些似是而非的理由而花掉自己的家底，从而导致血本无归。家底是你的根本，负债的小黑洞会把你吞噬，让你永无出头之日。

6. 最笨的储蓄方法

如果用收入来代表河流，那么财富就是水库，花出去的钱是流出去的水。所以家中水库最初的财富，一定是攒出来的。

——北大财富课理念

理查德是美国某地富甲一方的巨子，有很多人向他询问致富的方法。理查德就问他们："如果你有一个篮子，每天早上往篮子里放 10 个鸡蛋，当天吃掉 9 个鸡蛋，最后会如何呢？"

这些人总是回答说："迟早有一天篮子会被装得满满的，因为我们每天放在篮子里的鸡蛋比吃掉的要多一个。"

理查德笑着说道："致富的首要原则就是在你的钱包里放进 10 个硬币，最多只能用掉 9 个。"

这个故事说明了理财中一个非常重要的法则，我们称之为"九一"

法则。当你收入 10 块钱的时候，你最多只能花掉 9 块钱，将那 1 块钱"攒"在钱包里。无论何时何地，永不破例。哪怕你只收入 1 块钱，也要把 10％存起来。你千万别小看这一法则，它可以使你家的水库由没水变为有水，从水少变成水多。

理财初期就要坚持无论收入多少，一定只能花掉其中的 90％，让剩余的 10％躺在钱包、抽屉和银行里。开始实施的时候有些困难，慢慢的，你甚至把"九一法则"变成了"七三法则"。"九一法则"在实施过程中，每个人都可以根据自己的实际情况改变比例，并制定出更为合理的"法则"。

实施"九一法则"最主要的就是"无论何时何地，永远不破例"。事实上，这种理财方法，是最笨的懒人法，但不得不承认的是，只要坚持就能在不知不觉中聚沙成塔。人生的第一桶金总是要通过储蓄和节约而来，而且这种意义也不仅限于存钱，而是学会将自己个人及家庭的规划和收入纳入一个整体，只有这样才能尽早实现财务上的自由。

7. 财富成长的伊始都是储蓄

理财讲究赚钱、花钱、护钱，但多数人都不知如何护钱，只知道花钱，因而出现了大量的"月光族"。出现这种情况并不都是赚得少，而是花得多所导致。消费不理性、盲目消费、跟风消费结果导致入不敷出，成为"月光族"。

————北大财富课理念

相传古巴比伦有一位叫阿卡德的人，他财源广阔，富甲一方，远近闻名。一天，阿卡德的几个朋友来向他请教积聚起财富的秘密。阿卡德就向他的朋友们道起了早年前自己的往事。

阿卡德出生在一个地位卑微的商人家庭。在这个大家庭里，他没有任何继承家财的希望，也没有任何智慧和聪颖的力量可称为优势。但他始终坚信，若想得到渴望的一切，时间和学习是必不可少的。

阿卡德在市政档案厅谋了个抄写员的职位，每天都要在黏土刻字板上工作到深夜，而积蓄仍然只是勉强够，还有很多自己已记不起的东西用光了他的全部收入。但这些依然没有动摇阿卡德的决心。

一次，一个名叫阿尔加密斯的放债者来到了市政厅，索要一份第九部法律的复本。阿尔加密斯对阿卡德说两天之后一定要拿到这个复本，如果他能按期交活，便能得到两个铜板。

阿卡德为此拼命地工作，但是那部法律实在太长了，当阿尔加密斯来取的时候，他还是没有完成。阿尔加密斯十分生气，但阿卡德对阿尔加密斯说："阿尔加密斯，你是一个大富翁，求你告诉我怎样可以变得富有吧。那我这一整夜都会不停地在写字板上刻字，保证天亮之前完成。"阿尔加密斯同意了。于是，阿卡德整晚都在刻字，腰酸背痛，等到第二天天亮阿尔加密斯再来的时候，他终于做好了需要的复本。

阿尔加密斯和善地对他说："现在该轮到我了。我会告诉你所有你想知道的事情，用心留意我说的话，否则你将无法领会我将要传授给你的真谛，那你这一整晚的努力也就付之东流了。"然后，阿尔加密斯浓眉下那双精明的眼睛望着阿卡德，用低沉而有力的声音说："当我决定存住一部分赚到的钱时，我便找到了致富的道路。如果你这样做了，你也一样。"

"这就是全部吗？"阿卡德问道。

"这就足以让一个牧羊人最终变成一个大地主了。"阿尔加密斯答道。

"可是，难道赚到的钱不都应该存起来吗？"阿卡德问道。

"那根本不可能，"阿尔加密斯答道，"你不用穿衣服吗？不用买鞋子吗？不用吃饭吗？住在巴比伦不花钱可能吗？你总是付给别人钱却从没有想过要付给你自己一部分，如果你能够存下你所得的十分之一，算算10 年之后你将有多少积蓄呢！"

阿卡德答道："是我一年的收入。"

"你只说对了一半，"阿尔加密斯反驳道，"你所存下的每一枚金币都是可以为你效劳的奴隶，钱便可以生钱。你若想变得富有，就要让你的钱不断去再生钱，这样你才可能得到你所渴望的一切。"

"你觉得我在骗你，这一晚上的努力都白费了，是吧?"阿尔加密斯又说，"但是，如果你够聪明，能领悟这其中的真谛，那可就大大地物超所值了。要留住你所赚到的一部分。不论赚多少，都要留出不少于十分之一的钱，还要尽可能地存得更多。有钱一定要先付给自己，用于买衣服和鞋子的开销要控制在所剩收入之内，还要留有足够的钱来吃饭。财富，就像是树一样，始于一粒极小的种子。你所省下来的第一个铜板就是即将成长为你财富之树的种子。你种得越早，这棵树也就成长得越快。你越是细心地为它浇水施肥，你就能越早在它的大树下乘凉、享受。"说完这些后，阿尔加密斯便拿着石板走了。

尽管每个人财富的来源各异，但是如果每个人都把他赚来的钱存下十分之一作为自己财富成长的种子，就是一个财富传奇的开始，终有一天会收获自己的财富果实。

8. 今天的存款是为了明天更好地投资

世界上很多巨富不懂股市，但却能赚到钱；因为他们懂得找个成功的私募，坐享其成，运用别人的专业，让自己的资产增值。

——北大财富课理念

大多数人都是把钱存在银行的，但他们的目的却又不同，有的人是为了利息，有的人是为了消费，有的人是为了进一步实现财富的积累打基础。一定要记住：养成良好的储蓄习惯就是实现财富大厦登顶的根基。

1965 年，藤田田毕业于日本早稻田大学经济学系，毕业之后随即在一家大电器公司打工。1971 年，他开始创立自己的事业，经营麦当劳生意。麦当劳是闻名全球的连锁快餐公司，采用的是特许连锁经营机制，而要取得特许经营资格需要具备相当财力和特殊资格，而藤田田当时只是一个才出校门几年、毫无家庭资本支持的打工一族，根本无法达到麦当劳总部所要求的 75 万美元现款和一家中等规模以上银行信用支持的条件。

只有不到 5 万美元存款的藤田田，看准了美国连锁快餐文化在日本的巨大发展潜力，决意要不惜一切代价在日本创立麦当劳事业，于是他绞尽脑汁东挪西借起来。

事与愿违，5 个月下来只借到 4 万美元。面对巨大的资金落差，要是一般人也许早就心灰意冷了。然而，藤田田却有着对困难说不的勇气和锐气，偏要迎难而上遂其所愿。

于是，在一个风和日丽的早晨，他西装革履满怀信心地跨进住友银行总裁办公室的大门。

藤田田以极其诚恳的态度，向对方表明了他的创业计划和求助心愿。在耐心细致地听完他的表述之后，银行总裁说："你先回去吧，让我再考虑考虑。"

藤田田听后，心里即刻掠过一丝失望，但马上镇定下来，恳切地对总裁说了一句："先生可否让我告诉你，我那 5 万美元存款的来历呢？"回答是"可以"。

"那是我 6 年来按月存款的收获，"藤田田说道，"6 年里，我每月坚持存下工资奖金，雷打不动，从未间断。6 年里，无数次面对过度紧张或手痒难耐的尴尬局面，我都咬紧牙关，克制欲望，硬挺了过来。有时候，碰到意外事故需要额外用钱，我也照存不误，甚至不惜厚着脸皮四处告贷以增加存款。我坚信，在小事情上过得硬的人才干得成大事情。现在机会来了，我一定要提早开创自己的事业。"

藤田田一口气讲了 20 分钟，总裁越听神情越严肃，并向藤田田问明了他存钱的那家银行的地址，然后对藤田田说："好吧，年轻人，我下午就会给你答复。"

送走藤田田后，总裁立即驱车前往那家银行，亲自了解藤田田存钱的情况。柜台小姐了解总裁来意后，说了这样几句话：

"哦，是问藤田田先生啊。他可是我接触过的最有毅力、最有礼貌的一个年轻人。6 年来，他真正做到了风雨无阻地准时来我这里存钱，老实说，这么严谨的人我真是佩服得五体投地！"

总裁大为动容，立即打通了藤田田家里的电话，感慨万千地说道："我今年已经 58 岁了，再有两年就要退休，论年龄我是你的两倍，论收入我是你的 40 倍，可是，直到今天我的存款却还没有你多……我可是大手大脚惯了。光说这一点，我就自愧不如，敬佩有加了。我敢保证，你会很有出息的，年轻人，好好干吧！"

很多年轻人没有养成像藤田田这样的良好理财习惯，相反地，"月光族"成了年轻人的代名词。对于那些通过自己的奋斗，已经拥有财务实力的中年人士来说，银行"强制储蓄"已远远不能满足其对投资回报率的要求，一些风险较高的股票类投资，又因专业不够或没有时间打理，而望尘莫及。不论经济状况如何，都做到定期定额地存储，摆正自己的理财心态，养成"强制储蓄"的习惯。否则，未来的财富只是一场空谈。

9. 储蓄体现出来的价值

在这个瞬息万变的社会，风险随时都会与我们不期而遇。面对不可预料的意外事件，如果我们事先早做安排就可以将意外事件带来的经济损失降到最低程度，从而达到规避风险、保障生活的目的。

——北大财富课理念

储蓄越来越深入到我们的日常生活中，但人们对储蓄带给我们的益处和价值往往并不了解，大部分人在谈到储蓄的时候都是说要通过储蓄来为他的钱保值增值。当然储蓄确实有这样的价值，但这只是储蓄带来的表面效果，其内在的真正价值还有很多。

一、保障居民生活，规避各种风险

现代社会，瞬息万变，风险在我们没有察觉的时候就会不期而至，我们时刻都有可能遭遇意外事件。但如果事先早做安排则可以将意外事件带来的经济损失降到最低程度，从而达到规避风险、保障生活的目的。个人所面对的风险主要有两类：

一类是微观风险，即与自身相关的风险，例如疾病伤残、意外死亡等；另一类是宏观风险，这种风险对个人来说是无法控制的，例如通货膨胀、金融风暴、政治动荡等。这些风险都会给个人的财务安全以及日常生活带来巨大的冲击，一个科学合理的财务安排会让你在风险到来时采取有针对性的防范措施，而不至于措手不及。

二、合理调整消费，平衡各项收支

每个人的收入和支出都不是同步的，大多数人在 23 岁左右，也就是大学毕业前几乎没有收入，但支出却很多。工作以后，其收入呈逐步上升趋势，开始有了结余，但到了 25～35 岁之间，人生的许多大事都要发生，尤其是购房、买车、结婚、生孩子等，这个时期几乎是每个人最需要花钱的阶段，此时的收入往往难以满足支出，很少有人能在这个时期保持收支平衡。到 40～50 岁时通常收入达到最高峰，但是此时支出却并不多。此时收入应当高于支出，以便积累财富。到退休后收入则显著下降，尽管支出也有所减少，但大部分人是支出大于收入，此时就需要动用积蓄来享受晚年的生活。

储蓄可以站在人生的整体角度来制订，使你在人生的各个阶段都能轻松应变，在保证财务安全的前提下享受更高质量的生活。

三、积累更多财富，效益实现最优

思想保守的人为了回避风险，会把所有的积蓄放在银行。这样做虽然可以保证本金的绝对安全，但却是以牺牲回报率为代价的，不利于个人生活水平的提高。还有一部分人，对风险态度比较积极，可能只考虑高回报而忽视了潜在的风险，这样不利于个人生活的改善。而通过储蓄，可以帮助我们采用正确的投资态度和方法，在每一个时期使手中的资金在风险可承受的范围内产生最大的效益，不仅能够更快地积累财富，而且有足够的资金来应对各种急需。

四、明白自身需要，实现最大效用

面对同样一种东西，不同的两个人会看出不同的价值。比如一个比萨，在一个流浪汉看来，它远远比一个真皮钱包价值大，但是对于一个时尚白领来说，真皮钱包的价值和效用肯定又远远高于一个比萨，这个道理是显而易见的。但在生活中太多的人被许多表面东西所蒙蔽而忽视了生活的内在本质，选择花很多的钱去追求一些并非真正需要的东西。生活中，我们经常会看到很多人很会赚钱，也积累了很多财富，但其生活品质却并没有因此而提高。还有很多人的消费在别人看来分明是花钱买罪受，这都是由于他们并没有明白自己真正的需求造成的。储蓄的一个非常重要的价值就是让人学会思考，明白自己真正需要的是什么，然后科学合理地分配自己的资金。

10. 通过储蓄完美理财的方法

明白如何利用储蓄理财是十分重要的。

——北大财富课理念

生活中有很多人缺乏合理的储蓄规划。有的人收入看上去不少，足够应付平时生活中的需要，可他们就是难以积累财富。原因就在于，他们在日常生活中没有合理的储蓄规划，花钱也是东一笔、西一笔。也许看上去每笔开销都不大，但一个月下来这些零零碎碎的费用加起来，不知不觉就把一个月的收入耗尽了。

张阳工作已经有 5 年的时间，从一名普通的职员，慢慢做到公司的中层，薪水也一直稳中有升，月薪已有近万元，比上不足，比下有余。过去的同窗，收入未必高过自己，可在资产方面他却远远不如同窗。

年龄逐年增长，可爱情却毫无进展。张阳父母再也坐不住了，一下子拿出了 20 万元积蓄，并且让张阳也拿出自己的积蓄，用于买房首付，早为结婚做打算。可是张阳开不了口，自己所有的储蓄也没能超过 6 位数。

其实，张阳自己也觉得非常困惑。父母是普通职工，收入并不高，现在早就退休在家。可是他们不仅把家中管理得井井有条，还存下了不少的积蓄。可是自己呢？虽说收入不算少，用钱不算多，可是工作几年下来，竟然与"月光族""年清族"没有什么两样。不仅买房拿不出钱来供首付，前两年周边的朋友投资股票、基金也赚了不少钱，纷纷动员他和他们一起投资。张阳表面上装作不以为然，其实让他难以开口的是，自己根本就没有储蓄，又拿什么去投资？

储蓄是理财的基础，是在进行资本积累。虽然靠储蓄未必能成富翁，但不储蓄一定成不了富翁。许多人忽视了合理储蓄在投资中的重要性，错误地认为只要做好投资，储蓄与否并不重要。有些人不喜欢储蓄，有的人认为以后可以赚到很多的钱，所以现在不需要储蓄；有的人认为应该好好享受；有的人认为储蓄的利息没有通货膨胀的速度快，储蓄不合适。但是，所有这些认识都是站不住脚的。

首先，不能只靠收入致富，而是要借储蓄致富。有些人往往错误地希望"等我收入够多，一切便能改善"。事实上，我们的生活品质是和收入同步提高的。你赚得愈多，需要也愈多，花费也相应地愈多。不储蓄的人，即使收入很高，也很难积累到一定的财富。

其次，储蓄就是付钱给自己。有一些人会付钱给别人，却不会付钱给自己。买了服装，会付钱给服装店老板，贷款有利息，会付钱给银行。赚钱是为了今天的生存，储蓄却是为了明天的生活和创业。

11. 储蓄意义知多少

每月发工资的时候就先把这一部分拿出来存入银行。日积月累，每月不间断地存进去，最后你会发现这是一笔可观的财富。

——北大财富课理念

人们在创造财富的过程中，不可能把所获得的资金完完全全用于消费或用于投资。其中必然有一部分结余，放置未用的，此时人们为了日后积累财富，既不打算现在消费，也不作致富增值的手段，仅仅用以防各种风险、灾难和急用的发生。比如不考虑是否升贬值因素而纯粹出于信任，将货币存入银行、将货币购买金银饰物珠宝。这种性质的储蓄，可能被社会动员起来用于投资，但就个人而言，它仍然是纯粹的储蓄，并不等于投资。还有一部分人是为了投资而储蓄，储蓄的最终目的是为了投资，通过储蓄来积累更多的投资资金，用来创造更多的财富。

一、储蓄是一种良好的素质

我国一直崇尚"勤俭节约"的做事习惯，在如今的社会我们更应该这样做，用积攒下来的钱，去创造更多的价值。不积小流无以成江河，所以适当地储蓄不仅可以说是种美德，更是现代人适应社会所必需的一种素质。

二、储蓄是一种投资手段

储蓄既是一种积累手段，又是一种投资手段。作为积累手段，它是为了实现未来某一耗资较大的消费而有目的地存钱。作为投资手段，其作用是积累更多的本钱，用来创造更多财富。两者都是现代人实际的需要。

储蓄不仅能够调整国民经济比例和结构，稳定市场物价，帮助国家聚集用来经济建设的资金，而且可以调节货币流通，引导居民消费。所以即使是平时从来不储蓄的人，处在社会这个大环境中，也会与储蓄有着千丝万缕的联系。

12. 上班族一定要先储蓄后消费

先消费后储蓄，是没有财务计划的理财方法，尤其是对多数上班一族来说，这种消费方式实现财富积累难度很大，要想实现财务目标，必须改变收支管理方式，要进行先储蓄，后消费。

——北大财富课理念

现在有很多月光族，领到工资以后，花钱没有节制，到了月底，就全花光了。还有一部分人，虽然不是月光族，但是先消费，最后剩多少，就存多少，每个月用来储蓄投资的金额是不确定的，有了就储蓄一些，没有也就算了。这样的消费模式是没有财务计划的，实现财富积累难度很大，要想实现财务目标，必须改变收支管理方式，要进行先储蓄，后消费。

美国哈佛大学的第一堂经济课只教两个概念：（一）花钱要区分"投资"行为和"消费"行为；（二）每月先储蓄 30%的工资，剩下来才进行消费。

众所周知，哈佛大学走出了许多世界著名的企业家，这些人用"万贯家财"或"富甲一方"来形容也并不为过。但这些富豪们每月的消费行为跟一般的普通百姓只有一点不一样，那就是严格遵守哈佛教条：储蓄 30%工资是硬指标，剩下才消费。储蓄的钱是每月最重要的目标，只有超额完成，剩下的钱才能消费。

巴菲特 6 岁就开始储蓄，每月存款 30 元，等到他 19 岁时，就已经拥有了 3000 元。他用这笔钱买了一只股票，并且每年都坚持储蓄和投资，十年如一日坚持了几十年。在他 85 岁高龄时已成为美国的首富，比当时的比尔·盖茨更富有。

想要做到先储蓄后消费，最好在你每个月领取薪水以后，将薪水的一部分（如 15%～30%）先存起来，用于储蓄或投资，剩下的钱用于消费。并且严格规定自己只能用剩下的这部分钱进行消费开支，不能超支。因为你只有这么多钱，必须作好你的消费支出计划，对支出进行严格的控制。

通过"先储蓄，后消费"的理财方式，有两大好处：

一、能够培养你的良好投资储蓄习惯，不断进行财富积累。

因为你的财富和资产，是你的储蓄和投资行动带来的，只有通过你的不断储蓄和投资行动，你的财富才会一天天不断增长，不进行储蓄和投资，你是无法积累你的资产和财富的。进行储蓄和投资，随着时间的推移和投资工具的选择，你将会变得越来越富有。如果你现在是 30 岁，每个月进行储蓄和投资 1500 元，这对大多数的人很容易做到。1500 元是一个不大的数字，但是你坚持储蓄和投资，将会变成一笔巨大的财富。

二、能够培养你良好的消费习惯，对各项支出进行有计划地控制。因为你每个月的消费支出金额是固定的，要防止超支，你事先必须要作好各项支出计划，将每个开支项控制在预算内。到每个月的月底，你会得到一个惊喜：可能还会有一部分节余呢。

这个时候你不要忘了，要给自己一个小小的奖励：奖励自己能够有计划和有控制地进行理财，恭喜自己在理财道路上前进了一大步！

"先消费，后储蓄"与"先储蓄，后消费"这样一个简单的顺序变化，其实是一个重大的观念变化。"先储蓄，后消费"让你在财富的道路上会变得越来越富有。

实现你的财富梦想请从每个月的收支计划这个最基础的部分做起，进行"先储蓄，后消费"。

13. 看懂利息，清清楚楚存钱

货币利息理论认为利息是借钱和出售证券的成本，同时又是贷款和购买证券的收益。作为一种货币现象，中国学者认为在以公有制为主体的社会主义社会中，利息来源于国民收入或社会财富的增值部分。

——北大财富课理念

利息，从其形态上看，是货币所有者因为发出货币资金而从借款者手中获得的报酬；从另一方面看，它是借贷者使用货币资金必须支付的代价。利息实质上是利润的一部分，是利润的特殊转化形式。想要知道你存的钱在银行能获得多少利息，首先要了解银行关于利息的各种定式。

一、利息计算的基本公式

利息是储户在银行存储一定时期和一定数额的存款后，银行按国家规定的利率支付给储户超过本金的那部分资金。利息计算的基本公式：

利息＝本金×存期×利率

二、计息的基本规定

首先要知道计息起点的规定。一般在计算各种储蓄存款利息时，各类储蓄均以"元"为计息单位，元以下不计利息。

其次要知道储蓄存期的规定，大概有以下四种：

（1）算头不算尾。存款的存期是从存入日期起至支取日前一天止，通常称为"算头不算尾"，即存入日计算利息，支取日不计算利息。

（2）月按 30 天，年按 360 天计算。不论大月、小月、平月、闰月，每月均按 30 天计算存期。到期日如遇节假日，储蓄所不营业的，可以在假日前一日支取，按到期日计息，手续按提前支取处理。

（3）按对年对月对日计算。储蓄存款是按对年对月对日来计算的，即自存入日至次年同月同日为一对年。存入日至下月同日为一对月。

（4）过期期间按活期利率计算。各种定期存款，在原定期存款期间内，如遇利率调整，不论调高调低，均按存单开户日所定利率计付利息，过期部分按照存款支取日银行挂牌公告的活期存款利率来计算利息。

最后要知道定期存款在存期内遇到利率调整，按存单开户日挂牌公告相应的定期储蓄存款利率计付利息，而且活期存款在存入期间遇到利率调整，按结息日挂牌公告的活期储蓄存款利率计付利息。

14. 日常储蓄利息的计算方法

储蓄的目的就是为了保值增值，所以，懂得储蓄存款利息的计算方法很有必要。

——北大财富课理念

一、零存整取法

零存整取定期储蓄计息方法一般为"月积数计息"法。其公式是：利息＝月存金额×累计月积数×月利率。其中累计月积数＝（存入次数＋1）÷2×存入次数。据此推算 1 年期的累计月积数为（12＋1）÷2×12＝78，以此类推，3 年期、5 年期的累计月积数分别为 666 和 1830。

二、整存零取法

整存零取和零存整取储蓄相反，储蓄余额由大到小反方向排列，利息的计算方法和零存整取相同，其计息公式为：

每次支取本金＝本金÷约定支取次数

到期应付利息＝（全部本金＋每次支取金额）÷2×支取本金次数×每次支取间隔期×月利率

三、存本取息法

存本取息定期储蓄每次支取利息金额，按所存本金、存期和规定利率先算出应付利息总数后，再根据储户约定支取利息的次数，计算出平均每次支付利息的金额。逾期支取、提前支取利息计算与整存整取相同，若提前支取，应扣除已分次付给储户的利息，不足时应从本金中扣回。计息公式：

每次支取利息数＝（本金×存期×利率）÷支取利息次

四、定活两便法

定活两便储蓄存款存期在 3 个月以内的按活期计算；存期在 3 个月以上的，按同档次整存整取定期存款利率的 6 折计算；存期在 1 年以上（含 1 年），无论存期多长，整个存期一律按支取日定期整存整取 1 年期存款利率的 6 折计息，其公式：

利息＝本金×存期×利率×60%

五、个人通知存款法

个人通知存款是一次存入，一次或分次支取存款需提前 1 天通知，按支取日 1 天通知存款的利率计息，7 天通知存款需提前 7 天通知，按支取日 7 天通知存款的利率计息，不按规定提前通知而要求支取存款的，则按活期利率计息，利随本清。计息公式：

应付利息＝本金×存期×相应利率

15. 阶梯式储蓄方法

存钱并不是将钱拿到银行存定期那么简单，如何利用银行的规则将收益最大化，让每一笔钱都生息，其中学问不少。运用一些小技巧，可以实现收益最大化。

——北大财富课理念

当下社会，年轻人理财时可以选择一种阶梯式组合储蓄法。在前 3 个月时，根据自身情况每个月分别拿出一定资金存入 3 个月定期存款，从第 4 个月开始，每个月便有一个存款是到期的。如果不提取，银行可自动将其改为 6 个月、1 年或者 2 年的定存利率；之后在第 4 到第 6 个月，每月再存入一定资金作为 6 个月的定存。这种方法的最大优点是，既可安排日常生活的开支，同时还能最大限度地获取利息。

小王手头有 3 万元，打算都存成定期获得利息，但是她又害怕这期间会有什么突发事件让她被迫中止存款，那样自己将会损失很多的利息。于是，本着保险起见，小王将这 3 万元分成了三份，并分别以定期一年、定期两年、定期三年存入银行。一年后，小王又将其中到期的 1 万元转存为三年期的定期存款，两年后，小王又将另一个到期存款转存为三年期的定期。以此类推，三年后，小王的所有账户都将变成三年的定期存款，到期时间也都相差一年，这样，一旦小王急需用钱，就可以取出距离到期日最近的一份存款，将利息损失降至最低。

阶梯式储蓄，它适合于保守型的理财者，是一种风险小、利益损失较低的储蓄投资方式。虽然现在是微利时代，钱存银行，利乎其微，但是相比较其他的投资渠道，储蓄也不失为一种稳妥的理财方式。

张女士，27 岁，在北京市某中学当教师，月收入 5000 元左右。有银行存款 1 万元，每月生活基本开销 1500 元，逛街买衣服每月 2500 元，交通费每月 500 元，是彻彻底底的"月光族"。单位提供五险一金，父母有退休金和医疗保障，身体健康。

像张女士这样消费欲望特别强的年轻人，要想摆脱"月光女神"的光环，就要尽量压缩不必要的开支，例如，交际应酬、购买奢侈品。建议张女士使用记账的理财方法，坚持一个月就会逐渐养成不乱花钱的好习惯。对于张女士来说，可考虑阶梯式组合储蓄法。

16. 让每一笔闲钱都生息的储蓄方法

每月的结余攒到较大数额再存定期的存款方式利率很低，积攒过程中无形损失了一笔收入，巧妙地利用十二存单法，可以让每一笔闲钱生息。

——北大财富课理念

多数人习惯将每月的节余积攒到较大数额再存定期，其实闲钱放在活期账户里利率很低，积攒过程中无形损失了一笔收入，不妨利用十二存单法，让每一笔闲钱都生息。

操作上，可将每月节余存一年定期，这样一年下来，就会有 12 笔一年期的定期存款。从第二年起，每个月都会有一张存单到期，既可应付急用，又不会损失存款利息。另外还可以续存，同时将第二年每月要存的钱添加到当月的存单中，继续滚动存款。这样，如果每月结余 1000 元，一年攒下 1.2 万元，活期收益仅 86.4 元，按十二存单法操作，按一年期利率 3.6%，可得利息 432 元。

小郭夫妇今年都刚过 30 岁，每个人每个月都有 1000 多元的工资收入。以前，觉得挣的钱少，不值得理财。后来两家老人经常生病住院，小郭夫妻俩为了老人花了不少钱。但是，在这种情况下，夫妻俩还是买了房子，这多亏小郭充分利用了十二存单法。

小郭认为，除了必要的开支之外，剩余的钱对于工薪家庭来说放在银行里是最有保障的。她将这部分钱分作两部分，25% 存为活期以备不时之需，75% 存成定期，而且是存一年的定期。从第二年起，小郭就每个月再把当月的 75% 和当月到期的存单一起再存成一年的定期。

对于这样存钱，小郭有自己的想法。第一，一年期的定期与零存整取相比利息要高一些。第二，一旦急需用钱，动用零存整取就意味着前功尽弃，可以根据需要用钱的数目及存单到期的先后顺序去考虑动用几张及动用哪几张，这样就不会使其他的定期存款受影响。第三，到期时，零存整取意味着相对的一大笔钱到期，这时会很容易让人产生购物的冲动，定期一年的存单，因为每笔的数额都不大，这种冲动就小多了。

除了固定的工资收入之外，过年过节的分红、奖金一类的数额较大的收入，更要计划好如何去存储。小郭的做法是不要存成一张定期存单，而是分成若干张，例如：1 万元存一年，不如分成 4000、3000、2000、1000 元各一张。为什么？当然是为了应付不时之需了，需要 1000 元时，就不要动其他的，需用 5000 元时就动用 4000 加 1000（或 3000 加 2000 元）——总之动用的存单越少越好。

听完小郭的故事，理财师认为，小郭理财成功主要是因为合理地规划了家庭开支；其次，她的存款方式合理。其实，小郭的存款方式就是十二存单法，它在实际生活中会收到意想不到的效果。这种储蓄方式很适合年轻家庭，操作起来简单、灵活，既能有效地累积家庭资产，又可以应对家庭财务中可能出现的资金短缺问题。

17. 找到最适合自己的储蓄方法

不同的人财务状况各不相同，选择储蓄的方式也不尽相同，但只要根据自己的实际需求，进行合理配置，储蓄也能为你的家庭收获一份财富。

——北大财富课理念

储蓄的技巧很多，方法也很多，采用不同的储蓄方法就会得到不同的收益。现在的储蓄品种门类繁多，有活期储蓄、整存整取、零存整取、整存零取、存本取息、定活两便和通知存款等。那么，如何利用好不同的储蓄方法，得到更多的储蓄"实惠"呢？

除了前两节介绍的阶梯式储蓄法和十二存单法外，我们继续介绍其他的五种方法。

一、金字塔储蓄法

如果你持有 1 万元，可以分别存成 4 张定期存单，存单的金额呈金字塔状，以适应急需时不同的数额。可以将 1 万元分别存成 1000 元、2000 元、3000 元、4000 元 4 张 1 年期定期存单。这样可以在急需用钱时，根据实际需用金额领取相应额度的存单，可避免需取小数额却不得不动用大存单的弊端，以减少不必要的利息损失。

二、利滚利储蓄法

要使存本取息定期储蓄生息效果最好，就得与零存整取储种结合使用，产生"利滚利"的效果，这就是利滚利存储法，又称"驴打滚存储法"。这是存本取息储蓄和零存整取储蓄有机结合的一种储蓄方法。利滚利存储法先将固定的资金以存本取息形式定期下来，然后将每月的利息以零存整取的形式储蓄起来，这样就获得了二次利息。

虽然这种方法能获得比较高的存款利息，但很多人以前不大愿意采用，因为这要求大家经常跑银行。不过现在很多银行都有"自动转息"业务，可与银行约定"自动转息"业务，免除每月跑银行存取的麻烦。

这种"驴打滚"的储蓄方法，让家里的一笔钱取得了两份利息，只要长期坚持，便会带来丰厚回报。对年轻的工薪家庭为未来生活积累资金和生活保障有着相当大的作用。

三、储蓄宜约定自动转存

现在银行基本都有自动转存服务。在储蓄时，应与银行约定进行自动转存。这样做一方面是避免了存款到期后不及时转存，逾期部分按活期计息的损失；另一方面是存款到期后不久，如遇利率下调，未约定自动转存的，再存时就要按下调后利率计息，而自动转存的，就能按下调前较高的利息计息。如到期后遇利率上调，也可取出后再存。

活期和定期利率相差较大的情况下，利用好储蓄的技巧是很重要的。对投资风险承受力较弱的人群来说，提高"零风险储蓄"的回报率不失为开源的一种简便方法。

四、定期存款提前支取的选择

如果储户的定期存款尚未到期，但急需用款，一般情况下，如果没有其他资金来源，储户有两种选择，即提前支取定期存款或以定期存单向银行申请质押贷款。

按照中国人民银行的规定，定期存款提前支取时，将按照支取日的活期存款利率计算，这样，储户要蒙受一定的利息损失。如果这种损失超过了向银行做质押借款的利息支出，储户可以用定期存单作质押品，向银行申请短期质押贷款，否则宜提前支取。

五、巧用通知存款

通知存款很适合手头有大笔资金准备用于近期（3个月以内）开支的年轻人。假如你有10万元现金，拟于近期首付住房贷款，余款打算行情好时投入股市，这时就可以存7天通知存款。这样既保证了用款时的需要，又可享受高利息。

总之，储蓄是一种最普通和最常用的理财工具，几乎每个人都在使用，我们要利用储蓄的方法获得较高的收益。不同的人财务状况各不相同，选择储蓄的方式也不尽相同，但只要根据自己的实际需求，进行合理配置，储蓄也能为你的家庭收获一份财富。当然，钱是用来花的，所以应根据每个家庭收入和消费结构等安排一定的存款比例。对于一般人而言，存钱的原则是：以定期为主，通知存款为辅，少量的活期储蓄和定活两便。

18. 精通储蓄理财中的"5W"原则

储蓄，不仅是一种投资行为，而且是计划消费行为。对现金管理而言，理财策划不仅要满足开支的需求，而且要建立一套有效的储蓄计划。

——北大财富课理念

"5W"原本是一句新闻专业术语，代表新闻的五个要素。其实，随着人们理财观念的增强，居民不妨按照"5W"原则，对自己的银行储蓄存款进行合理安排。

一、为什么要存款（Why）

也就是存款的用途，一般情况下，居民存款的目的无非是攒钱，应付日常生活、购房、购物、子女上学、生老病死等预期开支。存款之前应首先确定存款的用途，以便"对症下药"，准确地选择存款期限和种类。

二、存什么（What）

日常生活的费用，需随存随取，可选择活期储蓄。对长期不动的存款，根据用途合理确定存期是理财的关键，因为，存期如果选择过长，万一有急需，办理提前支取会造成利息损失；如果过短，则利率低，难以达到保值、增值目的。对于一时难以确定用款日期的存款，可以选择通知存款，该储种存入时不需约定存期，支取时提前一天或七天通知银行，称为一天和七天通知存款，其利率远高于活期存款。

三、什么时候存（When）

利率相对较高的时候是存款的好时机；利率低的时候，则应多选择凭证式国债或中、短期存款的投资方式。对于记性不好，或去银行不方便的客户，还可以选择银行的预约转存业务，这样就不用记着什么时候该去银行，存款会按照约定自动转存。

四、在何处存（Where）

如今银行多如米铺，选择到哪家银行存款非常重要。一是从安全可靠的角度去选择，具备信誉高、经营状况好等基本条件，存款的安全才会有保障。二是从服务态度和硬件服务设施的角度去选择。三是从功能的角度选择，如今许多银行在向"金融超市"的方向发展，除办理正常业务外，还可以办理交纳话费、水费、煤气费及购买火车票、飞机票等业务，选择这样的银行会为家庭生活带来便利。

五、什么人去存（Who）

夫妻双方对理财的认识和掌握的知识不同，会精打细算、擅长理财的一方，应作为和银行打交道的"内当家"。同时，如今许多银行开设了个人理财服务项目，你还可以把钱交给银行的理财中心，让银行为你代理理财。

19. 将信用卡变成理财的工具

巧用信用卡，将其变成个人理财的工具之一，不仅可以享受诸多的便捷，还可以省钱以及享受银行为持卡人提供的增值服务。

——北大财富课理念

如今，在日常生活中越来越多的人都在使用信用卡。信用卡为人们省了许多时间，减少了许多麻烦。如果你在日常使用信用卡时，只是把它单纯地当成刷卡消费工具的话，那么，真的就是太"委屈"它们了。信用卡的使用，重在一个巧字。巧用信用卡，将其变成个人理财的工具之一，不仅可以享受诸多的便捷，还可以省钱以及享受银行为持卡人提供的增值服务。

巧用信用卡，不妨尝试从以下几个方面开始：

一、多刷卡可以免年费

信用卡每年所收取的 150 元或 300 元的年费常常令办卡人觉得是一笔过高的额外开销，这样看来办信用卡似乎并不划算。然而，目前国内的信用卡市场，各大银行都有推出一年中刷卡若干次，即可免年费的优惠政策。这样说来，其实，在国内，信用卡的拥有和使用基本上是免费的。

二、学会计算和使用免息期

使用信用卡一般都可以享受 50～60 天的免费期（各银行有所不同），这也正是信用卡最吸引人的地方。免息期是指贷款日（也就是银行记账日）至到期还款日之间的时间。因为持卡人刷卡消费的时间有先后顺序，因此享受的免息期也是有长有短的，而我们上面说到的 50～60 天的免息期，则是指最长免息时间。举个简单的例子，比如你的一张信用卡的银行记账日是每月的 20 号，到期还款日是每月的 15 号。那么，如果你在本月 20 号的刷卡消费，到下月 15 号还款，就是享有了 25 天的免息期；但如果你是本月 21 日刷卡消费，那么就是在再下一个月的 15 日还款，也就是享受了 55 天的免息期。而在这 55 天的时间里，你就在享受着无息贷款。

三、尽情享受信用卡的增值服务

目前国内的信用卡还处于推广期，各大银行纷纷出奇招来招揽信用卡用户。目前的信用卡促销手段包括积分换礼、协约商家享受特殊折扣、刷卡抽奖、连续刷卡送大礼、商家联名卡特殊优惠等等。应该说，使用信用卡比用现金更经济、更优惠，持卡消费 1 元绝对比用现金消费 1 元得到的价值多。

四、信用卡是旅行好帮手

经常出差或是喜欢出去旅游的人，会对信用卡更为钟爱。习惯用信用卡通过各大旅行网来订机票，手续简便而且可以享受免息的优惠。更多的，也避免了携带大量现金出行的麻烦。此外，信用卡在异地刷卡使用是免手续费的。

五、用信用卡理财

我们熟悉用信用卡来消费，但并不知道信用卡其实也可以用来投资理财。近年基金大热，却也有很多人苦于缺少资金不知从何入手。信用卡持卡人其实也可以通过信用卡定期定额购买基金，享受到先投资后付款及红利积点的优惠。在基金扣款日刷卡买基金，在结账日缴款，不仅可以赚取利息，还可以得报酬。但是，必须说明的是，这种借钱投资的风险性也是非常大的，而且不适合用来做长线投资。

六、用卡行为一定要有所自律

拖欠信用卡费用的利息是很高的，所以对自已的用卡行为有所自律非常重要。

如果你收入可观，可能就不会太在意如何在使用信用卡时节省费用，但了解一下这些问题还是有用的。要想避免因过度刷卡而债务缠身，要注意下面的几个事项：

（1）尽管你可以用信用卡取现，但手续费一般相当高（可高达取款金额的3%）。如果你需要用现金，还是以普通的方式从银行取款吧。

（2）理想的状况是，你每次都能在收到月度账单后尽快地付清贷款。

（3）如果你偶尔不能付清货款，要记住你会被课以高额利息。

（4）每月账单上标的最低付款额一定要付掉，不然的话，你会被课以很高的拖欠付款费，这笔费用会直接从你的信贷额度中扣除。

（5）如果你在信贷额度已经用光的情况下继续刷卡购物，就不再拥有宽限期，而是必须把利息结清。

20. 熟识因特网上的虚拟银行柜台

随着科学技术的不断进步和人们金融理财意识的逐步增强，如今，网上银行、网上投保、网上炒股等"时尚"理财法开始进入百姓的日常生活。

——北大财富课理念

在网络技术飞速发展的今天，网络已经触及到了社会生活的方方面面。网上银行并不是让我们把钱拿到网上去存，而是银行通过互联网和其他公用数据网为所有的客户提供各种金融服务的一种银行电子系统。专业人士把它称为：虚拟化的金融服务机构。

网上银行能够办理除了现金存取以外几乎所有的银行柜台业务。我们可以在网上银行进行网上开户，也可以在网上进行销户，可以进行账户查询、账户对账、行内转账、跨行转账和信贷、网上证券以及投资理财等等一系列的服务。所以有人也把网上银行说成是因特网上的虚拟银行柜台。

使用网上银行理财主要有三大优点：

优点一：方便、快捷、省时

在享受网上银行的方便、快捷之前，一定要先到一家银行的柜台前办理网上银行业务。如果只是在网上银行注册的用户，会有很多功能无法使用。在银行的柜台前办理过网上银行的用户，在网上操作起来就非常方便。不用再像以前在柜台前长时间的等待，坐家里就可以实现账户转账、账户汇款，也可以让对方直接从网上把钱转到自己的网上银行账户里，既省了出门的时间，也省了排长队的时间。

优点二：网上银行更能省钱

一般说来，在柜台办理转账或汇款业务的时候，肯定会有手续费的。一般的银行柜台办理汇款收费标准是 1%，最高一般是 50 元封顶。由于网上银行不需要人工服务，所以就节约了成本，手续费会给打 6 折，最低 1 元，最高不会超过 30 元。

很多人通过网上银行买基金，在银行的柜台前很难打折，但是在网上银行就可以享受到 4 至 7 折不等的优惠。网络银行的这些功能，无形中就为我们节省了一笔不小的费用。

优点三：网上银行很安全

一般情况下，网上银行的安全性是非常高的，因为很多家银行的网上银行系统都需要用户安装数字证书，有的需要安装 U 盾。

21. 看牢自己的网上"存折"

网购理财产品，要提防宣传误导。投资者自身要加强风险意识，看清楚合同条款和注意事项，多思考一下再下手购买。

——北大财富课理念

对日益庞大的网上银行用户来说，他们对网上银行缺乏必要的防范常识，风险意识相对较弱。在此提醒大家，网上银行的账号和密码就如同存折，账号密码泄露就等于存折丢失。所以，网上银行用户要注意防范，看牢自己的网上"存折"。

一、选择具有安全数字证书的网上银行

在当前网上银行操作界面的设计上，有的银行优先考虑客户操作的方便性，有的则优先考虑网上银行的安全性。比如，有的网上银行登录时必须使用数字安全证书，这种证书采用了一些防止窃取账户信息的安全措施，虽然申请和使用时麻烦一些，但能较好地保证账户资金的安全，所以客户应尽量选择具备安全证书的网上银行。同时要注意避免在公共场所下载、安装、使用个人证书。若需在他人电脑上安装和使用证书，应注意及时删除证书程序和相关信息。

二、避免从不明网站下载软件

木马属于一种特殊的病毒，往往是在用户下载软件、打开邮件或浏览网页时侵入用户的电脑中，因此，下载软件时应当到知名专业软件网站或比较规范的网站下载；使用网上银行的电脑要安装防火墙和杀毒软件，确保即时监控和随时杀毒；尽量不打开来路不明的电子邮件；更不要浏览一些带链接的不规范网站。

三、密码要真正保密

设置网上银行的登录密码和交易密码应采用数字加字母或符号的方式，尽量不用完全是数字的密码。登录密码和支付密码也不能相同，这样万一登录密码被窃，因为不知道支付密码，登录人只能办理账户查询等一般业务，无法划转账户资金。另外还要注意定期修改密码，一般情况下，每月更改一次密码会增加网上交易的安全系数；网上银行使用完毕后，一定要注意点击"退出交易"选项，从而清除计算机中暂存的会话密码，保障账户资金的安全。

四、养成定期对账的习惯

有些人对自己的账户疏于管理，有时账户上少了钱，几个月以后才发现，有的甚至始终察觉不到。所以使用网上银行要养成定期对账的习惯，对于转账和支付业务要随时做好记录，定期查看各种交易明细。另外，现在许多银行开通了"短信银行"业务，客户申请此项服务后，银行会按照客户要求，定期将网上银行的账户资金情况，通过手机短信告知客户，以便及时发现各种账务问题。同时，每次登录网上银行后，都要留意"上一次登录时间"的提示，查看最近的登录时间，从而确定网上银行账户是否被非法登录过。如果发现账户被非法登录或资金被盗用，要及时通过银行服务电话对注册卡及注册卡下所挂账户进行临时挂失，并尽快到营业网点办理书面挂失手续或报案，以最大限度地挽回经济损失。

22. 你不得不防的储蓄五大隐患

很多人在储蓄的过程中，由于观念与方法不当，使自己的利益蒙受巨大的损失。

——北大财富课理念

受传统观念的影响，很多人还是愿意把手中的闲钱存起来，但是在储蓄的过程中，由于他们的方法不当，不仅会使自己的利益受损，甚至还会令自己的存款"消失"。为了防患于未然，有关理财专家提示，储蓄理财，应注意五大"破财"行为。

一、种类期限不注意

在银行参加储蓄存款，不同的储种有不同的特点，不同的存期会获得不同的利息，活期储蓄存款适用于生活待用款项，灵活方便，适应性强；定期储蓄存款适用于生活节余，存期越长，利率越高，计划性较强；零存整取储蓄存款适用于余款存储，积累性较强。

如果在选择储蓄理财时不注意合理选择储种，就会使利息受损。很多人认为，现在储蓄存款利率虽增长了一些，但毕竟还很低，在存款时存定期储蓄存款和存活期储蓄存款一样，都得不到几个利息，其实这种认识是很片面的。虽说现在储蓄存款利率不算太高，但如果有 1 万元，在半年以后用，很明显，定期储蓄存款半年的到期利息要高于活期储蓄存款半年的利息。

二、密码选择"特殊"数

当下，为存款加注密码已成为普通人防范储蓄存款被他人冒领的一种手段，很多人在为存款加密码时却不能很好地选择密码，有的喜欢选用自己的生日作为密码，但这样一来就不会有很高的保密性，生日通过身份证、户口簿、履历表等就可以被他人知晓；有的储户喜欢选择一些吉祥数字，如：666、888、999 等，如果选择这些数字也不能让密码有较强的保密性。所以，在选择密码时一定要注重科学性，在选择密码时最好选择与自己密切相连，但不容易被他人知晓的数字，爱好写作的可把自己某篇大作的发表日期作为密码，集邮爱好者可以把某种具有重大意义的纪念邮票发行日期作为密码，但是要切记，自己家中的电话号码或身份证号码、工作证号码等不要作为预留的密码，总之选择密码要慎重。

三、大额现金一张单

通过调查发现，很多人喜欢把到期日相差时间很近的几张定期储蓄存单等到一起到期后，拿到银行进行转存，让自己拥有一张"大"存单，或是拿着大笔的现金，到银行存款时喜欢只开一张存单，虽说这样一来便于保管，但从人们储蓄理财的角度来看，这样做不妥，有时也会让自己无形中损失"利息"。

四、不该取时提前取

有很多人在需要钱急用时，由于手头没钱备用，又不好意思向别人开口，往往喜欢一概而论地把刚存了不久或已经存了很长一段时间的定期储蓄存款作提前支取，使定期储蓄存款全部按活期储蓄利率计算利息。如果在定期储蓄存款提前支取时这么做，在无形中也可能会造成不必要的"利息"损失。现在银行部门都开展了定期存单小额抵押贷款业务，在定期储蓄存款提前支取时就需要多想想，多算算，根据尺度，拿手中的定期存单与贷款巧妙结合，看究竟是该支取，还是该用该存单抵押进行货款，算好账才会把定期储蓄存款提前支取的利息损失降到最低点。

五、存单存折随便放

存单（折）是储户在银行存款时，由银行开具的，交储户自己保管，用于支取存款，明确双方债权债务关系的唯一合法凭证。但现在很多人在存单（折）保管上，不注意方式，在银行储蓄后，不是把存单专门保管，而是有的放到抽屉里，有的夹在书本里，这样一来，时间长了就不免会忘记丢失。

23. 合理选择子女的教育储蓄

中国人历来注重子女教育，很多人在孩子学会走路之前，便已经开始为他们日后的教育储蓄。然而，随着学费成本的增加，提前为孩子的教育储蓄已经不仅是一项优良的传统，而越来越成为一个必须之举。

——北大财富课理念

为人父母者莫不望子成龙，教育是头等大事，自然要充分保障，但未来的花费也许不是一笔小金额，需要早日打下基础。教育储蓄是一种特殊的零存整取定期储蓄存款，享受优惠利率，更可获取额度内利息免税。

存期灵活：可视子女的教育进程和现状，自己规划设定存款期限，来享受高利率，免征利息所得税。

存额固定：开户时，可根据目前自身的经济实力，与银行约定每月固定存入的金额。

利率优惠：存款到期，凭存款人接受非义务教育（全日制高中、大中专、大学本科、硕士和博士研究生）的录取通知书或学校开具的存款人正在接收非义务教育的学生身份证明，可享受整存整取的利率。在存期内遇有利率调整，按开户日挂牌公告的相应储蓄存款利率计付利息，不分段计息。

利息免税：2 万元本金限额内，可免征利息税。

注意事项：途中如有漏存，应在次月补存；未补存者视同违约，对违约后存入部分视同活期存款利率计息，并征收储蓄存款利息所得税。

办理开户：采取实名制，以学生本人姓名开户。开户时，须持学生本人户口簿或居民身份证到银行办理。

到期支取：凭存折及学校提供的非义务教育（高中以上）的录取通知书、学生证明（以下简称"证明"）一次支取本金和利息，享受国家规定的教育储蓄优惠利率，并免征教育储蓄存款利息。不能提供"证明"的，按实际存期和开户日挂牌公告的同期同档次零存整取储蓄存款利率计付利息，同时，按有关规定征收存款利息所得税。

提前支取：存款人能提供"证明"的，按实际存期和开户日挂牌公告的同档次整存整取存款利率计付利息，并免征教育储蓄存款利息所得税。不能提供"证明"的，一律按实际存期和支取日挂牌公告的活期存款利率计付利息，并按有关规定征收存款利息所得税。

存款到期未取：逾期部分按支取日挂牌公告的活期存款利率计付利息，并按有关规定征收存款利息所得税。

24. 投资教育储蓄有哪些技巧

子女教育投资是时间跨度较长的投资，所以应选择一种能够与孩子一起"成长"的具有长期投资优势的理财产品。长期投资，你就可以让资本有时间增值，也可以克服短期的波动。

——北大财富课理念

"宁可自己苦一点儿，也绝不吝惜孩子的教育支出。"这是很多父母的心理。一个学龄前的孩子，父母每月花在他身上的教育支出加起来少则几百，多则千余元，这些费用对工薪家庭来说，是不小的压力。随着孩子的成长，教育费用支出所带来的压力就更大了。"望子成龙""望女成凤"的父母们懂得一些教育储蓄的技巧很有必要。

首先，确定一个合理的约存金额。约定存款额的多少决定储户利息与享受免税额，在同一存期内，每月约定存款数额越小，续存次数就越多，计息的本金就越小，计息天数也越少，所得利息与免税优惠就越少；反之，计息本金额就大，计息天数就多，所得利息与免税额就越多。

如选择三年期教育储蓄，若每次约定存入 5000 元，共存 4 次，到期本金为 2 万元，利息额为 1552.50 元，其中，可享受免税额 310.50 元，若约定每次存入 500 元，续存 36 次，到期本金为 1.8 万元，利息为 749.25 元，享受免税额 149.85 元，其中本金仅差 2000 元，可同样存三年期，利息差就为 803.25 元，其中，免税额差 160.65 元。

若选择六年期教育储蓄，如每次约定存 500 元，其续存 40 次，利息为 2520 元，其中享受免税额 504 元；若每次约定存 5000 元，约存 4 次，到期可得利息 3384 元，同为六年期存款，仅利息差可高达 864 元，其中可享受的免税差也较大。因而选择教育储蓄每次约存金额要尽量高些，这样得到的利息及免税金额的实惠也多些。

其次，尽量选择三年期、五年期教育储蓄存款。一般来说，学生从接受义务教育过渡到非义务教育的费用也不会一下子猛增到令家庭难以承受的程度，所以通常不要选择与子女结束接受义务教育时间相同的存期，如子女尚有一年即上高中，倘若选择一年期的教育储蓄是极为不科学和经济的，可选择三年或六年期的教育储蓄利率较高，可以充分用好国家给予的利率优惠和免征利息税的政策，以得到更多实惠。

25. 储蓄理财中的注意事项

理财是为了实现人生的重大目标而服务的，每月的储蓄其实就是投资的来源，因此，合理的储蓄应该先根据理财目标，然后再根据自身的情况通过精确的计算，得出为达成目标所需的每月准确的金额；然后再加上适当的量入为出，在明确的理财目标的指引下，每月都按此金额进行储蓄。

——北大财富课理念

俗话说："人要闲，钱要忙。让你的闲钱忙着为你去生钱，你别忙着让钱去休闲。"储蓄投资理财由于具有存取自由、安全性高和收益稳定等优势，所以在个人及家庭投资理财中，占有较大比重。在储蓄投资理财的过程中，应注意以下几方面的问题。

储蓄投资理财注意事项一：不一定存期越长越划算。

很多人为了得到更多的利息，不仔细地思考自己的资金应该怎样分配，盲目地将钱都存成长期。如果需要用到钱，办理了提前支取，虽然提前支取的部分会按照活期利率算利息，没支取的资金按照原来的利率来算利息，这样子会出现存期越长，投资者越吃亏的现象。

储蓄投资理财注意事项二：家中必须预留一定的资金可以急需时使用。

投资者最好在家里预留一定的生活所需紧急资金，可随时提取，以备急需之用。投资者可以采用循环周转的方法，将每个月家里所剩的余钱存成年限定期存款，这样不管哪个月份需要用资金都可以去取当月所到期的存款，使得资金更好地周转，若投资者不需要用到钱财，便可将到期的存款和利息再次转存定期。另外，循环周转的方法对于经常有意外收入和开支的家庭来说是非常有效的。

储蓄投资理财注意事项三：不要只为了方便而储蓄。

对于工薪阶层的投资者来说，不要为了贪方便，而将资金都存入活期，那样子利息会少得多。投资者要根据自己的实际情况，如果真的不需要用到钱，就可以将钱存入定期，那样子的利息会比活期的利息多得多。

储蓄投资理财注意事项四：选择适合自己的银行和适合自己的投资产品进行存款投资。

投资者首先应该考虑高信誉、安全性高、经营良好的银行，这样才能够使自己的投资有所保障，使得自己的存款比较安全。其次，投资者可以通过银行的服务态度和服务设施去选择是否要在此家银行进行投资理财，多功能的银行电子服务系统能够给投资者带来更高效、更便捷的服务。最后投资者可以从投资的产品功能进行考虑，了解除了办理正常业务之外，还能办理一些什么业务，根据自己的需求好好选择。

最后提醒大家，要谨记以上的储蓄投资理财注意事项，根据自身的具体情况，以科学、理性的态度对待储蓄投资理财，才能达到理财的目标。

第 8 章

基金债券课

古话说："富贵险中求。"任何理财的方式方法都有一定的风险，理财者如果没有冒险家的精神就很难赚到大钱。但这种冒险并不是让人拿着真金白银去交学费，鲁莽行事只会得到血与泪的教训，真正支撑一个人冒险的动力是经过科学分析和规划的实践经验，这样才能够运筹帷幄，稳操胜券。

1. 新时代、新时尚的理财方式——基金

　　基金将众多投资者的资金集中起来，委托基金管理人进行共同投资，表现出一种集合理财的特点，通过汇集众多投资者的资金，积少成多，有利于发挥资金的规模优势，降低投资成本。

——北大财富课理念

　　基金属于专家理财的一种。大多数投资者为了抵御通胀，使金融资产保值增值，应该和必须进行投资理财。但是作为普通散户，既缺乏足够的理财知识，也没有那么多的时间和精力去打理，而投资基金就是花少量的费用，由基金公司的专家为你投资股票、债券和其他金融市场上可以投资的工具。

　　一般来说，基金公司拥有一批既有较高学历又有丰富投资经验的专家。他们具有敏锐的观察力和分析判断能力，能及时掌握大量的信息资料，能对金融市场上各种品种的价格变动趋势作出比较正确的预测，最大限度地避免投资决策的失误，提高投资成功率。对于那些没有时间或者对市场不太熟悉，不可能专门研究投资决策的中小投资者来说，投资基金，实际上就可以获得专家们在市场信息、投资经验、金融知识和操作技术等方面所拥有的优势，从而尽可能地避免盲目投资带来的损失。著名经济学家曾说："基金作为专家理财的机构投资者，行为比较理性，防范风险的能力也相对较强，有利于市场的稳定发展；另一方面，通过基金可以吸引更多的人进入资本市场。散户通过购买基金，把钱交给基金管理人去替他运作，基金发挥出专家理财的优势，既可以减少散户的成本，又可以避免较大的风险。"因此，由基金公司的专家代为理财，在股市下跌时可以赔得少些，而在股市上涨时可以赚得多些。

　　基金投资的三大优点：

　　（一）买基金的人不需要花费很多时间，不需要专业的财经知识，进

入门槛很低。因此，国外很多小孩的理财教育，都从买基金开始。

（二）基金几乎是一种零风险的投资，基金短期可能有波动，但是长期肯定是不断增值的。高风险的股票基金，如上投摩根基金、诺安基金等，在 2004 年、2005 年大熊市的环境下，都取得 5%～10% 的收益，比银行存款利息高出不少，2006 年大牛市，很多股票基金收益超过 150%。

（三）基金操作简单，手续就跟存款差不多，不存在技术障碍，适合所有人投资。

说完了基金的优点，我们再来看看购买基金有哪些优势。基金具有专家管理、组合投资、分散风险的优势和特点，为不具备股市投资经验或没有时间和精力炒股的投资者，提供了一个很好的进入证券市场、分享经济增长的渠道。

特别是这几年我国基金业健康稳定发展，基金规模不断扩大，基金已成为绝大多数人的理财选择。新入市的基金投资者一定要掌握基金基本知识，树立正确的理财观念，做明白的基金投资者。

投资基金的两大优势：

（一）专业理财。基金管理公司配备的投资专家，一般都具有深厚的投资分析理论功底和丰富的实践经验，以科学的方法研究股票、债券等金融产品，组合投资，规避风险。

（二）方便投资，流动性强。证券投资基金最低投资量起点要求一般较低，可以满足小额投资者对于证券投资的需求，投资者可根据自身财力决定对基金的投资金额。证券投资基金大多有较强的变现能力，使得投资者收回投资时非常便利。

2. 形形色色看基金

基金不是解决一切问题的灵丹妙药，买基金时，最重要的是弄清楚这只基金能解决什么问题，投资者要结合自己承受风险的能力、对收益的预期，选择不同的基金。

——北大财富课理念

在我国，基金行业已经进入"千基"时代。下面我们就来看看这支庞大的基金队伍是如何站队的。根据不同标准，投资基金主要划分为以下几大类：

一、根据基金是否可增加或赎回，投资基金可分为开放式基金和封闭式基金。

开放式基金：指基金设立后，投资者可以随时申购或赎回基金单位，基金规模不固定的投资基金。

封闭式基金：指基金规模在发行前已确定，在发行完毕后的规定期限内，基金规模固定不变的投资基金。

二、根据组织形态的不同，可分为公司型投资基金和契约型投资基金。

公司型投资基金：由具有共同投资目标的投资者组成以营利为目的的股份制投资公司，并将资产投资于特定对象的投资基金。

契约型投资基金（也称信托型投资基金）：是指基金发起人依据其与基金管理人、基金托管人订立的基金契约，发行基金单位而组建的投资基金。

三、根据投资风险与收益的不同，可分为成长型投资基金、收入型投资基金和平衡型投资基金。

成长型投资基金是指把追求资本的长期成长作为其投资目的的投资基金。

收入型基金主要投资于可带来现金收入的有价证券，以获取当期的最大收入为目的。收入型基金资产成长的潜力较小，损失本金的风险相对也较低，一般可分为固定收入型基金和权益收入型基金。

平衡型基金的投资目标是既要获得当期收入，又要追求长期增值，通常是把资金分散于股票和债券，以保证资金的安全性和赢利性。

四、根据投资对象的不同，可分为股票基金、债券基金、货币市场基金、期货基金、期权基金、指数基金和认股权证基金等。

股票基金是指以股票为投资对象的投资基金；

债券基金是指以债券为投资对象的投资基金；

货币市场基金是指以国库券、大额银行可转让存单、商业票据、公司债券等货币市场短期有价证券为投资对象的投资基金；

期货基金是指以各类期货品种为主要投资对象的投资基金；

期权基金是指以能分配股利的股票期权为投资对象的投资基金；

指数基金是指以某种证券市场的价格指数为投资对象的投资基金；

认股权证基金是指以认股权证为投资对象的投资基金。

五、根据投资货币种类，可分为美元基金、日元基金和欧元基金等。

美元基金是指投资于美元市场的投资基金；

日元基金是指投资于日元市场的投资基金；

欧元基金是指投资于欧元市场的投资基金。

六、根据资本来源和运用地域的不同，可分为国际基金、海外基金、国内基金、国家基金和区域基金等。

国际基金是指资本来源于国内，并投资于国外市场的投资基金；

海外基金也称离岸基金，是指资本来源于国外，并投资于国外市场的投资基金；

国内基金是指资本来源于国内，并投资于国内市场的投资基金；

国家基金是指资本来源于国外，并投资于某一特定国家的投资基金；

区域基金是指投资于某个特定地区的投资基金。

3. 基金家族中的特别兄弟

不同类型的基金难有可比性。投资者在买基金前，要先明确购买这种类型基金的目的。一般来讲，对资产配置没有明确目标的投资者，适合购买配置型基金。善于把握市场节奏、已经作好资产配置的投资者，可以考虑偏股型基金。

——北大财富课理念

在基金市场中，如果按契约中的投资比例来划分，公募基金目前接近七成为标准化产品，但也存在不少另类基金——虽然是股票型基金，但最低仓位限制高达 80％；作为混合型基金，却可空仓操作；身为债券型基金，股票投资比例可达 40％……

这些另类基金各有看家本领，投资者可巧妙挖掘其中的投资机会。

1. 伞型基金

伞型基金的组成，是基金下有一群投资于不同标的的子基金，且各子基金的管理工作均独立进行。只要投资在任何一家子基金，即可任意转换到另一个子基金，不需额外负担费用。在我国，购买一家基金公司的某只基金，可以通过基金转换业务，把该基金转换为该基金公司下的另一只基金，通常不收或者收取很低的基金转换费用。

2. 保本基金

通过采用投资组合保险技术，保证投资者在投资到期时至少能够获得投资本金或一定回报的证券投资基金。

3. 可转换公司债基金

投资于可转换公司债。股市低迷时可享有债券的固定利息收入；股市前景较好时，则可依当初约定的转换条件，转换成股票，具备"进可攻、退可守"的特色。

4. 交易所交易基金与上市开放式基金

交易所交易基金是一种在交易所上市交易的、基金份额可变的基金运作方式。上市开放式基金是一种既可以在场外市场进行基金份额申购赎回，又可以在交易所进行基金份额交易，并通过份额转托管机制将场外市场与场内市场有机地联系在一起的一种新的基金运作方式。它是我国对证券投资基金的一种本土化创新。

5. 指数基金

根据投资标的——市场指数的采样成分股及比重，来决定基金投资组合中个股的成分和比重。目标是基金净值紧贴指数表现，完全不必考虑投资策略，只要指数成分股变更，基金经理人就跟随变更持股比重。由于做法简单，投资人接受度也高。

6. 对冲基金

对冲基金在运作上除了对投资市场的优质证券长期持有外，更结合沽空及金融衍生产品的买卖来进行对冲和减低风险。这类基金给予基金经理人充分授权和资金运用的自由度，基金的表现全赖基金经理的操盘功力，以及对有获利潜能标的物的远见卓识。只要是基金经理认为"有利可图"的投资策略皆可运用，如套取长短期利率之间的利差；利用选择权和期货指数在汇市、债市、股市上套利。总之，任何投资策略皆可运用。这种类型的基金风险最高，在国外是专门针对高收入和风险承受能力高的人士或机构发行的，一般不接受散户投资。

4. 基金转换及其转换条件

如果投资者已经有一定的市场经验，可以在市场低迷的时候投资货币市场基金，在行情有起色的时候再把货币基金转换成相应的股票基金。这样，投资者一方面可以享受货币基金高于银行定期存款的收益，同时也能享受市场上升时带来的收益。同样道理，如果投资者觉得市场比较弱的时候，可以将自己的股票基金转换成货币市场基金，避免市场波动对已实现收益的影响。

——北大财富课理念

基金转换是指投资者在持有本公司发行的任一开放式基金后，可将其持有的基金份额直接转换成本公司管理的其他开放式基金的基金份额，而不需要先赎回已持有的基金单位，再申购目标基金的一种业务模式。投资者可在任一同时代理拟转出基金及转入目标基金销售的销售机构处办理基金转换。转换的两只基金必须都是该销售人代理的同一基金管理人管理的、在同一注册登记人处注册的基金。

转换申请中的两只基金要符合如下条件：

一、在同一家销售机构销售，且为同一注册登记人的两只同时开放式基金；

二、前端收费模式的开放式基金，只能转换到前端收费模式的其他基金，申购费为零的基金默认为前端收费模式；

三、后端收费模式的基金，可以转换到前端或后端收费模式的其他基金。

基金转换费用由申购费补差和赎回费补差两部分构成，具体收取情况视每次转换时的两只基金的申购费率和赎回费率的差异情况而定。基金转换费用由基金持有人承担。

(1) 赎回费补差

基于每份转出基金份额在转换申请日的适用赎回费率，计算转换申请日的转出基金赎回费；基于转入基金的零持有时间的适用赎回费率，计算转换申请日的同等金额转入基金的赎回费。若转出基金的赎回费高于转入基金的赎回费，则收取赎回费差；若转出基金的赎回费不高于转入基金的赎回费，则不收取赎回费差。

(2) 申购费补差

对于两只收费基金之间的转换，按照转出金额分别计算转换申请日的转出基金和转入基金的申购费，由申购费低的基金转到申购费高的基金时，收取申购费差价；由申购费高的基金转到申购费率低的基金时，不收取差价。

5. 基金交易有费用吗

基金管理费是支付给基金管理人的管理报酬，其数额一般按照基金净资产值的一定比例，从基金资产中提取。

——北大财富课理念

基金在运作过程中产生的费用支出就是基金费用，部分费用构成了基金管理人、托管人、销售机构以及其他当事人的收入来源。开放式基金的费用由直接费用和间接费用两部分组成。直接费用包括交易时产生的认购费、申购费和赎回费，这部分费用由投资者直接承担；间接费用是从基金净值中扣除的法律法规及基金契约所规定的费用，包括管理费、托管费和运作费等其他费用。

1. 认购费和申购费

认购费，指投资者在基金发行募集期内购买基金单位时所交纳的手续费，目前国内通行的认购费计算方法为：认购费用＝认购金额×认购费率，净申购金额＝认购金额－认购费用；认购费费率通常在1%左右，并随认购金额的大小有相应的减让。

申购费是指投资者在基金存续期间向基金管理人购买基金单位时所支付的手续费，目前国内通行的申购费计算方法为：申购费用＝申购金额×申购费率，净申购金额＝申购金额－申购费用。我国《开放式投资基金证券基金试点办法》规定，开放式基金可以收取申购费，但申购费率不得超过申购金额的5%。目前申购费费率通常在1%左右，并随申购金额的大小有相应的减让。

2. 赎回费

赎回费是指在开放式基金的存续期间，已持有基金单位的投资者向基金管理人卖出基金单位时所支付的手续费。赎回费设计的目的主要是对其他基金持有人安排一种补偿机制，通常赎回费计入基金资产。

3. 转换费用

转换费用指投资者按基金管理人的规定在同一基金管理公司管理的不同开放式基金之间转换投资所需支付的费用。基金转换费的计算可采用费率方式或固定金额方式；采用费率方式收取时，应以基金单位资产净值为基础计算，费率不得高于申购费率。通常情况下，此项费用率很低，一般只有百分之零点几。

4. 基金管理费

基金管理费是指支付给实际运用基金资产、为基金提供专业化服务的基金管理人的费用，也就是管理人为管理和操作基金而收取的报酬。基金管理费年费率按基金资产净值的一定百分比计提，不同风险收益特征的基金其管理费相差较大，如目前货币市场基金为0.33%，债券基金通常为0.65%左右，股票基金则通常在1%~1.6%之间。管理费逐日计提，月底由托管人从基金资产中一次性支付给基金管理人。

5. 基金托管费

基金托管费是指基金托管人为基金提供服务而向基金收取的费用，比如银行为保管、处置基金信托财产而提取的费用。托管费通常按照基金资产净值的一定比例提取，目前通常为 0.25%，逐日累计计提，按月支付给托管人。此费用也是从基金资产中支付，不须另向投资者收取。

6. 基金交易要交税吗

我国目前对个人投资者的基金红利和资本利得暂未征收所得税，对企业投资者获得的投资收益应并入企业的应纳税所得额，征收企业所得税。

——北大财富课理念

一般情况下，基金税费包括所得税、交易税和印花税三类，我国目前对个人投资者的基金红利和资本利得暂未征收所得税，对企业投资者获得的投资收益应并入企业的应纳税所得额，征收企业所得税。鉴于基金的投资对象是证券市场，基金的管理人在进行投资时已经交纳了证券交易所规定的各种税率，所以投资者在申购和赎回开放式基金时也不需要交纳交易税。

为支持开放式基金的发展，我国曾对中国证监会批准设立的开放式证券投资基金给予四个方面的税收优惠政策。这四方面优惠政策是：

第一，对基金管理人运用基金买卖股票、债券的差价收入，在 2003 年年底前暂免征收企业所得税、营业税；

第二，对个人投资者申购和赎回基金单位取得的差价收入，在对个人买卖股票的差价收入未恢复征收个人所得税以前，暂不征收个人所得税；

第三，对基金取得的股票的股息、红利收入，债券的利息收入、储蓄存款利息收入，由上市公司、发行债券的企业和银行在向基金支付上述收入时代扣代缴 20% 的个人所得税；对投资者（包括个人和机构投资者）从基金分配中取得的收入，暂不征收个人所得税和企业所得税；

第四，对投资者申购和赎回基金单位，暂不征收印花税。

7. 基金是怎样盈利的

基金收益是基金资产在运作过程中所产生的超过自身价值的部分。

——北大财富课理念

基金通过组合投资分散风险，通常能使投资者以较低的风险（比股票低）获得较高的收益（比债券高）。笼统来看，基金的收益主要包括以下几个方面：

一、基金的利息收入：基金的利息收入主要来自于银行存款和基金所投资的债券。

二、基金的股利收入：基金的股利收入是指开放式基金通过在一级市场或二级市场购入并持有各公司发行的股票，而从公司取得的一种收益。股利一般有两种形式，即现金股利与股票股利。现金股利是以现金的形式发放的，股票股利是按一定比例送给股东股票作为红利。

三、基金的资本利得收入：任何证券的价格都会受证券供需关系的影响。价格较低时购入证券，价格上涨时卖出证券，所获价差称为基金的资本利得收入。

具体地说，基金收益包括基金投资所得红利、股息、债券利息、买卖证券价差、存款利息和其他收入。

红利：是基金因购买公司股票而享有对该公司净利润分配的所得。基金作为长线投资者，其主要目标在于为投资者获取长期、稳定的回报，红利是构成基金收益的一个重要部分。所投资股票的红利的多少，是基金管理人选择投资组合的一个重要标准。

股息：是指基金因购买公司的优先股权而享有对该公司净利润分配的所得。股息通常是按一定的比例事先规定的，这是股息与红利的主要区别。与红利相同，股息也构成投资者回报的一个重要部分，股息高低也是基金管理人选择投资组合的重要标准。

债券利息：是指基金资产因投资于不同种类的债券（国债、地方政府债券、企业债、金融债等）而定期取得的利息。我国《证券投资基金管理暂行办法》规定，一个基金投资于国债的比例不得低于该基金资产净值的 20％，由此可见，债券利息也是构成投资回报的不可或缺的组成部分。

买卖证券差价：是指基金资产投资于证券而形成的价差收益，通常也称资本利得。

存款利息：指基金资产的银行存款利息收入，这部分收益仅占基金收益很小的一个组成部分。开放式基金由于必须随时准备支付基金持有人的赎回申请，必须保留一部分现金存在银行。

其他收入：指运用基金资产而带来的成本或费用的节约额，如基金因大额交易而从证券商处得到的交易佣金优惠等杂项收入。这部分收入通常数额很小。

8. 基金分红及其需要注意的问题

基金分红并不是越多越好，投资者应该选择适合自己需求的分红方式。基金分红并不是衡量基金业绩的最大标准，衡量基金业绩的最大标准是基金净值的增长，而分红只不过是基金净值增长的兑现而已。

——北大财富课理念

基金分红是基金实现投资收益后，将其分配给投资人。一般来说，基金可以选择任何时间进行分红，但实际中通常做法是积累一定数量的收益后再进行分红。基金的收益分配政策有所不同，除了符合法规要求外，也有各自的考虑，投资人应关注招募说明书中的收益分配条款。

例如收益分配的次数，每只基金都有差别，有的基金只要满足净值大于1元的条件，而有的基金必须满足基金当年实现收益。货币市场基金收益分配的时间相对固定，每日进行收益分配，多数基金则会选定每个月中固定的一天集中支付收益。

对于获得的分红，投资人可选择支取现金分红或进行分红再投资，可在申购时选定分红的形式。

对于封闭式基金的投资者而言，可以从两个方面获利：一个是基金的分红；另一个是基金二级市场价格波动的差价。对于基金的长线投资者来说，主要是获取基金的分红。这样的话，就要仔细研究各个基金的运作情况以及分红能力。那些管理水平高、持续分红能力强的基金应当是首选。

对于开放式基金的投资者而言，由于分红将是唯一的获利方式，因此基金的分红能力将是投资者考虑的最重要的因素。当然，基金管理人的诚信和风险控制能力也是不能忽视的。另外，由于开放式基金的分红可以直接转为新的开放式基金份额，因此更利于长线滚动持续投资。基金分红时要注意以下几个问题：

1. 选择红利再投资方式是以哪一天的净值计算分红份额的？何时可以赎回？

2. 选择红利再投资的投资者其现金红利将按分红权益登记日的基金份额净值转换为基金份额。如权益登记日为 T 日（工作日），现金红利再投资的基金单位份额 T+2 日（工作日）起可以赎回。

办理转托管业务后是否需要设置分红方式？

需要。办理转托管业务只转基金份额不转交易明细，也就是说，转托管只是份额的转出，转入的交易账户如未设置过分红方式，那么转入的基金份额仍是初始默认的分红方式。如客户需要重新设置转入交易账户下的基金分红方式，要到转入的销售机构柜台办理变更分红方式业务。

3. 基金分红是否缴税？

根据目前财政部的规定，基金分红免交个人及企业所得税。

4. 在何时变更的分红方式才对分红有效？

在基金分红权益登记日前的开放日变更分红方式才对分红有效（不含权益登记日），以权益登记日当天基金注册登记中心记录的分红方式为准。

5. 如何变更分红方式？

投资者如需变更分红方式，请前往销售机构网点办理变更指定交易账户分红方式的业务。

6. 如果分红方式为现金分红，那么如何计算现金所得？

如果分红方式为现金分红，按照如下方法计算现金所得：

现金分红确认金额＝享受分红权益的基金份额×每基金份额派发红利金额

7. 如果分红方式为红利再投资，那么如何计算再投资所得份额？

如果分红方式为红利再投资，按照如下方法计算再投资所得份额：

红利再投资确认份额＝享受分红权益的基金份额×每基金份额派发红利金额/分红权益登记日的基金份额净值

8. 若分红方式为现金分红，红利款何时能到达投资者账户？

选择现金红利方式的投资者的红利款将于红利发放日自基金托管账户划出，一般在红利发放日之后的 2～4 个工作日到达投资者账户。

9. 什么是红利发放日？

红利发放日指向投资者派发红利的日期。选择现金红利方式的投资者的红利款将于红利发放日自基金托管账户划出。

9. 基金的巨额赎回是怎么回事

理论上讲，基金的净值只跟它的投资标的的市场表现有关。与基金的申购赎回无关。但事实上，赎回时基金被迫卖出股票支付给持有人，他持有的股票价格很有可能下跌，从而净值也可能下跌。

——北大财富课理念

巨额赎回是指当开放式基金的当日净赎回量超过基金规模的 10％时，基金管理人可以在接受赎回比例不低于基金总规模 10％的情况下，对其余的赎回申请延期办理。基金投资者在办理赎回申请时，需在连续赎回和取消赎回两种方式中选择该赎回申请的巨额赎回处理方式。

在出现巨额赎回时，基金管理人一般有两种处理方法：

1. 全部赎回

当基金管理公司认为有能力兑付投资人的全部赎回申请时，即按正常赎回程序执行，对投资人的利益没有影响。

2. 部分延期赎回

基金管理公司认为兑付投资人的赎回申请有困难或可能引起基金资

产净值的较大波动等情况下，可以在当日接受赎回比例不低于上一日基金总份额的 10％的前提下，对其余赎回申请延期办理。

投资人需注意，由于延期办理的赎回将按下一开放日或之后开放日的基金单位净值计价，因此在提出赎回申请时，投资者应在申请表中选择如发生巨额赎回是否顺延续赎回。

此外，当开放式基金连续发生巨额赎回时，基金管理公司可按基金契约及招募说明书载明的规定，暂停接受赎回申请；已经接受的赎回申请可以延缓支付赎回款项，但不能超过正常支付时间 20 个工作日，并必须在指定媒体公告。

10. 投资基金的四大渠道

出于对银行的信任，现在大部分的基金投资者都是通过银行购买基金的。其实，除了银行，还有很多购买基金的渠道，不同的渠道，便利性、费用、提供的服务都有较大的差别。基金的交易原则上是在哪里买在哪里赎回，而且日后如要进行基金转换等操作，也需要通过当时的交易渠道办理。如果你中途要变更交易渠道，则需办理转托手续，造成不必要的麻烦。因此，在投资前应充分考虑，从便利性、费用、可获得的服务三个方面来对比，选择一个适合自己的渠道显得很重要。

——北大财富课理念

购买基金的渠道主要有四种：基金公司网站，券商代销，银行网点代销，第三方支付平台。

对投资者来说，挑选基金申购渠道主要有两个考察点，一是该渠道的申购费用，二是该渠道的申购便捷性。

1. 基金公司直销渠道

认/申购费率：所有渠道中费率最划算的，通常在 4 折至 6 折。

认/申购时间：基金公司直销网点 24 小时开放，直销柜台交易则需要在基金公司网点营业时间段内。

可选基金品种：只销售该公司自己的基金产品。

网点数量：较少，但一些大型基金公司的销售点较多，但有的基金公司仅有一个直销柜台。

适合人群：基金公司网站费率优惠，购买方便，而直销柜台适合机构或资金量较大的个人客户。

认购流程：可通过基金公司网站购买，也可通过基金直销中心认购。

2. 券商代销渠道

认/申购费率：各券商通常会提供一定的费率优惠，通常为 6 折至 9 折不等。

认/申购时间：各大券商营业部的营业时间内，与银行网点类似。

可选基金品种：可供选择的基金种类、数量繁多。

网点数量：券商营业部数量远不及银行，但比基金公司直销网点多。

适合人群：普通投资者，多为券商客户，营业部的理财人员能够为投资者提供指导建议。

认购流程：到证券公司开立股票账户或资金账户，通过券商软件进行购买。

3. 银行网点代销渠道

认/申购费率：通过网上银行申购一般有 8 折左右的折扣，部分银行还和基金公司联合推出优惠活动。

认/申购时间：周一至周五，银行营业时间段内；网上银行则是 24 小时开放。

可选基金品种：一般为该银行托管及代销基金，投资者可事先查询想要的基金再到相关代销银行购买。

网点数量：渠道中销售网点最多。

适合人群：所有投资者，特别是在该银行开设账户的客户。

认购流程：投资者只要到相关银行办理一个借记卡账户并开通可以购买基金的功能。此外投资者还可以通过网上银行购买。

4. 第三方销售渠道

认/申购费率：固定收益产品的费率在 0.8%～1.2%之间，而股票型的则在 1.5%～1.8%，而业界猜测第三方基金销售大多是网上购买，有的可能会拿到 4 折的优惠。

认/申购时间：一般为网上认购，不受时间地点限制。

可选基金品种：品种较多，类似于"基金超市"，提供大量基金产品。

网点数量：网点数量较少，但多数是通过网上形式销售，交易比较便捷。

适合人群：专户投资者、需要理财咨询或者投资组合的人，因为多为网上销售，更适合能灵活运用计算机和互联网的投资者。

11. 投资基金需要考虑的五大时机

投资者购买基金的主要目的是为了省去较多的资产配置时间。通过专家理财，来实现既得利益。但在人们实际购买基金时，常常具有时间管理的意识，而缺乏时间管理的方法。主要表现在对基金产品的购买时点、资金组合等缺乏应有的时间观念，因为不懂得巧打"时间差"，从而错过了很多获取收益的机会。

——北大财富课理念

俗话说，买得好不如买得巧。基金作为一种专家理财产品，投资时机的选择是非常重要的。投资者在不恰当的时点选择了基金，不但会增大投资的成本，而且还会导致套牢的风险。即便是在牛市行情中，基金投资也需要结合市场的震荡调整作出应对之策。

第一，投资者只要坚信证券市场的牛市格局不变，就可以优选标的指数，并进行长期的跟踪投资，分享指数型基金带来的投资收益。相反，作为代表一篮子股票的指数型基金，指数下跌的行情是极其不利的。因此，观察、了解和分析证券市场标的指数的变化，将有助于投资者争取更多的投资主动。

第二，不是每只基金都会进行正常的申购和赎回，特别是对于保本型基金，由于有避险期的规定，为了保证基金管理人管理和运作基金业绩的稳定，防止因投资者频繁的申购和赎回而影响到基金投资品种仓位的稳定性和收益的持续增长性，因此，对于保本型基金都会在合适的时机进行短期的申购开放，这对于投资者来讲，应是一次难得的机会。

第三，低成本购买的时机也不容错过。为了应对投资者的基金净值"恐高症"，部分基金管理人均对历史运作时间较长，而净值增长潜力较大的老基金实施大比例分红，从而使其净值回到面值附近，这为以较低成本购买绩优老基金的投资者，带来了极佳的投资机会。尽管进行持续营销的基金，会面临一定的市场冲击成本和交易成本，但对于管理和运作能力较强的基金管理人来讲，其强大的投研团队和运作模式，仍有望使其在今后的基金管理中呈现出独特的投资优势。

第四，基金经理变动产生的投资机会。尽管每只基金均有其自身的投资特点和组合配置规律，但不同的基金经理，在其管理和运作基金的过程中，也将会有一定的个性化操作策略。基金经理变动，必然会引起基金投资风格的改变。摒弃原基金经理的投资思路和策略，而采纳和运用新任基金经理的投资思路和策略。

第五，震荡市买绩优老基金和低迷市场购买新基金的时机。一只基金到底是不是具有投资价值，除了基金管理人的管理和运作能力之外，与证券市场的变化也有着密不可分的关系。震荡市会导致基金净值的下降，从而为投资者购买基金创造了低成本介入的机会。而低迷的市场发行新基金，会使基金管理人降低购买成本，也利于在封闭期结束后，使投资者获取稳定的溢价收益。

12. 理性认识基金投资中存在的风险

众多投资者在参与投资的时候都是怀着赚钱的心态入市的，这自然无可厚非。但是投资的世界中没有免费的午餐，若想要涉足投资的"竞技场"，了解自身的风险承受能力并识别资产风险和收益特征是投资过程中关键的一步，做到这一点才能对自己的投资有整体的把握，坦然面对市场的起伏，实现预期的投资目标。

——北大财富课理念

基金作为一种投资方式，它既能带来收益，也可能造成亏损。投资者不能将基金的风险与收益割裂开来，不能只看到收益忽略风险，也不能只盯住风险而看不到可能的收益。基金投资过程中蕴含的风险主要有以下几个方面：

信用风险：包括基金所投资的债券、票据等工具本身的信用风险以及以交易为基础的投资的对家风险，如回购协议等。

市价暴露风险：指货币市场基金的实际市场价值，即按市价法估值得出的基金净值与基金交易价格（通常情况下是基金面值）的偏离风险。

政策风险：因财政政策、货币政策、产业政策、地区发展政策等国家宏观政策发生变化，导致市场价格波动，影响基金收益而产生风险。

经济周期风险：随着经济运行的周期性变化，证券市场的收益水平也呈周期性变化，基金投资的收益水平也会随之变化，从而产生风险。

利率风险：金融市场利率的波动会导致证券市场价格和收益率的变动。利率直接影响着债券的价格和收益率，影响着企业的融资成本和利润。基金投资于债券和股票，其收益水平可能会受到利率变化的影响。

上市公司经营风险：上市公司的经营状况受多种因素的影响，如管理能力、行业竞争、市场前景、技术更新、财务状况、新产品研究开发等都会导致公司盈利发生变化。

通货膨胀风险：基金投资的目的是基金资产的保值增值，如果发生通货膨胀，基金投资于证券所获得的收益可能会被通货膨胀抵消，从而影响基金资产的保值增值。

债券收益率曲线变动的风险：债券收益率曲线变动风险是指与收益率曲线非平行移动有关的风险，单一的期指标并不能充分反映这一风险的存在。

再投资风险：市场利率下降将影响固定收益类证券利息收入的再投资收益率，这与利率上升所带来的价格风险互为消长。

信用风险：基金在交易过程中可能发生交易违约或者所投资债券的发行人违约、拒绝支付到期本息等情况，从而导致基金资产损失。

管理风险：基金管理人的专业技能、研究能力及投资管理水平直接影响到其对信息的占有、分析和对经济形势、证券价格走势的判断，进而影响基金的投资收益水平。

合规性风险：指基金管理或运作过程中，违反国家法律、法规或基金合同有关规定的风险。

其他风险：（1）因基金业务快速发展而在制度建设、人员配备、风险管理和内控制度等方面不完善而产生的风险；（2）因金融市场危机、行业竞争压力可能产生的风险；（3）战争、自然灾害等不可抗力因素的出现，可能严重影响证券市场运行，导致基金资产损失；（4）其他意外导致的风险。

任何一种投资方式都有其优势和劣势，既不能全盘肯定也不能一概否定。比如，银行存款以及国债的优势在于收益有保证，其劣势在于流动性及收益偏低。基金本身是一种具备风险的投资方式，并不是稳赚不赔，其收益与市场密切相关，不论是股票市场还是债券市场都是如此。我们通常把银行存款以及国债作为无风险收益。相对存款及国债，基金投资是有风险的，既然有风险，投资者就一定要认识到亏损的可能性。鱼和熊掌不可兼得，既有高收益，又没有风险的产品是没有的。当市场形势良好的时候，基金能给投资者带来满意的回报，当市场形势低迷的时候，亏损也是大概率事件。

13. 申购/认购基金时需要注意的问题

基金购买分认购期和申购期。基金首次发售基金份额称为基金募集，在基金募集期内购买基金份额的行为称为基金的认购，一般认购期最长为一个月。而投资者在募集期结束后，申请购买基金份额的行为通常叫作基金的申购。

——北大财富课理念

基金认购是指投资者在开放式基金募集期间、基金尚未成立时购买基金份额的过程。通常认购价为基金份额面值（1 元/份）加上一定的销售费用。投资者认购基金应在基金销售点填写认购申请书，交付认购款项。申购/认购基金时要注意以下问题：

1. 认/申购申请是否可以撤销？

投资者在份额发售期内已经正式受理的认购申请不得撤销。

对于在当日基金业务办理时间内提交的申购申请，投资者可以在当日 15：00 前提交撤销申请，予以撤销。15：00 后则无法撤销申请。

2. 一天之内可否多次认/申购？

在交易时间内投资者可以多次提交认/申购申请，注册登记人对投资者认/申购费用按单个交易账户单笔分别计算。

3. 认/申购基金可以通过哪些方式提交申请？

(1) 柜台交易

(2) 网上交易（如已开通网上交易）

(3) 传真交易（如已开通传真交易）

4. 认购和申购的区别是什么？

认购指在基金设立募集期内，投资者申请购买基金份额的行为。申购指在基金成立后，投资者申请购买基金份额的行为。

一般情况下，认购期购买基金的费率相对来说要比申购期购买优惠。认购期购买的基金一般要经过封闭期才能赎回，申购的基金要在申购成功后的第二个工作日进行赎回。在认购期内产生的利息以注册登记中心的记录为准，在基金成立时，自动转换为投资者的基金份额，即利息收入增加了投资者的认购份额。

5. 申购基金以哪一天的净值成交？

基金申购采用"金额申购"方式、"未知价"原则。对于 T 日有效申请的交易，申购价格以 T 日的基金份额净值为基准进行计算。T 日的基金份额净值在 T 日收市后计算，并不迟于 T＋1 日公告。

6. 净值和累计净值有什么区别？

净值指的是基金份额净值，基金份额净值＝基金资产净值/基金总份额。基金份额累计净值指基金自设立以来，在不考虑历次分红派息情况的基础上的单位份额资产净值。基金份额累计净值＝基金份额净值＋每份基金份额累计分红。累计净值反映了基金从设立之日起基金资产净值变动的情况。

投资者申购/赎回基金的计价基础为有效申请当日的基金份额净值。

7. 前端/后端申购模式有什么区别?

所谓前端申购模式即在申购基金时按前端申购费率扣除申购费用的方法。所谓后端申购模式即在赎回基金时,申购费用同赎回费一起交纳,在申购时不交纳的一种操作模式。后端申购费一般按基金持有年限的增加而逐步递减。

14. 基金转托管时需要注意的几个方面

基金转托管其实是针对客户不方便在该银行操作基金,必须要转到方便操作的银行,又不让客户赎回所有基金,而是将所有份额从一家银行转入到另一家银行的行为。

——北大财富课理念

基金转托管,指基金份额持有人申请将其在某一销售机构交易账户持有的基金份额全部或部分转出并转入另一销售机构交易账户的行为,也可以说转托管是指同一投资人将托管在一个代销机构的基金份额转出至另一代销机构的业务。

1. 何种情况下需要办理转托管业务?

(1) 投资者想把其持有的全部或部分基金份额从某一销售机构交易账户转出并转入其在另一销售机构交易账户。

(2) 投资者在某基金直销中心开设了多个交易账户,想在多个交易账户之间进行互转。

2. 办理转托管业务时需要哪些证件和资料?

个人投资者须提供基金账户卡、资金账户卡、个人有效身份证明;机构投资者须提供基金账户卡、资金账户卡、法人授权委托书、加盖公章的营业执照复印件、经办人有效身份证明。

3. 如何办理转托管业务？

（1）投资者办理转托管业务前，首先确定在转入方已成功开立了交易账户。

（2）通过柜台、网上、电话或传真方式在转出方提交转托管申请办理转出。

（3）转托管业务 T＋2 日（工作日）确认，请投资者及时查询。

有关转托管业务规则的特别提示：

（1）办理基金份额转托管业务，转出交易账户下基金的分红方式，不一定等同于转入交易账户下的基金分红方式，如客户需要重新设置转入交易账户下的该基金分红方式，需要到转入的销售机构柜台办理变更分红方式业务。

（2）办理基金份额转托管业务，采用"后进先出"的原则，即将持有时间最短的份额先转出，转移的基金份额持有时间不变。

4. 什么是系统内转托管及跨系统转托管？

系统内转托管指投资人将托管在某证券经营机构的上市开放式基金（如博时主题行业基金）份额转托管到其他证券经营机构，或将托管在某基金管理人或其代销机构的上市开放式基金份额转托管到其他代销机构或基金管理人。

跨系统转托管指投资人将托管在某证券经营机构的上市开放式基金份额转托管到某基金管理人或代销机构，或将托管在某基金管理人或其代销机构的上市开放式基金份额转托管到某证券经营机构。

15. 中国主要基金公司

买基金说白了就是把钱交给别人让别人帮你投资，这个"别人"当然是指基金公司、基金经理和管理团队，而后两者又是建立在前者的基础上的，所以首先选个好的基金公司很重要。

——北大财富课理念

选择基金公司比选择基金更重要，关键的理由是，一个基金如果仅仅依靠基金经理个人的能力因素而不受制于良好的公司制度因素，即使在短时间有很好的业绩，就长久来说也是难以为继的。然而，就像我们都知道健康是一件好的事情，但往往不知道用什么方法获取健康一样。所以说，好的基金公司就是握住了帮你打开财富宝藏的金钥匙。下面就让我们来看看国内主要基金公司分别有哪些。

1. 博时基金

博时基金管理公司成立于 1998 年 7 月 13 日，是中国内地首批成立的五家基金管理公司之一。博时基金产品线齐全，拥有覆盖货币、债券、混合、封闭、股票、指数等在内的 8 个品种，产品共 28 只；拥有公募、社保、企业年金、特定客户资产管理等业务资格，是一家"全牌照"基金公司。

2. 嘉实基金

嘉实基金管理有限公司成立于 1999 年 3 月 25 日，是我国最早成立的十家基金公司之一。

3. 国投瑞银基金

国投瑞银基金管理有限公司成立于 2002 年 6 月，国投瑞银产品线较为齐全，管理包括货币型、债券型、股票型、混合型、指数型和合格境内机构投资者在内 7 个品种的公募基金产品共 18 只，除了国内公募基金管理外，还拥有专户理财业务资格。

4. 广发基金

广发基金管理有限公司成立于 2003 年 8 月，截至 2011 年年底该基金公司管理的公募基金资产规模逾 983.82 亿元，在 66 只已发产品的基金公司中规模排名前十。

5. 诺安基金

诺安基金管理有限公司成立于 2003 年 12 月，截至 2011 年 12 月 31 日，公司管理基金资产净值合计 454.53 亿元，基金产品 17 只。

6. 工银瑞信基金

工银瑞信基金管理有限公司成立于 2005 年 6 月，由中国工商银行和瑞士信贷共同发起设立，持股比例分别为 80％和 20％，是我国第一家由国有商业银行直接发起设立并控股的合资基金管理公司。

7. 易方达基金

易方达基金管理有限公司成立于 2001 年 4 月，截至 2011 年年底该基金公司管理的公募基金资产规模逾 1433.13 亿元，在 66 只已发产品的基金公司中规模排名前十。

8. 华夏基金

华夏基金管理有限公司成立于 1998 年 4 月 9 日。华夏基金自设立以来运作规范，经营稳健，投研实力不断积累，综合实力不断增强。

9. 富国基金

富国基金管理有限公司成立于 1999 年 4 月 13 日。截至 2011 年年底，旗下运作满 5 年的 9 只基金全部获取正收益，其中追求相对收益的 7 只基金全线超越业绩比较基准表现，超越幅度均超过 10 个百分点。

10. 国泰基金

国泰基金管理有限公司成立于 1998 年 3 月 5 日，是国内首批成立的基金管理公司之一。国泰基金秉承"以最大的专业性和勤勉为投资人实现长期稳定的财富增值"的经营宗旨，稳健运作，为投资者取得了良好的回报。截至 2011 年年底，最近 5 年公司旗下运作满 5 年的 7 只基金整体向好，全部获得正收益并超越业绩比较基准，其中 6 只主动投资权益类基金 5 年投资回报率均超过 38.37%，在同期可比基金中稳居同业前十。

16. 购买债券——成就你的债主地位

债券的发行人（政府、金融机构、企业等机构）是资金的借入者，购买债券的投资者是资金的借出者。债券是债的证明书，具有法律效力。债券购买者与发行者之间是一种债权债务关系，债券发行人即债务人，投资者（或债券持有人）即债权人。

——北大财富课理念

债券是政府、金融机构、工商企业等直接向社会借债筹措资金时，向投资者发行，承诺按一定利率支付利息并按约定条件偿还本金的债权债务凭证。债券的本质是债的证明书。债券购买者与发行者之间是一种债权债务关系，债券发行人即债务人，投资者（债券持有人）即债权人。债券是一种有价证券。由于债券的利息通常是事先确定的，所以债券是固定利息证券（定息证券）的一种。在金融市场发达的国家和地区，债券可以上市流通。在中国，比较典型的政府债券是国库券。人们对债券不恰当的投机行为，例如无货沽空，可导致金融市场的动荡。

债券作为到期还本付息的一种债权债务协议，使投资者不仅能获得利息和到期的本金偿还，而且由于利率波动、资金的供求、政府政策的变动、宏观经济变动以及股市的波动等因素，会导致债券价格的变化，所以债券投资者还有可能从价格变化中获得好处，获得资本利得的额外收益。以 2009 年 2 月 18 日发行的怀化债券为例，期限 10 年，票面利率，信用级别 AA＋，每年付息一次，自上市以来其价格在底部 100 元左右和顶部 110 元之间数次波动。投资者如果能把握机会，不但能获得利息收益，还能在价格波动中获得价格差的收益。

债券投资者可以直接购买首次发行的债券或者在二级市场交易的债券，也可以通过购买债券基金等机构产品间接入市。债券基金作为机构投资者，利用了规模优势、专业优势并进行组合投资，能进入个人投资者不能进入的领域，不过投资者要为此付出费用。

债券和股票不同，你持有债券到期就一定能够获得本息，因此债券被叫作固定收益投资，而购买股票后你面对的只是高收益的预期，至于能够得到多少，一切都在不确定之中。尤其在股市动荡不安的时候，债券市场往往红红火火，例如 2008 年中国股市跌幅达到 70％左右，而债券市场却上涨了 10％以上，在那样的赔钱时期还能赚些收入的债券，当然是很好的选择了。作为个人或者家庭投资者，如果你对投资一窍不通，不愿意冒风险，又想取得不错的收益，建议可以尝试购买债券！投资债券获得的收益能使你跑赢通货膨胀，使你获得投资的乐趣而不是彻夜难眠，使你的财富得以保全并不断成长，最终达成你的财富目标。

17. 债券的分类

从长期的历史数据来看，债券基金的成绩并不逊色，这一点已被越来越多投资者所认可。但很多投资者对债券基金感到陌生，因为它们分类繁多，且投资标的大多是枯燥难懂的固定收益类金融工具。因此，了解债券基金的不同分类，寻找适合自己的品种，是聪明投资者的一堂必修课。

——北大财富课理念

债券的种类繁多，在现今的金融市场上债券的种类可按发行主体、偿还期限、偿还与付息方式、担保性质等分为以下几大类：

一、按发行主体分类

国债：由中央政府发行的债券。它由一个国家政府的信用作担保，所以信用最好，被称为金边债券。

地方政府债券：由地方政府发行，又叫市政债券。它的信用、利率、流通性通常略低于国债。

金融债券：由银行或非银行金融机构发行。信用高、流动性好、安全，利率高于国债。

企业债券：由企业发行的债券，又称公司债券。风险高、利率也高。

国际债券：国外各种机构发行的债券。

二、按偿还期限分类

短期债券：一年以内的债券，通常有 3 个月、6 个月、9 个月、12 个月几种期限。

中期债券：1～5 年内的债券。

长期债券：5 年以上的债券。

三、按偿还与付息方式分类

定息债券：债券票面附有利息息票，通常半年或一年支付一次利息，利率是固定的。又叫附息债券。

一次还本付息债券：到期一次性支付利息并偿还本金。

贴现债券：发行价低于票面额，到期以票面额兑付。发行价与票面额之间的差就是贴息。

浮动利率债券：债券利率随着市场利率变化。

累进利率债券：根据持有期限长短确定利率。持有时间越长，则利率越高。

可转换债券：到期可将债券转换成公司股票的债券。

四、按担保性质分类

抵押债券：以不动产作为抵押发行。

担保信托债券：以动产或有价证券担保。

保证债券：由第三者作为还本付息的担保人。

信用债券：只凭发行者信用而发行，如政府债券。

五、按是否记名分类

根据在券面上是否记名的不同情况，可以将债券分为记名债券和无记名债券。记名债券是指在券面上注明债权人姓名，同时在发行公司的账簿上作同样登记的债券。转让记名债券时，除要交付票券外，还要在债券上背书和在公司账簿上更换债权人姓名。而无记名债券是指券面未注明债权人姓名，也不在公司账簿上登记其姓名的债券。现在市面上流通的一般都是无记名债券。

六、按发行时间分类

根据债券发行时间的先后，可以分为新发债券和既发债券。新发债券指的是新发行的债券，这种债券都规定有招募日期。既发债券指的是已经发行并交付给投资者的债券。新发债券一经交付便成为既发债券。

在证券交易部门既发债券随时都可以购买，其购买价格就是当时的行市价格，且购买者还需支付手续费。

七、按是否可转换分类

债券又可分为可转换债券与不可转换债券。可转换债券是能按一定条件转换为其他金融工具的债券，而不可转换债券就是不能转化为其他金融工具的债券。可转换债券一般都是指的可转换公司债券，这种债券的持有者可按一定的条件根据自己的意愿将持有的债券转换成股票。

18. 债券的性质和特征

由于债券发行时就约定了到期后可以支付本金和利息，故其收益稳定、安全性高。特别是对于国债来说，其本金及利息的给付是由政府作担保的，几乎没有什么风险，是具有较高安全性的一种投资方式。

——北大财富课理念

人们把债券又叫作固定收益债券，尤其是把政府发行的国债叫作"金边债券"。之所以会有这种叫法，是因为债券所具有的四个显著的特点，四者之间的相互转换成就了"金边债券"一说，下面就来具体说说有哪四点。

偿还性。债券和股票最大的不同就是债券到期还本付息，而股票理论上没有期限，永不退股，未来的收益也不确定。债券是有借有还的债权债务关系，股票是所有权证书，购买了股票类似你投资参股创办了企业，你是企业所有者中的一分子。所以，债券的第一个特点就是偿还性，这使你的投资一开始就有明确的预期。

流动性。债券持有人在二级市场转让债券不会在价值上有很大的损失。现在债券市场日益发达，人们可以方便地买卖债券。尤其是电子网络的发展，人们可以足不出户，只要连接了互联网就可以完成所有的交易。金融向来就是高科技应用最快的领域之一，你所需要的就是投资智慧。

安全性。债券发行者一般是政府、信誉良好的公司或银行，因此安全性较高。历史上虽然也曾经有过企业债券甚至政府债券违约的现象，但是相对而言，监管当局对于公开发行并在市场交易的债券规定了严格的发行程序和发行标准，人们也可以根据发行人的信用、财务状况以及担保抵押情况清楚地作出自己的选择，相比股票等风险资产，债券的安全性是非常高的。

收益性。债券的收益性高于银行存款，例如 2010 年 8 月 5 年期的存款利率是 4.55%，而 5 年期国债票面利率大约为 4%、企业债券票面利率 7%左右，并且债券的收益是相对稳定的。

19. 投资债券有哪些优势

债券投资可以获取固定的利息收入，也可以在市场买卖中赚差价。随着利率的升降，投资者如果能适时地买进卖出，就可获取较大收益。

——北大财富课理念

债券的发行人承诺在一定时期后按照约定支付利息并偿还本金，虽然不同的债券发行者的信誉不同、风险各异，但是这些债券通过收益率的不同补偿了你所承担的不同风险。你的一部分资金配置到债券上究竟有哪些好处呢？

债券组合具有稳定的现金流。由于你投资到固定收益类债券上，正常情况下，它们会按照约定还本付息，你的现金流是可预期的，这对于你的子女教育金、养老金等的累积具有重要意义。你总不至于在孩子需要学费的时候还要等待股市的好转，或者退休需要养老金的支持时还要担心股市的涨跌，因此，从某种意义上说，债券投资不仅能使你获得稳定的收益，更重要的是它会给你带来生活的乐趣，为快乐自由的生活提供必要的保障。

债券投资的成本和税收都较低。国债是免税的，公司债券的利息需要缴纳所得税。债券买卖的费用很少，佣金较低，无须缴纳印花税，而且债券投资者一般都会持有直至到期，较少进行多次交易，除非出现了巨大的获利机会，这样也就避免了时机选择可能带来的损失。

债券的投资简单易学，交易也很方便。债券的选择相对比较简单，因为目前债券的分类不多，不像选择股票那样需要考虑众多复杂的政治、经济、心理等问题。作为一般投资者，只要简单掌握一些债券投资知识，很快就能驾轻就熟。债券交易主要是在银行柜台或者交易所进行，一旦买进往往不会再积极地再次交易，只等按约定获得利息和本金就行了，需要你做的就是决定买什么债券。而股票等投资品不同，你需要精心选择，而且还要不断地作出买入还是卖出的决策，经常会被不同的理论、不同的专家、不同的传言、不同的想法等弄得无所适从，而你所作的投资决策，只有天知道是对的还是错的。

债券组合给你的生活带来安逸和稳定，你可以专心你的事业或者工作。一个人要取得成就，需要从战略上配置他的时间，一旦陷入股市，则可能忽略掉人生绚丽的另一面，而债券让你有机会、有时间去实现你的梦想！

20. 了解债券投资的原则

人们要驾驭某一事物，必须先摸清它的运行规律，然后再来按这个规律办事，投资债券也是如此。

——北大财富课理念

我们要驾驭某一事物，必须先摸清它的运行规律，然后我们再来按这个规律办事，投资债券也应如此。前面的章节我们说过了债券收益性、安全性和流通性这三大特点。那么，我继续顺着这三个方面进一步说说债券投资的一般原则。

1. 获利性原则

这个原则应该说就是投资者的目的，谁都不愿意投了一笔血本后的结果是收益为零、只落得个空忙一场，当然，我们更不愿意血本无归。关于债券的各种收益率的计算和影响投资收益的因素分析，前面我们已经阐明了。现在我们着重探讨不同种类的债券收益性的大小。国家（包括地方政府）发行的债券，是以政府的税收作担保的，具有充分安全的偿付保证，一般认为是没有风险的投资；而企业债券则存在着能否按时偿付本息的风险，作为对这种风险的报酬，企业债券的收益性必然要比政府债券高。当然，这仅仅是其名义收益的比较，实际收益率的情况还要考虑其税收成本，这个比较就只能套用我们前面所提供的公式了。

2. 安稳性原则

我们已知道，投资债券相对于其他投资工具要安全得多，但这仅仅是相对的，其安全性问题依然存在，因为经济环境有变、经营状况有变、债券发行人的资信等级也不是一成不变。就政府债券和企业债券而言，政府债券的安全性是绝对高的，企业债券则有时面临违约的风险，尤其是企业经营不善甚至倒闭时，偿还全部本息的可能性不大，因此，企业债券的安全性远不如政府债券。对抵押债券和无抵押债券来说，有抵押品作偿债的最后担保，其安全性就相对要高一些。对可转换债券和不可转换债券，因为可转换债券有随时转换成股票、作为公司的自有资产对公司的负债负责并承担更大的风险这种可能，故安全性要低一些。

3. 流动性原则

这个原则是指收回债券本金的速度快慢，债券的流动性强意味着能够以较快的速度将债券兑换成货币，同时以货币计算的价值不受损失，反之则表明债券的流动性差。影响债券流动性的主要因素是债券的期限，期限越长，流动性越弱，期限越短，流动性越强，另外，不同类型债券的流动性也不同。如政府债券，在发行后就可以上市转让，故流动性强；企业债券的流动性往往就有很大差别，对于那些资信卓著的大公司或规模小但经营良好的公司，他们发行的债券其流动性是很强的，反之，那些规模小、经营差的公司发行的债券，流动性要差得多。因此，除对资信等级的考虑之外，企业债券流动性的大小在相当程度上取决于投资者在买债券之前对公司业绩的考察和评价。

21. 正确看待债券投机

投资是未来比较稳定的收入和相对安全的本金之间的媒介，含有已知的风险程度；投机却要承担较大的风险，确定性和安全性比较低。

——北大财富课理念

债券与股票相比，虽然收益相对稳定，风险相对要小，但这不是绝对的，要真正获得既稳定又较大的收益，不动一番脑筋是不行的。有人说，所有证券投资赚钱的多是靠投机，你即使不相信这个观点，但无法否认它有一定的合理性。究竟投资与投机有多大的区别，理论界至今也没有分出个子丑寅卯来，大致可以肯定的是，投资是未来比较稳定的收入和相对安全的本金之间的媒介，含有已知的风险程度；投机却要承担较大的风险，确定性和安全性比较低。债券投机一般有如下情形：

1. 多头与空头

多头看涨是买方（先买后卖），空头看跌是卖方（先卖后买）。但是，市场上影响债券价格的因素很多，无论是多头，还是空头，未必能如愿以偿。当多头买进债券后，期望它涨价了好卖出去获利，可是事与愿违，价格却跌了，卖出又无利可图，不如静观其变，这种情况即多头套牢；相反，空头卖出债券后，价格却不断上涨，买回无利可图，只有死等它跌价，这便形成了空头套牢。多头与空头，并不是一成不变的，它们也会随市场的瞬息万变而变换角色。比如，某甲先用 40000 元买进某种债券后，却不断跌价，他认为价格上涨无望，压力很大，立即将这 40000 元买进的债券卖出，这样他就由多头变成了空头。这种多头空头互换，正是债券市场活跃的标志之一。

2. 买空和卖空

两种都是证券操作者利用债券价格的涨落变动的差价，在很短的时间内买卖同一种债券，从中赚取价差的行为。比如，甲在某证券公司开设户头后，他预计行情可能会涨，于是在开盘后就买进某种债券，其后，该债券果然上涨，涨到一定的程度，他卖出同数量的债券，在这一进一出之间，获得进出之间不同价格的差额，这就是买空和卖空。又如，乙认为行情会下跌，他就先卖出某种债券，其后，该债券价果然下跌，他又买回同量的该债券，这样进出之间，同样也得到了利润，这便是卖空和买空。这两种情形，都因单位价差幅度小，变化速度快，风险较大，所以事前必须研究行情的起落，交易过程中要有灵通的信息和精通操作变化，行动也要迅速、准确。

第 9 章

智慧投保课

　　有人曾经说过："保险的意义，只是今日作明日的准备，生时作死时的准备，父母作儿女的准备，儿女幼小时作儿女长大时的准备，如此而已。今天预备明天，这是真稳健；生时预备死时，这是真旷达；父母预备儿女，这是真慈爱；能做到这三步的人，才能算作是现代人。"风险意识的缺失是人生中最大的无形危机，保险就是在风险来临之前未雨绸缪，将风险转移的一种理财方式。作为家庭理财的重要组成部分，保险也能够将你的资产达到最大意义上的增值或保值。

1. 认识保险，携手最愿意帮助你的朋友

社会成员的老、弱、病、残、孕以及丧失劳动能力，在任何时代和任何社会制度下都是无法避免的客观现象。社会保险就是当社会成员遇到这种情况时给予适当的补偿以保障其基本生活水平，从而防止不安定因素的出现。

——北大财富课理念

人生其实是拉着车走上坡路，年龄越大，家庭之车的分量就越沉重，一不小心，拉车的绳子断了，家庭将会受到很大的震动，甚至会急速下滑。如果预先付点钱雇一个好人来帮忙推车，在车下滑时，他就可以伸出有力之手，帮助你渡过难关；而工钱也只是暂时付给他而已，到了约定的时间，你如果不需要他推车，他就会把钱全部奉还，并且还加上并不低于银行的利息。能够帮你推车的这个好人就是——保险。

在人类社会中，因自然、社会、人为等因素造成的损害总是不能完全避免的，为了应付各种原因造成的灾害事故给人类社会带来的不利影响，人们在长期生产和生活实践中总结出来许多预防和防范的措施。在面对突如其来的灾害事故所造成的巨大损失时，人们希望获得物质补偿以恢复生产和生活，这就诞生了保险。

随着人们知识水平的提高，保险作为一种新兴金融理财工具正被人们所接受，大到国民经济，小到生活中的个人，保险已受到诸多的重视。每个家庭都在对不可预测的危险寻找一份寄托。于是保险已成为继银行储蓄、国债、股票、基金等投资理财工具之后的又一大理财工具。

通过认识风险可以让我们初步认识保险这个概念。保险就是指投保人根据合同约定，向保险人（保险公司）支付保险费，保险人（保险公

司）对于合同约定的可能发生的事故因其发生而造成的财产损失承担赔偿保险金责任；或者当被保险人死亡、伤残、疾病或者达到合同约定的年龄、期限时承担给付保险金责任的商业保险行为。保险的种类按照保险标的不同分为财产保险和人身保险。保险是一个国家稳定社会的工具。商业保险是对社会保险的一种补充，随着近年来保险业的不断发展，商业保险产品也是推陈出新。现在保险的功能是越来越完善了，它不仅能有效弥补社会保险的不足，规划我们的财产，而且就算风险来临时我们也能有一笔钱来周转，为未来作一个充足的准备。

2. 保险是最稳健的理财助手

保险是夫妻晚年生活相互扶持的拐杖，子女献给父母的一颗永恒的孝心，父母给孩子生活中点燃的一支永远不灭的蜡烛。

——北大财富课理念

保险就像储蓄一样，主要是用来保证维持一定的生活水平，其收益不可能像基金、股票那样高。要知道，高收益的另一面是高风险，在投资理财时，我们希望能够承担更小的风险，获得更多的收益，为此我们可能会征求会计师、税务专家、投资专家的意见。他们会给我们很多专业的分析和指导，但是他们往往会忽略了一个最大的风险——你个人面临的人身风险，万一因为意外事故造成收入中断，没有"财"可理时，我们的生活如何继续？所以，在考虑投资理财之前，先要管理好这个最大风险，在没有后顾之忧时，再考虑其他投资理财手段，稳健理财。

所谓"稳健理财"是建立在保住本金的前提下，对于一些理财专业知识不那么充足或者时间不太允许的人，尤其是上班族，制定一个简单易行的理财计划，选择安全系数较高的理财工具，强迫自己养成习惯，通过时间的积累，去达到财务自由的目标而已。时下安全系数较高的理财工具分别有：银行定存、国债、保险。不同的工具可以达到不同的功能，例如银行定存是相对保守且简单易行的理财方式，唯一考验的是"人性"，毕竟很少有人能自动连续数十年做到定期定额的储蓄计划，往往存到一定的金额时，自然会有一笔花费，例如：购车、旅游、进修等消费，从而破坏了我们的理财计划。国债提供固定收益，也有很高的安全系数，只是国债往往发行量有限，除非我们有足够的时间，一大早去排队，或者有特殊的渠道取得，一般上班族不太可能采用这种方式。

保险作为一种稳健的理财品种，它可以满足不同年龄层的不同需求，量身打造不同的理财方案，不管是缴费年期、领取年龄、领取方式，都可以因人而异，尤其过程当中可以拥有高保障，可以确保我们有足够的时间来完成我们的人生目标，可以说是打地基当中最稳妥的选择。一份好的保险计划能够使人们轻易实现自己的理财目标，几乎是不用担心任何风险的。而收益一般会比银行高。例如：子女教育计划、养老计划、储蓄计划等。只要设定好了自己的目标，从一开始投保就有了保障。保费豁免功能是投保人残疾、身故时，免交余期保费。而被保险人（子女或配偶）享受的权益不变，能够按计划完成学业，拿到养老金。

大家都知道，一个好的计划是成功的开始。然而，一份统计资料显示，只有2%的人的收益与自己的财务目标一致。我们理财，不能着手于眼前的利益得失，而应考虑一辈子的。如果今天就把明天的饭吃了，那明天怎么过呢？所以我们在作财务规划时，既要能将这个规划设计成一个向上倾斜的坡，不断壮大个人资产，也要懂得让保险来为自己保驾护航，不至于因为某些特殊情况从这个坡向下滑，心有不甘不说，苦心经营来的财富也会弹指间灰飞烟灭。

3. 保险是保值增值的最佳方式

出航的轮船，如果起航前，油料加满了，机器检查好了，救生设备准备好了，这个航程就多了一分把握，在航行中心里也踏实。人生也是如此，在做事业过日子一开始，在有条件的情况下，为自己这条生命航船购置一些保险，好在未来的日子里少一些后顾之忧。

——北大财富课理念

保险和股票、基金、房地产等很多投资工具来比较收益性，都是望尘莫及的。但是如果有不幸发生的话，保险的赔付却是任何投资工具都无法相比的。何况其他投资工具都有一定的风险。据《21世纪经济报道》的文章指出，美国老百姓每年的可支配收入当中，也有相当一部分人拿出税后收入的10%～20%用来买各种各样的保险。这可以看出保险支出在美国人的个人支出中占有很大的比例。

但对于中国等一些亚洲国家的老百姓来说，银行存款一直是资金安排的主要渠道。他们会把所有资金都存进银行。他们的观点是把钱存在银行里是有利息收入的，包赚不赔，这是最安全的渠道。但是把钱放进银行并不是最好的增加收益的方式。可与发达国家的发展历程作一个参照。通货膨胀的问题一直是老百姓非常关心的问题，例如有可能20年后1000元购买力相当于现在的500元。金融理财专家的观点是，在纸币本位下通货膨胀是不可避免的现象，只有在金本位之下才能根本上杜绝通货膨胀。从美国200多年的发展历史看，银行存款利率是低于物价上涨指数的。也就是说，实际上存钱在银行是负利率的。因此，大量资金投向银行存款，非但不能增值，也不能保本了。因为有通货膨胀就需要理财，使你的财富保值增值，如果增值的速度能够战胜通货膨胀，才能使你的实际财富水平不降低。购买分红保险产品就可以规避这种通货膨胀风险。分红保险可以在保证固定保额满期返还的基础上，集中大量保险资金，由机构进行投资理财，有利于保单保值增值以及抵消通货膨胀造成的资产流失。为了抵御通货膨胀而开发的分红险在美国已经有100多年的历史，实践也已经证明了通过购买分红保险产品可以规避通货膨胀风险。

按照我国保监会的规定，保险公司应将分红险在每一个会计年度末可分配盈余的70%分配给分红保单持有人。分红保险的红利主要来自三个方面，分别是费差益、死差益和利差益，也就是常说的"三差分红"，此外还有退保差益等微弱因素的影响。其中，费差益指保险公司实际费用率小于预定费用率产生的盈余，死差益指实际死亡率小于预定死亡率产生的盈余，利差益指实际投资回报率大于预定利率产生的盈余。在通货膨胀的市场环境下，保险公司的投资收益水平通常也会"水涨船高"，能够给予投保人的收益回报也将会提高。

另外用复利计息的方式计算分红账户，几十年下来，也有一笔不菲的资金，这是银行没法比的，因为银行存款的利息最多只能保证5年。银行利息是很难按复利计算的，所以保险是增加收益性比较好的方式。

4. 资产保全的最佳选择

资产保全，是理财的一个重要概念，可以解释为让资产保值并且增值。保险在让人们透过金钱获得心灵的坦然与安全感，进而向家人传递一份深切爱的同时，它在商业社会的今天，又与资产保全紧密地结合在一起并彰显出独特的魅力。

——北大财富课理念

　　资产保全，可以解释为让资产保值，并且增值。《中华人民共和国继承法》规定，"保险资金受益人可唯一指定"，从而达到保全资产的目的。《中华人民共和国合同法》第七十三条也规定："人寿保险不属于债务的追偿范围，账户资金不受债务纠纷困扰。"所以人寿保险的保单是受到法律保护的，任何单位和个人都不能干涉收益人的权益。如果客户创业时产生经济纠纷，对方起诉客户，要求法院作诉讼保全时，客户的所有资产，除了人寿保险的保单外都将被法院冻结。虽然银行账户里有钱却不能用。这时客户的保单就起作用了，客户可以拿保单的现金价值来向保险公司贷款，以作应急之用。保险的一个重要作用就是为客户作保全资产，为资金寻找绝对安全的长期投资渠道。所以对于富有的人，保险首先是十分稳妥的资金储备和投资方式，也是容易"变现"的工具。

　　举个例子，假如客户有 500 万的资产，他可以把储备金的大部分放在银行，另一少部分（5%～40%的储备金）一次性存入保险公司，购买终身寿险。当债权债务纠纷发生、财产被冻结的情况出现时，他就可以拿人寿保险的保单，直接去保险公司进行贷款，作为应急之用，贷款的额度可为保单现金价值的 80% 左右。

　　保险的及时"变现"功能不仅可以帮助企业主及时获得一笔现金，而且如果一旦企业破产，保险又成了企业主最好的保全资产的工具。如上所述，保险单是不能被冻结或拍卖的，被保险人领取保险金是受法律保护的，不计入资产抵债程序。所以说，保险在资产保全方面有着独有的优势，不论在资产保全所要考虑的税收、债权债务问题上，还是变现及流动性是否方便等问题上，都呈现出自身的特点，特别是它强有力的风险管理能力是其他投资工具所无法比拟的，因此也就愈发显现出其独特的价值。

5. 什么是保险费率

保险费率与保险费不同，保人所支付每一单保险的代价，称之为保险费。保险费率，是指对一特定险种而言，其每单位保额的保险费，二者之间的关系是：保险金额×保险费率＝保险费。

——北大财富课理念

保险费率是指按保险金额计算保险费的比例。以财产保险为例，它是根据保险标的的种类，危险可能性的大小，存放地点的好坏，可能造成损失的程度以及保险期限等条件来考虑的。计算保险费率的单位一般以每千元为单位，即每千元保险金额应交多少保险费，通常以‰来表示。

保险费率一般由纯费率和附加费率两部分组成。习惯上，将由纯费率和附加费率两部分组成的费率称为毛费率。纯费率也称净费率，是保险费率的主要部分，它是根据损失概率确定的。按纯费率收取的保险费叫纯保费，用于保险事故发生后对被保险人进行赔偿和给付。附加费率是保险费率的次要部分，按照附加费率收取的保险费叫附加保费。它是以保险人的营业费用为基础计算的，用于保险人的业务费用支出、手续费支出以及提供部分保险利润等。

目前，我国已开办的保险种类达几百种之多，每一险种都有各自的保险条款和费率标准，而根据《保险法》规定，保险条款和费率的制定须通过人民银行批准，保险公司不得擅自更改、制定保险条款和保险费率。因此，在向保险公司投保时，首先要向保险公司索取你所买险种的保险条款和费率规章，并加以仔细阅读，特别是要了解一下该险种的保险费率，看是否与中国人民银行批准的保险费率相吻合。倘若对该保险费率有怀疑时，可向中国人民银行反映，寻求帮助。

6. 保险费率厘定五大原则

保险有保险费用，这根据你的年龄、风险程度，以及保险金额来确定，一般都是计算好的。比如你的年龄是 30 岁，工作环境较好，身体健康，那你的保险费用就低，但是如果你是次标准体，而且工作环境风险较大，那么你的保险费用就高了。保险费率厘定就是评定你的保险费用高低。

——北大财富课理念

不同的保险产品有不一样的保险费率，保险费率的厘定工作由保险公司来完成，再通过中国人民银行批准。由于保险人在厘定费率时要贯彻权利与义务相等的原则，所以，厘定保险费率时要遵循充分、公平、合理、稳定灵活以及促进防损原则。

一、充分性原则：指所收取的保险费足以支付保险金的赔付及合理的营业费用、税收和公司的预期利润，充分性原则的核心是保证保险人有足够的偿付能力。

二、公平性原则：指一方面保费收入必须与预期的支付相对称；另一方面被保险人所负担的保费应与其所获得的保险权利相一致，保费的多寡应与保险的种类、期限、金额，被保险人的年龄、性别等相对称，风险性质相同的被保险人应承担相同的保险费率，风险性质不同的被保险人，则应承担有差别的保险费率。

三、合理性原则：指保险费率应尽可能合理，不可因保险费率过高而使保险人获得超额利润。

四、稳定灵活原则：指保险费率应当在一定时期内保持稳定，以保证保险公司的信誉；同时，也要随着风险的变化、保险责任的变化和市场需求等因素的变化而调整，具有一定的灵活性。

五、促进防损原则：指保险费率的制定有利于促进被保险人加强防灾防损，对防灾工作做得好的被保险人降低其费率；对无损或损失少的被保险人，实行优惠费率；而对防灾防损工作做得差的被保险人实行高费率或续保加费。

从保险费率来研究一款产品，往往能让我们看到更多的实质性内容，进而选择出适合自己的保险条款。其实大部分人在购买保险的时候只看重保险责任，却忽视了保险费率，以后最好看清楚为妙。

7. 利益要看轻，保障要看重

对于保险来说，把收益看得太重完全没有必要。保险的主要功能是在你的生命周期之中平衡你的资金流分配，不管你是普通大众还是企业主，拥有稳定的资金流是每个人都希望的。说白了就是，在现金收入能力越来越弱的情况下，保障生活质量的平稳。

——北大财富课理念

中国人普遍抱有这样一种观念：自己掏出去的钱要么马上得到需要的东西，要么就是要看得到的收益。随着信息时代的到来，各种各样的新闻事故每天都在我们视线中出现，谁都不能无视这些真实发生的，更不应该把涉及到生命的事当作一个故事去看待。在各种保障中，保险是十分重要的，和股票、基金等投资相比，保险的风险更低，更适合资产保全，在获得保障的同时兼顾收益，做到抵御通货膨胀。

对于保险来说，把收益看得太重完全没有必要。保险的主要功能是在你的生命周期之中平衡你的资金流分配，不管你是普通大众还是企业主，拥有稳定的资金流是每个人都希望的。也就是说，在现金收入能力越来越弱的情况下，保障生活质量的平稳。

如果现在有一个保险产品承诺你可以在保证资金完全安全的情况下，又可以持续获得超过市场平均水平的高收益，那么它很可能是在消费者不知情的情况下承受了高风险。天下没有免费的晚餐，高收益永远伴随着高风险。现实生活中，每个人都要根据人生不同的阶段选择不同的侧重点去投保，具体包括以下几个阶段：

刚刚组建家庭、有老人小孩的阶段。首先要关注的是家庭、经济、责任方面，这个阶段可以购买一些意外险或者定期寿险。因为这个阶段的经济相对来说不宽裕，意外险一般都是消费型的，可以做到低缴费高保障；定期寿险也适合于这个阶段的年轻人，在低投入的情况下完成对整个家庭的责任和承诺。

中年时期是事业生涯的快速发展阶段。此时收入增加是明显的，作为家庭的经济支柱，首先要考虑的是未来五年、十年的保障。万一收入中断，家庭的基本生活水平如何保障？收入保障解决了再考虑健康险。经济条件允许还可以考虑子女的教育或自己的养老。

老年阶段。由于自然规律的限制，老年时期疾病发生率较高，很多人担心身体出现问题，担心高昂的医疗费用。我们除了在年轻的时候要注意健康的生活方式以外，千万不可忽视保险的需求。因为一旦到了老年，你需要保险的时候往往保险已经不适合购买了，所有的费率都会很高，你买多少就赔多少。任何事情都是早作准备早受益。

最后还是要告诫大家：买保险不是为了赔，而是以防万一；也不是为了赚钱，而是为了一生的保障。

8. 正确选择保险公司

目前保险市场上保险产品种类繁多，这就要求每个投保人在投保时要慧眼分辨。而选择一家服务好的保险公司也是保障投保人权益的重要基础。投保时的选择不同，很可能导致理赔结果不同，所以一定要多看、多问、多听，再根据自己的实际情况作出选择。

——北大财富课理念

投保人购买保险后，在保险期间内，投保人和被保险人与该保险公司有着切身利益关系，因此，选择合适的保险公司对于投保人来说非常重要。一般来说，投保人在选择保险公司时，需要考虑保险公司在公司类型、险种价格、经营状况以及服务质量等方面的差异。

一、公司类型与实力。不同类型的保险公司在经营范围和组织形式等方面都有所不同，而这些差异影响着保险公司的经营品种和经营方式。我国既有财产保险公司和人身保险公司等传统类型的保险公司，也有健康保险、养老金保险、汽车保险和农业保险等专业保险公司。经营范围不同的保险公司所提供的产品的保障范围和专业程度必然不同，需要投保人根据自己的保障需要加以选择。我国保险公司的组织形式主要包括股份有限公司、相互保险公司；政策性保险公司和商业性保险公司；中资保险公司、中外合资保险公司和外资保险公司等。不同组织形式的保险公司的经营方式会有所不同，投保人在购买保险时要予以关注。

二、险种价格。一个好的保险公司，应当尽可能满足各种投保人的不同需要。投保人应该选择那些能为自己提供恰当保障的保险公司。需要指出的是，便宜的保险不一定是恰当的保险。这是因为，最低的价格既可能来自于财力雄厚的保险公司，也可能来自于对被保险人的合法索赔经常拖延甚至拒绝赔付的保险公司，还可能来自于保险责任范围较窄的保险公司，甚至可能来自于其代理人没有受过充分培训的保险公司。

三、保险公司的经营状况。投保人需要考察保险公司的偿付能力和财务状况。投保人一般应该依据保险监管部门或权威评级机构对保险公司的评定结果来了解保险公司的偿付能力。评定等级越高，就表明该保险公司的偿付能力越强。投保人还可以查看保险公司的财务报表，分析保险公司的保费收入、赔款、费用、利润等财务指标，从而了解其财务状况。目前，我国的消费者可以通过保监会网站、《中国保险报》等保监会指定的信息披露渠道来获得此类信息。

四、服务质量。投保人选择保险公司时，要从两个方面了解其服务质量：从其代理人获得的服务，从公司本部获得的服务。前者的服务质量，可以推断保险公司对代理人的培训力度与管理水平；后者对于投保人来说更为重要，尤其是购买寿险时，一旦与保险公司订立保险合同，就会长期与该公司打交道。保险公司在服务方面的任何一点不足，都可能影响投保人几十年。

9. 家庭保险投资建议

　　家庭在日常生活中可能遭遇的风险有很多种，如何针对不同的风险选择不同的险种？究竟哪些险种是必不可少的？哪些险种是中产家庭最需要的？俗话说有家才能立大业，家庭更应该根据自己的经济状况以及需求选择最合理的保险投资。

——北大财富课理念

作为一个家庭来讲，要想平稳运行，建立适当的保险保障是很必要的。很多保险代理人在劝人购买保险的时候都会摆出这样一个概念："您应该拿出您家庭收入的10%～20%来购买保险产品，这样您得到的保障才足够充分。"而且有的代理人在帮助投保人设计保险计划的时候，往往会设计出很高额的保险产品，让投保人购买。这些代理人当然是为了卖出更多的保险产品，但对投保人来讲，未必能够接受。购买之后，隐患很多。那么，如何才能合理地投资家庭保险呢？

一、人财兼顾、适当搭配

家庭之中，最重要的是人：亲人健康平安是家庭最大的幸福，美好的生活靠家庭成员的双手共同创造。因此，参加保险时要以人为重，要首先考虑家庭中的支柱。其次，再考虑家庭财产。"钱财乃粪土，生不带来，死不带去"的观念固然潇洒，但物质文明同样是我们的追求，提高家庭生活质量是我们投资的目的。能够用较少的支出换来家庭财产的安全，减轻心理和经济压力也有必要。所以，在有条件的情况下，要人财兼顾，既保家庭财产险，又保人身险。

二、考虑家庭年龄结构，选择相应保险险种

对于不同年龄的人来说，所处风险的种类、时间段不同，最好选择与其年龄相匹配的险种，以使保险投资产生最大效益。对一个刚满 16 岁的孩子投保个人养老金保险似乎没有必要，倒不如投保子女教育、婚嫁保险。

三、考虑家庭所处的成长阶段，选择相应险种

家庭处于不同的阶段，如创建期、成长期、成熟期所处的风险也不同。在成长期，孩子教育正需要钱，此时最怕拿不出钱，误了孩子智力投资，可以早早投保少年儿童险、子女教育保险；如果孩子已经长大并走上社会，家庭进入成熟期，此时夫妻均可投保养老金保险，为晚年生活做打算。

四、有的保险不妨多买几份

像简易人身保险、每份保费 1 元，保险较全面、费用小，容易负担。但若投保的份数太少，作用并不明显。再加上保险公司目前开办的许多长期性险种又大多有储蓄性质，如果有经济条件，不妨投保的份数多一些，期限长一些。

第 10 章

收藏蓄富课

　　从古至今，收藏都是利润极为丰厚的行业，多数的收藏家同时也是精明的投资家。我国古代曾经流传一句这样的谚语："粮食生意一分利，布匹生意十分利，药材生意百分利，古玩生意千分利。"每个时代都会涌现出一批收藏品投资者，他们以保值增值为目的，低价买进，高价卖出。有的经过几年的市场运作发了财，有的完成了原始资本的积累。即便是只把收藏当作业余爱好的收藏者，当看到自己的藏品在短短几年时间内价值翻了几番，也会感到莫大的快乐。现如今，收藏不但是与房地产、股票同样有高回报率的投资活动，更能给收藏者带来无穷的乐趣。

1. 走近收藏，了解收藏

收藏是一种文化，收藏是一种阅读，收藏是一种财富，收藏是一种幸福。收藏的目的，是为了借鉴、发展、鉴赏、研究、保护、弘扬和教育。随着社会的进步，人们的文化素养不断提高，收藏这项活动越来越被人们所重视。绚丽多姿的藏品，不但让人们更清楚地看历史，更丰富了人们的精神生活。

——北大财富课理念

人们经常看到的一些东西，随着时间的流逝正在悄悄地从我们的眼前消失，若干年后，再寻觅就困难了。比如，毛主席像章、语录本，以前每个家庭不下数百个、几十本，现在都不知遗落何处了？小时候，踢毽子用的方孔铜钱，随处可见，现在要找，真的很难；老一辈留下的一些坛坛罐罐，随着几次搬迁，不是残了，就是扔了，或是卖了，再也找不到它们的身影……当我们在参观收藏展览时，在路过古玩市场时，惊奇地发现，其中的一件或几件自己也曾拥有过。这说明，喜欢收藏的人，不仅在收藏历史，同时还可以弥补由于时间的因素造成的遗憾。

历史上靠收藏而成为巨富的人，实在是数不胜数。明代中叶，因为江南经济的发达，涌现了一大批书画鉴藏家，如文征明父子、项元汴家族、王世贞兄弟以及董其昌等等。这些收藏家同时又是著名的书画家，他们的收藏一方面推动着当时书画市场的繁荣，同时也推动了经济的发展。

作为收藏品，它自有物质、精神两方面的意义。一方面，它是承载历史、文化、艺术信息的商品，其价值具有不稳定性，随着时代风尚、审美趣味的变化而变化，而整体上呈上升趋势。至于古代的书画，经年累月，其涨幅就更大了。收藏品不仅是财富，更是品位、修养以及地位的象征。尤其是近年来众多企业参与收藏，充分展示现代企业的层次和魅力，使其在激烈的商战中永远成为大众关注的对象。它在改变人们物质生活的同时，也提升着人们的精神生活。藏品之于内府，不过是众多国家财产中的一部分而已；而对于私人收藏家来说，每一件都有非同寻常的意义。每一件藏品的各个细节色调、神韵都了然于胸，而且熟知关于它的故事和传奇。它的得与失、来与去、聚与散都与收藏者息息相关。

因此，说收藏可以陶冶情操、修身养性是有道理的。它要求收藏者具备理性的经济头脑的同时，还要有很好的艺术修养。收藏者在收藏的过程中，潜移默化地将自己培养成理性和感性结合得相当和谐的现代人。在现代社会，从事收藏已成为人们重要的投资手段。相对较低的投入和相对较高的产出，低风险、高效益的文物收藏已越来越受到有识之士的青睐。在经济日渐繁荣的今天，收藏已不再成为文人雅士的专利，而逐渐成为人们经济生活和精神生活的一部分。

2. 收藏新手必备的基本功

收藏是艰辛的，一要有钱，二要有毅力，三要有独到的鉴赏眼光，四要有深厚的文化底蕴。古代曾有这样一句话："学不难有才，难有志；不难有志，难有品；不难有品，难有眼。唯具超方眼目，不被时流笼罩者，堪立千古品格。"

——北大财富课理念

改革开放以来，收藏品市场日益火爆，各种藏品的投资回报率都很高，使得越来越多的收藏爱好者蜂拥而入，这里面只有极少数行家里手，大多数都是一些盲从及跟风者。作为一个普通的收藏入门者，不能轻信诸如某某玉器价值多少、某某邮票价值几何之类的无稽之谈。千里之行，始于足下，收藏爱好者要想在收藏过程中有所收获，首先必须掌握以下必备的基本功：

一、拥有超前意识

作为一名收藏品投资者，洞察市场潜在热点的前瞻性眼光最为重要，也就是对未来市场趋势的把握。

二、收藏从循序渐进开始

收藏品投资具有高风险、高回报、周期长等特点，即便是十分普通的大众收藏品，也自有它独特的投资规律。这些规律，收藏爱好者只有通过亲身实践、努力学习才能掌握。

初涉收藏品投资领域的爱好者，开始时最好以收藏大众收藏品为宜。如果让一个毫无收藏知识和投资意识的人一下子拿出几万、几十万去购藏高档收藏品是不现实的，也是不理智的。收藏的过程应该是一个循序渐进的过程：

1. 热身

先用少量资金购藏一些大众收藏品，这一时期大约要一年半载，目的是适应一下收藏品市场的途径与规律。在这一时期，收藏者应尽力掌握收藏方面的多种知识，多跟有收藏经验的人接触，多看实物。

2. 实战

在进行了初步的热身之后，收藏者对收藏品市场也有了初步的认识，如果条件允许，这时可相对第一个过程适当多投资一些，可以选择买一些较有艺术水准的收藏品。如对于收藏品的优劣真伪没有把握，可请专家把关，在万无一失的情况下，可购藏一些较有升值潜力的收藏品，比如奥运邮票、小型的红木家具等。这一时期，应该为自己所关注的藏品建立资料库，随时掌握相关的拍卖行情，了解相关的收藏知识，为下一步的收藏打下基础。

3. 确定投资路线

有了初步的实战经验，对收藏品市场的走势有一定的了解之后，才可以考虑大规模的投资，并寻找一条适合自己的、比较熟悉的买进卖出的途径。投资收藏品，最忌博而不专，即使多线投资，也应该有一条主线。只要拥有了丰富的知识并掌握了市场走势，获得回报只是时间早晚的问题。

三、谨防受骗

所有收藏入门者都有这样的想法：花最少的钱，购入最珍贵的藏品，然后赚个盆满钵满。现实情况中，以少量的投资获取较大的回报，并非完全不可能，但必须掌握一定的相关知识，只有具有了一定的鉴别能力，才能辨识伪造收藏品，从而避免上当受骗。

3. 收对心态，藏对定位

心态，之于收藏的重要性，当不言而喻。心态平和，收藏者就会自觉做到"不爱不懂不出手"、不为"捡漏"而痴狂、"不畏浮云遮望眼"，从而避免浮躁，避免上当。

——北大财富课理念

收藏在我国有着悠久历史，据有关资料记载，早在汉代，就有人以收藏古玉为荣，到了魏晋南北朝时期，收藏风气日盛。人们以得到名家、大师级的书法和字画作品自豪。到了唐代，由于唐太宗李世民特别爱好前朝王羲之的书法，所以世间大凡是王羲之的书法作品都被他囊括以尽，而且传说被他作为随葬品带进了坟墓，所以后人从此再也没看到真品，今人观赏的《兰亭序》只是临摹品而已。到了宋元明清之后，无论收藏的品类还是收藏的队伍，都成几何数增加。

所以，在崇尚收藏的今天，品类繁多的藏品、五花八门的古董，都成了人们争相收藏的宠儿。但是，由于人们的精力和财力有限，所以收藏一要先定位，二要有一个好的心态。

什么是收藏定位呢？收藏定位包括：确立收藏品类、核算收藏投入成本和选择收藏手段及注意事项。先讲收藏品类的确定，收藏是一种业余爱好与兴趣，所以收藏种类必须是自己喜欢的。

李先生是一名大学导师，同时也是一位钱币收藏者。他收藏外国钱币，是从给学生上政治经济学货币课程需要教具开始的，几十年下来坚持不懈，因为收藏钱币可以作为了解世界的窗口。他在收藏外币的过程中不仅欣赏到了世界各国精湛的钱币文化，而且丰富了阅历，无论是"二战"的历史题材、英国皇家婚礼，还是 2002 年韩日世界足球杯、1970 年大阪世博会、1980 年莫斯科奥运会等大事，在钱币上都能找到相应的文字说明与图案。所以，不论何时何地，世界上发生了什么大事，在他的脑海中会第一时间闪现出那个国家的地理位置和政治文化经济情况。不仅获得了财富，又充实了自己的涵养和学识。

关于收藏成本的投入，必须量力而行，最忌举债收藏，因为藏品的出让需要一个过程，容易使收藏者陷入尴尬的境地。还有收藏者要不断提高自己的鉴赏水平，切忌盲目和冲动，人云亦云，否则轻者上当受骗吃假货，重者元气大伤。最后，不要买来路不明的藏品，赃物千万别买，否则后患无穷。

有了恰当的收藏定位之后，收藏心态也要调整好：收藏不是一夜暴富的捷径，更不是一本万利的理财手段。收藏者与藏品是一种缘分，收藏者要抱着顺其自然的态度，有机会及时抓住，但绝不强求，绝不夺人所爱。

4. 巧动脑，妙获利

正如真理，往往并不掌握在大多数人手中，机遇，也往往在于发现别人没有发现的一样，价值连城的藏品往往只是精明人的专属。

——北大财富课理念

收藏致富早已不是什么不可公开的秘密，但具体到某一位藏友，一年能获利多少，决定因素有两个，一个是能否找到货源，另一个是能否找到合适的买主。

现在摆地摊的藏友都有这样一个亲身体会，那就是手里只要有好货，哪怕你所处的位置差点，也能卖掉；若手中没有好的收藏品，你就是在市场上占了个好位置，也是枉然。寻找好的货源，靠的是机遇，不管用什么方法，只要把货源搞到，就等于钱赚了一半。要舍得投入，要舍得给提供线索的人多一点酬劳，因为钱不可能让你一个人赚，在这方面投入与产出是成正比的。

有了货源，怎样找合适的买主，这可是赚钱多少的关键。因为同一件收藏品，卖给张三可能只卖到 500 元，卖给李四可能就是 1000 元，而卖给王五可能就是 2000 元或更多，这可不是在讲笑话，这是收藏界经常上演的真实故事。

找买主分为三种，一是主动找买主，根据收藏报刊上的地址与买主取得联系；二是被动找买主，如在收藏报刊上打广告，注明姓名、地址和电话，写明有何收藏品，让需要的买主与你联系；三是从收藏市场上留心别人买什么东西，然后如果自己有此种收藏品就介绍给他，并记下他的联系方式，有货后直接与其联系。有买主的好处是，有货能及时出手，还能卖个好价钱，收藏品循环得快，资金周转也快，良性循环善莫大焉。手中有好藏品再有好的买主，货卖买主，有时比花钱跑远路卖的价还高，靠收藏发财之日不远矣。

一个藏品找到了下家，他还会让你找其他的藏品，还会告诉你他多少钱要，如果你不懂，碰到类似的收藏品，介绍给他，你不用下本，就能赚一笔不菲的中介费，这空手套白狼的好事不能错过。然后越玩越精，钱越赚越多。

只要你有能力，能找到货源，能找到合适的买主，你就能发大财，获暴利，这毫不夸张。有的买主还会教给你一些鉴定方法，与此同时你又可以免费学到很多宝贵的经验。两全其美，何乐而不为呢？

所以说，搞收藏要动脑筋，寻找货源是基础，找好买主是关键，唯有如此才能靠收藏发大财、获大利。

5. 不是谁都能成收藏家

收藏是一个很广泛的概念，世上喜欢收藏的人很多，如收藏筷子，收藏酒瓶，收藏钟表，收藏火花烟标，收藏展览会、演出活动的说明书，如此等等，这只能说是收藏爱好者。要成为收藏家，必须要有良好的心态和必备的素质。

——北大财富课理念

收藏家这个名头应该是争来的。一个人不是一夜之间就成为艺术家，同样，一个人也不会一夜之间就成为收藏家。对于任何想要成为收藏家的人来说，热情是最低限度的条件，任何没有热情的收藏，都是没有灵魂的。

必备因素之一：偷不走的眼光

美国收藏家唐·鲁贝尔曾说过一句著名的话："收藏全凭个人眼光，别人是无法偷走你的眼光的。"从 20 世纪 60 年代开始，唐便与他的夫人梅拉·鲁贝尔一起收藏当代艺术品，1989 年，因为遗产继承和经营酒店行业，鲁贝尔夫妇获得了强大和稳固的财富来源，这也使得他们能够继续扩大自己的收藏追求。后来，鲁贝尔夫妇的子女也参与到其中，他们的收藏也因此被称为鲁贝尔家族收藏。1999 年，他们拥有的当代艺术基金会在迈阿密北部的一个仓库里开设了一个 4.5 万平方米的空间，用来集中展示他们的精选藏品。迄今为止，鲁贝尔夫妇的收藏已经超过 5000 件，在国外媒体评选的全球顶级收藏家排行榜中，鲁贝尔夫妇经常赫然在列。

必备因素之二："贼不走空"

国内收藏界有这样一句口头禅——"贼不走空"，到哪里都要买点东西。

6. 藏品不是年代越久越值钱

对于收藏来说，当时就很值钱的东西，现在仍会很值钱；当时不值钱的东西，现在还是不值钱。

——北大财富课理念

很多收藏爱好者认为，年代越久的收藏品就越值钱。这其实是个误解。藏品的收藏价值主要体现在历史文化价值、稀罕程度和工艺水平上。一些古陶器，尽管有数千年的历史，但因其存世量大、制作粗劣，其价值远远低于后世的一些精稀藏品。汉代、唐代一些存世量很大的铜钱，今天在市面上仍不是很值钱。而一些现代工艺的翡翠器物，却能卖到数十万元。

收藏界有这样一个说法，当时就很值钱的东西，现在仍会很值钱；当时不值钱的东西，现在还是不值钱。

明清时期，皇帝集中了全国最优秀的制瓷人才到景德镇，专为皇家烧制瓷器。这一时期的官窑瓷器不计成本，极为精良，在当时就身价不菲。在近年的一些拍卖会上，明清官窑瓷器的精品动辄拍出数千万元的惊人价位。而一些民用陶器、瓷器，因做工较为粗糙、没有什么工艺价值，当时也只卖几文钱一个，直至数百年后的今天，其收藏价值仍然不高。

收藏品的价格弹性很大，即使是同一件收藏品，其价格也会因人、因地、因时而异。有的藏品可能收藏价值并不高，但有人出于特殊爱好，有人为寄托某种特别的感情，有人为了配齐系列藏品中的缺品，却视其为珍宝，不惜以大价钱购得。

由于各地的收藏氛围、购买能力不尽相同，一件藏品在不同场合的"身价"可能会有很大悬殊。"地区差"因此便成为精明商人的生财之道。

例如：某国画大师的一件作品，多年前在一般小城市的拍卖会上成交价仅1万元，在大城市则拍出了6万元，再拿到北京，成交价变成了几十万元。

收藏是件很奇妙的事，被人称为花钱的"无底洞"，有多少钱都能投进去；但同时也有人说，钱少照样能搞收藏。其中诀窍就在于要学会以藏养藏，即以有限的资金投资于有升值潜力的藏品，在适当的时候兑现收益，再进行下一次投资。长此以往慢慢积累，收藏的资金投入才会逐步减少，藏品才会逐步增多。

7. 收藏古玩时的"三戒"

收藏古玩时应该遵循的原则是"只看货，不听话"。如果你没练就一双火眼金睛，对要买的东西能拿七成主意，就算专家在侧，也照样会有风险。因为专家也有局限性，走眼的事就难免发生。而那些卖主的话，就更要大打折扣。

——北大财富课理念

王某与李某是发小，李某现在专门做古玩收藏生意，而王某则是广告公司的老总，收入颇丰。一次偶然的机会，王某从李某手中一次买下百万元人民币的"清代"古玩。没过几天，却要求李某退货，原来王某从李某手中买到的全是"潮"货，而李某也是从他的小舅子手中淘到的这批"宝贝"，出于亲戚关系，也根本没在意东西的质量。发生此事后，李某也很是无奈，但面对王某气愤的态度，也只能按照规矩收了几万元"手续费"后答应退货。最后二人闹得不欢而散。

针对上面这个例子，我们就来说说古玩收藏时的三戒，希望大家在收藏古玩时引以为戒，不要招来多余的麻烦。

第一戒：戒冲动

投资，是理性行为，是建立在对投资领域丰富经验和对投资项目充分论证基础上的。自己本身就外行，又没有冷静研究和咨询的过程，风险可想而知。

艺术品投资也是同理，而且，艺术品还有它的特殊性。可以说，它基本上"拒绝"外行投资。如果你不真心热爱艺术品，不以追求美的情感去接近她，不多年浸润其间，把辨析其艺术价值和真伪优劣变成一种近乎本能的感觉，而只以买彩票的心理想一夜之间靠它发财，套用老百姓一句话叫：没戏。而冲动，恰来自这种无知。

第二戒：戒侥幸

收藏圈子里有个人人都说的话题："捡漏儿"。所谓"漏儿"，是指某件艺术品价格严重背离价值。这是社会环境影响和买卖双方心理与能力错位造成的。而"漏儿"只可能发生在内行之间，它实质是买卖双方艺术鉴赏力和市场洞察力的角斗，而赢家一定是"道行"更深的买主。因此，在艺术品市场，"漏儿"永远有，但却永远不属于外行，因为连真假高下尚难分辨，根本不可能看出什么是"漏儿"。

第三戒：戒轻信

对古代艺术品的选购，"过来人"有一句箴言："谁的话也不能全信。"意思是如果你没练就一双火眼金睛，对要买的东西能拿七成主意，就算专家在侧，也照样会有风险。因为专家也有局限性，走眼的事就难免发生。而那些卖主的话，就更要大打折扣，应遵循的原则是：只看货，不听话。越是信誓旦旦的说词，越要提高警惕。

总之，收藏市场的水很深，喜欢游泳的人可以从"浅水区"练起，逐渐游向"深水区"，经年冲浪，乐此不疲，在艺术欣赏中受陶冶，练悟性，在学习与研究中逐渐丰富藏品。如此十年二十年过去，就会发现，投资在不经意间就实现了，而且回报甚丰。

8. 古玩收藏的"五有"

古玩收藏是对专业知识要求很高的活动。这些专业知识的积累是一个循序渐进、逐步提升的过程，它没有捷径可走。真正有心从事收藏活动的人士，只有潜心研究鉴赏知识，了解市场动态、行情，才能懂得对繁杂的古旧物品有所甄别取弃，才能侥幸少花冤枉的学费。

——北大财富课理念

面对错综复杂的古玩市场，不少人显得无所适从，其实，只要把握住古玩收藏中"有识、有闲、有缘、有胆、有钱"五大投资要点，便可大胆"入市"。

有识。对于初涉收藏领域者而言，这是必备的首要条件。由于古玩种类繁多，涉及知识面颇为广泛，上至天文、下至地理，小从铜钱、大到家具。刚入门的收藏者要多听行家的评价，加深印象；多看有关报刊、充实头脑；多研究相关资料，心中有数；对古玩的年代、材质、工艺、流派、真假进行深入细致的了解、鉴赏和识别。

有闲。收藏古玩是靠日积月累，积少成多，最终形成个人的藏品风格，因此收藏者必须要有充足的时间。假如你已具有一定鉴赏水平，打算投入古玩收藏行列，你就要学会合理安排时间，腾出时间，挤出时间。因为古玩收藏中的求知、捡漏、整理、研究，结交朋友，找行家鉴定，了解市场行情，低进高出等等，都需要花费大量时间。

有缘。众所周知，一件爱不释手的古玩珍品，绝不会批量生产，大多为单个，往往是可遇不可求的。这就要求购藏者，必须善于把握时机，平时要多与古玩市场的摊主结交朋友，争取得到"盘底价"，及时了解市场行情。除此之外，这些摊铺中的赝品相对较少，有一定信誉，而且还可以依法进行退换。

有胆。俗话说"古玩天价",其意为古玩没有固定的标准价格。保值增值的古玩大多都是珍品、精品,而精致珍宝价位都偏高。这就要求购藏者有超前意识,有足够的胆量。有些人在古玩市场巧遇珍稀古玩时,总是优柔寡断,举棋不定,而事后他们总是不思茶饭,后悔不已。有道是:"早知三天事,富贵一千年。"若遇珍宝,一定要有魄力。多花些钱何妨,待天长日久,藏风盛时,必然体现物以稀为贵的规律。

有钱。古玩收藏隶属富贵爱好,奇珍异宝多落入有钱人囊中。这里所说的"有钱"是相对的,它是基于"有识""有闲""有缘""有胆"的基础上的,缺乏了上述条件,亿万富翁也难填赝品古玩的"黑洞"。属工薪阶层的收藏爱好者不妨每月固定拨出一笔经费,日积月累,从无到有,从少到多,不断提高收藏的档次和成功率,并采取以收藏养收藏的方式,随时纳精汰次。还可买到稀世珍宝后立马转手获利,让收藏纳入交易流的轨道,这样便可变没钱为"有钱"。

9. 收藏瓷器要留神

认识到古瓷器的收藏价值和收藏前景,也只是走进收藏的第一步,收藏市场并非一成不变,对于供求关系的理解和把握,收藏者还应当具备长远的、战略的眼光,克服浮躁、从众、比赛的心理,才能在看似模糊的瓷器收藏市场规避风险,以慧眼淘真金。

——北大财富课理念

中国是瓷器的故乡,瓷器的发明是中华民族对世界文明的伟大贡献,在英文中"瓷器(china)"与中国(China)同为一词。瓷器的美,曾征服了欧洲和世界许多地区。瓷器文化的风行使得现代人也喜欢收藏瓷器,但收藏瓷器要注意哪些呢?

首先,不要认为专家的鉴定结果就是定论。收藏界常有这么几句话:

"某某收了一屋子瓷器，没有一件真的""器型不对""高仿做旧"。瓷器的历史悠远，这么大的时空，有哪个专家敢说对中国的瓷器都已经研究遍了，各种器型都看到过？专家的知识面也有很大的局限性，专家的意见只能参考，专家说对的不一定真对，专家说假的也千万别砸。古玩中，瓷器中的冤假错案最多。瓷器的釉面、胎龄，其实都可用科学仪器来鉴定，有国家标准。但由于受到利益的驱使，很多专家都不提倡科学检测，片面依赖人的眼力，既抹黑了自己的名誉，又损害了他人的利益。

其次，有人说，清代好的官窑瓷器都在台北故宫和北京故宫，故宫都没有的瓷器，民间怎么会有？其实清代大量的官窑瓷器流失在民间，数量远比两个故宫多得多。根据清宫史料记载，仅嘉庆皇帝就三次（嘉庆五年、嘉庆十二年、嘉庆十五年）卖给民间 45 万件库存的官窑瓷器；清宫瓷器流往宫外有八个途径：皇帝赏赐、调拨、变卖、公主陪嫁、外国军队抢劫、宫内外偷盗、祭祀用瓷、抵押借钱等。

再次，收藏瓷器如从收藏瓷片开始，要多走好几年弯路。拍卖会上什么时候拍过瓷片？瓷片永远是瓷器的一个局部，只会看瓷片的人永远看不懂整器，也不会收藏到好瓷器，因为好瓷器一定是整器，谁也不会将瓷器弄碎来鉴定。瓷片研究是瓷器研究的纵深阶段，一般民间瓷器收藏者没必要去花功夫。

最后，收藏价值上千万的瓷器要谨慎。鬼谷子下山元青花罐拍到 2.3 亿元，珐琅彩杏林春燕碗拍到 1.5 亿元，雍正粉彩八桃瓶拍到 4600 万元……巨额的成交价大长了中国人的志气，但随之而来的是瓷器价格的暴跌。无数人拿着形形色色的"鬼谷子"找到拍卖公司，希望第二次幸运之神光顾自己，但亿万富翁们瞬间又回到了"穷人"之列。

10. 现代艺术瓷的选择和注意事项

在国外，瓷器与中国是一个概念，可见中国的瓷器在世界上的地位。近几年，由于大宋官窑陶瓷艺人和艺术家们的不懈努力，现代钧瓷通过博鳌亚洲论坛走向了世界，现代艺术瓷开始被海外收藏家关注，收藏家和陶瓷爱好者开始注意到，现代艺术瓷器也是个不容忽视的新的收藏热点。

——北大财富课理念

陶瓷艺术品是一种"既能观赏，还能把玩；既能使用，还能投资、收藏"的艺术品种。艺术陶瓷也可以称为陶瓷艺术，为陶艺和瓷器艺术的总称。新石器时期的印纹陶、彩陶粗犷质朴的品格，唐宋陶瓷突飞猛进的发展，五彩缤纷的色釉、釉下彩、白釉的烧造成功，刻画花等多种装饰方法的出现，为后来艺术陶瓷的发展开辟了广阔的道路。陶瓷艺术品以其精巧的装饰美、梦幻的意境美、独特的材质美，形成了特有的陶瓷文化，受到了人们的喜爱，并逐渐成为人们投资收藏的首选。既然知道现代艺术瓷作为不应被忽视的收藏新宠，那么具体地选择一件作品应如何鉴别呢？

首先，应看作品的造型，而造型往往被陶瓷艺人和收藏家忽视。因为人们最易被色彩打动，而轻视造型本身。作为一种三维空间的艺术形式，造型本身就能体现出一种精神。或圆润、或挺拔、或纤秀、或雄强、或文儒、或豪放。造型虽是由简单的线条组成，但提供给人们的想象力却是无穷无尽的。

继而看窑变的效果。因为是现代艺术瓷，既要看窑变是否与造型统一，更要看窑变是否新颖和有唯一性。好的钧瓷窑变应是在任何一个角度都能给人以效果的完整性，画面优美，空灵含蓄，启迪人生。

最后看色泽。钧瓷色泽雅而不俗，层次多变，釉色亮丽莹透，无斑点瑕疵。如果以上三点都比较符合要求，至少具备了收藏的基本条件。接下来要了解作者的自身条件，是一般作品价位偏低，大胆买下，如果是名窑名作，又是专利作品限量烧制的作品，价格自然要高。从国际收藏惯例来看，收藏中青年艺术家的作品，看似有一定的风险，实际上却是最具价值回报的一项投资。

收藏现代艺术瓷首先应清楚自己的收藏目的。一般来说，不外乎有三种情况：

一、收藏一般艺术作品是出于喜爱和美化家居的需要；二、收藏名人名作，出于增值和提高收藏家身份的需要；三、按风格、年代、作者等类别进行收藏，出于成为系统化、专业化的需要。

像二三类方式不是一般爱好者可以做到的，不仅需要眼光，而且还要有强劲的财力支持，建议一般收藏者或是没有涉足过现代艺术瓷收藏的人还是按第一类方式进行。在准备收藏之前，首先应概略了解钧瓷的成型工艺和烧成工艺，多看多比较不同陶瓷的优缺点。在具有起码的陶瓷优劣鉴别能力的基础上可以尝试着购买一两件价位不高的艺术瓷。当然，通过第一步的收藏活动，对现代艺术瓷有了一定程度的了解，而且有了自己独特的审美眼光，那么建议藏家们去努力发现好的专利作品，因为专利作品很可能在不久的将来成为绝世孤品，这样就能获取最大的利益回报。如果你财力雄厚，名人名家的作品当然要重点收藏。

11. 人民币收藏的注意事项

人民币在社会关系中起着非常重要的纽带作用，是生活中的必需品，从宋朝的第一张纸币到今天的人民币，可以说是一部中华民族经济发展史。

——北大财富课理念

建国以来，人民币始终陪伴着共和国的成长。人民币与中国，携手走了半个多世纪，深受各种经济、政治、文化、科技的影响，因此人民币意义巨大，它的价值自然随着时间的流逝而逐渐上升，人民币在市场上以强大的魅力吸引着人们的投资，于是就形成了人民币收藏热。

在对人民币收藏时，需要注意以下几点：

一是不要收藏假人民币。

《中国人民银行法》和《刑法》都明确规定，持有、使用假币是一种违法行为。因此，在收藏人民币时，不管出于什么目的，都不要收藏、持有、使用假币，莫因一时喜好而触犯法律。据某报记载，有一年近六旬的钱币收藏爱好者吴某，几十年来收藏了各种各样的钱币，其中不乏假币，且数量不少。公安机关知悉后，对吴某立案侦查，从吴某住处搜出假人民币 5000 余元。随后检察机关以吴某构成持有、使用假币罪为由，向法院提起公诉。而吴某还不以为然，认为自己持有假币只是爱好收藏，没有用于非法用途，没有对社会构成危害，因此，认为自己的行为不构成犯罪。法院审理后，认为吴某行为已构成犯罪，并判处吴某拘役 6 个月，罚金 1 万元。

二是不要收藏错版人民币。

由于制造等方面的原因，有少量错版人民币流于社会，有些人借机炒作，进行投机以牟取暴利。其实错版人民币没有什么收藏价值，购买收藏错版人民币，往往会给自己造成不必要的经济损失。

三是不要收藏流通中的人民币。

国家规定：流通中的人民币不能上市交易，只有退出流通的人民币才可以买卖。因此，收藏流通中的人民币不仅违反了国家的有关规定，而且影响了正常的货币流通秩序，不利于人民币的职能发挥。再说，收藏流通中的人民币，从经济角度上看也不合算。

四是不要收藏品相极差的人民币。目前退出流通的第一套和第二套人民币，品相全新的存世量不多，特别是第一套人民币更是少之又少，且价格不菲，对大多数爱好收藏的朋友是可望而不可即的。因此，对他们来说，只好收藏使用过的第一套、第二套人民币。但品相太差的人民币，无论从增值角度还是从研究角度来看，意义已不大，也就是说，品相在三品以下的人民币不要收藏。第三套人民币退出市场流通时间不长，且品相较好、价格适中，值得吸纳。

12. 流通纪念币收藏的注意事项

流通纪念币也许不是目前最热的品种，但可能是投资收益风险比最大的品种。你不必去关心明天或下个月的价格，当你以平常心去投资，当你忘了关心什么时候会收获的时候，也许你离成功只有咫尺了。

——北大财富课理念

流通纪念币（以下简称纪念币）作为投资收藏领域里的一个品种，随着相关各类题材纪念币的发行，逐渐展现出自身的艺术魅力和投资收藏价值，得到了越来越多的投资收藏爱好者的喜爱。对于初涉其中的投资收藏爱好者来说，如何收藏纪念币就成了一个必须思考的问题。下面来简单谈谈纪念币如何收藏：

一、对纪念币要有足够的认识和理解

要投资收藏纪念币就要知道什么是纪念币，它的制作工艺如何、品种有哪些、发行量是多少等等都要心知肚明。同时又要对它的发展空间、历史地位、社会价值作出一个正确的评判。在此基础上，坚定自己的收藏信念，制订自己的收藏计划，实施自己的收藏行动，拥有自己的收藏财富，享受自己的收藏快乐。

二、要利用多种收藏渠道，建立稳定的流通网络

想投资收藏，就要有藏品的来源，这一点很重要，尤其纪念币量少品优，一般人看不到更难买到。怎样才能买到自己喜爱的藏品，并保证货真价实，方法就是利用一切渠道，如经常去收藏品市场收觅，勤上网查询，多和藏友交流。在这个过程中，筛选出为人正派、信守承诺的投资者或收藏家，作为以后经常交流的对象。只要大家以诚相处，一定能建立起自己投资收藏的流通渠道。

三、要注意藏品的买入时间和品种

根据以往的经验，每年的五至八月，天气转热，气候潮湿，市场清淡，许多品种的价格都比较便宜，可考虑拾遗补缺。新品刚出来时往往价格较高，等大量货源出来以后，价格通常会有所回落。一些前期老的品种，价格是稳步上升的，所以应该早买。而一些炒作品种，则应该回避炒作高峰期，待市场回稳后再进入。对一些龙头品种和量少的品种也应该提早介入，根据自己的财力还可适当地多收藏一点。这些东西升值都是很快的，晚买入就要花大价钱，而早买入既节约了资金，增值后还可出手换来其他品种。这也叫"以藏养藏"。就品种而言，文化内涵丰富的，群众喜闻乐见的，币面设计精美的，发行大套化系列化的，制作工艺有创新性的等等，都是应该收藏且增值较快的，例如，濒临灭绝的珍稀动物系列纪念币等。

四、要注意藏品的保存

一件藏品的品相决定着它的价值，尤其是精品。纪念币虽然都是金属制造，相对于其他藏品有容易保存、方便运输等特点，但其中铜制币、

银制币也有氧化的现象发生，所以保存好自己的藏品更显关键。最基本的原则就是争取把藏品放在干燥、通风、低温的环境中。在此基础上，可将原包的纪念币放入装有干燥剂的塑料袋中，用针管抽成真空后用电烙铁齐边划过封口。而对于那些能拿出来的纪念币，可以把他们装入小的币盒后再用小的塑料袋密封，然后再放入装有干燥剂的磨口瓶中。现在看来效果还不错，有心的藏友不妨一试。

13. 日日生金的国粹——古董家具

古董家具——你爱或者不爱，它就在那里，不来不去、日日生香；你念或者不念，它就在那里，不急不躁、日日生金。有言道"乱世黄金、盛世古董"，而古董家具更是因其饱含了国粹文化而高雅脱俗的姿态，越来越受到藏友们的青睐。

——北大财富课理念

伍先生是一位北京古董家具藏友，据他所述，曾经在北京市场上看到一个仿古黄花梨立柜，工艺简单，价格在50万左右，而自己收藏的同规格的清末立柜，有工艺考究的雕花，其价格不到仿古家具的十分之一。"古董家具在市场上的流通只会越来越少，因为总量有限，没有哄抬价格的空间，随着大家对古董家具认识的加深，从事收藏的人多了，家具最后都留藏在各自家中，交易也仅是凭爱家的喜好。"

伍先生也表示，他收藏的古董家具中年代最久的出自明朝，最贵的是两张清朝早期的床。2000年时，他分别从一家酒楼和位于长江边一个偏僻村落的农户家中收购。"当时我只花了10多万，现在这两张床每张都价值上千万，其中一张百兽万工床价格在5000万左右。"

据相关数据统计，就近5年来看，国内的古董家具投资增长速度达到了每年近20%，一些存世不多的经典家具的投资价值甚至以30%的年增长率上升，引起众多收藏者的追捧。此外，古董家具、收藏品市场的参与者和成交额，也在以每年 10%～20% 的速度递增。现在的古董家具早已突破了原有的使用价值，向收藏和投资价值领域渗透，成为又一大投资热点。

当今，在全世界艺术品投资热潮中，中国艺术品的价值在国际市场不断升温，古董家具更是其中的佼佼者。高档名贵的硬木与传统国粹文化的融合，使它成为高品位和高价位的代名词。收藏古董家具已经成为一桩颇为风雅且迅速流行的活动，致使许多原本就缺乏起码鉴赏力的人难以保持冷静和理性；古董家具市场亦是鱼龙混杂、泥沙俱下。一般来讲，古董家具的价值取决于以下五点：材质、年代、工艺、门类、完整性。

一、材质。通常的排列是："一黄"（黄花梨）、"二黑"（小叶紫檀、大叶紫檀）、"三红"（老红木、鸡翅木、铁力木、花梨木等）、"四白"（楠木、榉木、樟木、松木等）。另外也有人将材质分"硬木类"与"软木类"，硬木类要优于软木类，硬木类包括花梨木、紫檀木与老红木等，软木类泛指白木类。

二、年代。年代系指家具生产的日期，不同时期有着不同时期的特征，也就有着不同的艺术价值。所以，年代是古董家具最主要的价值标准。

三、工艺。所谓工艺包括两个方面，一是家具的结构与造型，二是家具表面的装饰工艺，例如，雕刻、镶嵌、打磨等。工艺是直接造就器物文化内涵的因素，例如，以"线条"为主要造型手段的明式家具，它体现的是古朴、洗练与典雅的风采。工艺也有一个很普通而又常常被人忽视的方面，那就是表面的打磨。打磨到不到位，常常是审度一件家具优劣的重要问题。

四、门类。一般来讲，分为厅堂家具、书斋家具与卧房家具。其中艺术价值最高的是厅堂家具，其次是书斋家具，卧室家具最初因为它们藏于内房，以实用性居上，艺术性也较差。除上述三类外，还有一类"闺房家具"值得重视，例如"贵妃榻""鼓桌""鼓凳""香几""琴桌"等。

五、完整性。要认真看清是否残缺，是否填过部件，行话称为"扒散头"，这些都是影响古董家具价值的要素。

14. 年画收藏有"钱景"

随着人们生活水平的提高和家居环境的变化，年画逐渐退出了现代生活，转而进入收藏领域。加上年画被列入第一批国家级非物质文化遗产名录，其收藏意义更是不可小觑。然而，由于国内对于年画收藏的认识较晚，很多人还没有留意到年画收藏的价值，所以年画被藏界视为"潜力股"，此时正是加入的大好时机。

——北大财富课理念

威风八面的门神、憨态可掬的娃娃、格调高雅的花鸟……这些过去张贴在普通百姓家的年画，正在成为收藏界的新宠。作为中国传统文化中的民间美术形式，年画不仅可以增添过年的喜庆氛围，同时也是文化流通、道德教育、审美传播、信仰传承的载体与工具，年画制作技艺也是一笔宝贵的非物质文化遗产。作为辞旧迎新的象征物，年画每年都要更新，虽说品种繁多，但因年代久远，真正流传下来的品相很好的年画已非常少见。纵观目前收藏市场，哪些年画才具有更高的升值潜力呢？

一是老木版年画。因其存量稀少、艺术含量较高而为国内外收藏家一致看好。明末清初的年画现在已是凤毛麟角，属稀世珍品。清末民初的年画虽然有时偶尔还能看到，但售价也已不低。目前在收藏品交易市场上，如《老鼠嫁女》《寿星图》《瑞草图》《观音送子》《太白醉酒》等民国初期的老木版年画一张价格就在500元以上，而清代的每张可达1000元甚至3000元。更早期的老年画，则已成为"可与中国明清珍本绣像插图相媲美"的艺术珍品了，其市场参考价动辄万元以上。至于像明代陈老莲等大画家所画的年画作品至今尚未在收藏市场露过面，其价值真是不可限量。

二是新年画。指新中国成立以后发行的年画，其中尤其是 1949 年至 1966 年这段时期的年画作品价值较高。新年画涉及范围广，深入百姓生活。新年画里有很多优秀作品，以抗美援朝、大跃进、建设社会主义新农村等题材发行的年画影响巨大。许多大师级的画家，如古元、李可染、谢之光、石鲁、张仃、贺友直等当年都参与了大量的年画创作，这一时期的年画在艺术水平上可以说达到了巅峰，如丁渔绘制的《中国人民大团结万岁》、仇占国绘制的《英雄八连访大寨》、贺友直绘制的《小二黑结婚》等。这些新年画的存量也很少了，目前的市场价约为 100 至 200 元一张，而名家绘制且发行量少的则可达到上千元一张。

三是"文革"年画。"文革"时期，历代留下的老木版年画，都被当作"封资修"的东西被损毁。"红彤彤"的宣传画全面取代了传统的年画，当时新年的门联大多是一些毛主席诗词手迹，而画面的内容大都是描绘"文革"时期各行各业人们的工作、生活风貌，这些宣传画下面有的就直接标注着"年画"二字。与老木版年画相比，"文革"年画问世的时间相对较晚，虽说"文革"结束后，这类政治性较强的宣传年画大部分也处理了，但相对而言其存世量还稍多一些，目前市场价约为 50 至 100 元一张，而有些"文革"味特浓的可达到三五百元一张。